THÉORIE DU SUJET

ALAIN BADIOU

THÉORIE DU SUJET

ÉDITIONS DU SEUIL
27, rue Jacob, Paris VIe

L'ORDRE PHILOSOPHIQUE

ISBN 978-2-02-098691-5
(ISBN 2-02-006115-5, 1re publication)

www.editionsduseuil.fr

Image.

Il y a quatre figures, comme quatre concepts du sujet. Centrale et impavide, Béatrice fait surmoi de sa propre beauté. L'escortent, vassales, l'inclinaison arrière floue de la justice, et la jeunesse, aveugle et parée, du courage. Dante porte au cœur la main de l'angoisse.

Ou encore : décidées et royales, les femmes empruntent de face le chemin tracé d'un esplace. Ce procès subjectif ancien les éclaire et les nie. Horlieu de profil, frappé par la foudre, l'homme subjective le cycle à venir de lui-même.

A moins que nous suffisent les deux rapports possibles à tout fleuve : le quai qui le longe, le pont qui le franchit.

Préface

« M'introduire dans *ton* histoire », c'est bien ce que visent, lecteur, les pré-faces, bien nommées d'avoir à fournir un profil de ce qu'elles précèdent.

Je n'ai rien à profiler, sinon la certitude où je suis, et dont tout ce labeur témoigne, que le philosophe moderne est – disait, il y a si longtemps! Auguste Comte – un prolétaire systématique.

1

La philosophie est aujourd'hui déserte.

Des libations récentes en l'honneur de la rose (j'écris ceci en juillet 1981), je n'escompte guère, n'attendant jamais rien de l'État, qu'elles fassent fleurir notre province nationale largement désaffectée.

De la carence des pensées ambitieuses résulte inévitablement que la politique est médiocre, et l'éthique dévaluée.

Sans doute est-ce l'inverse. Du renoncement pratique à l'universalisme égalitaire s'infère obligatoirement que les quelques savoirs spéciaux où l'on cantonne la pensée, du moins hors les murs du crétinisme journalistique, n'assurent que les revenus du fonctionnariat.

Prétendre parer à soi seul aux inconvénients du vide est-il outrecuidant ? J'objecte que toute entreprise de ce genre a ses emblèmes, et qu'en outre je suis le moins seul des hommes.

De tous ceux pour qui je témoigne, et qui savent que je le sais, militants, amis et amies, étudiants, interlocuteurs difficiles, ennemis provisoires ou recuits, je veux ici écrire le nom d'un seul : Paul Sandevince.

Des centaines d'entretiens avec lui, dont dépendaient mille pensées mises en actions contre ce qui nous entoure, font que je ne saurais délimiter ce dont je lui suis redevable.

Quoique Paul Sandevince fasse toujours prévaloir, conséquent avec sa conception purement politique de la vérité, l'oral sur l'écrit, la directive sur l'analyse, on trouvera plus bas les quelques traces publiques de ce que, sans même le savoir, le monde *réel,* si rarement aperçu, a trouvé chez lui de significations introuvables.

2

La forme. Elle est celle d'un séminaire, genre auquel Lacan a donné une dignité définitive.

Qui dira si les leçons dont se compose cet ouvrage ont été réellement prononcées à la date qui les ponctue ?

Mélange d'une succession effective, de quelques rétroactions, d'interpolations supposées et de mises en écriture, ce séminaire idéal a bien eu lieu, dont ce livre est le second lieu.

Le mode d'emploi le plus commode est sans doute d'aller de janvier 1975, ouverture, à juin 1979, suspens terminal. Je sais qu'en philosophie ce n'est guère l'usage, quoiqu'on l'avoue peu. Il est donc légitime de supposer, et de supporter, une errance aiguë.

On trouvera à la fin :

- Un répertoire thématique en sept rubriques : Théorie politique, Logique et mathématiques, Circonstances de l'histoire, Psychanalyse *stricto sensu,* Littérature et théâtre, Dieu, Philosophie classique.

Aucune de ces rubriques, naturellement, ne concerne le thème central du livre, dont j'espère que, omniprésent, il est inrubriquable.

- Un index des noms, si utile pour savoir, par ricochet sur l'Autre, où je peux me trouver. Tactique du tiroir, que je ne réprouve nullement.

J'indique, et c'est déjà montrer le bout de l'oreille, que ne figurent pas dans cet index ceux dont l'usage est si permanent que leur numérotation serait incongrue. Soit :

a) Les deux grands dialecticiens allemands classiques, Hegel et Hölderlin. Tout le début s'ordonne autour du premier. Le second est en fin de partie trois, et en partie six. Mais on les trouve ailleurs.

b) Les deux grands dialecticiens français modernes : Mallarmé et Lacan. Pour le premier, traitement exhaustif en partie deux. Pour le second, parties trois et cinq principalement.

Les deux grands dialecticiens français classiques, Pascal et Rousseau, figurent en revanche dans la liste.

c) Quatre des cinq grands marxistes : Marx, Engels, Lénine, Mao Tsé-toung.

Le cinquième, Staline, est, lui, à l'index.

3

Il est sans doute plus instructif d'écrire au regard de ce qu'on ne veut être à aucun prix que sous la suspecte image de ce qu'on désire devenir.

Je suis fort attaché à mon pays, la France, et d'autant plus aujourd'hui que son peuple y devient multinational, avantage d'internationalisme *interne* qu'indirectement provoque la rapine impérialiste des biens et des hommes.

Ce pays n'a eu, depuis un peu plus d'un siècle, que trois titres de gloire à présenter, trois moments d'existence réelle, trois figures d'une universalité possible : La Commune de Paris en 1871, la Résistance entre 1941 et 1945, la levée des jeunes et des ouvriers en mai-juin 1968.

Qu'ils soient d'inégale importance, je le sais. Il n'est pas sûr que ma hiérarchie soit celle qui paraît s'imposer. Ce livre est aussi écrit pour avoir là-dessus des lumières.

Dans la même période, les moments d'abjection n'ont pas manqué. Ils suivaient quelquefois leur contraire éclatant, triomphe des Versaillais après la Commune, guerres coloniales après la Libération, et, minuscules, nouveaux philosophes après l'établissement des intellectuels révolutionnaires en usine.

Les deux Guerres Mondiales ont été désastreuses, le peuple se battant quand il ne le fallait pas (1914-1918) et ne se battant pas quand il le fallait (1939-1940). « Pétain », signifiant funeste, couvre les deux abaissements.

Je pourrais dire d'abord que je ne veux être d'aucune de ces abjections. La philosophie ne vaut pas une heure de peine si elle n'éclaire pas l'engagement, même restreint, qui, portant mémoire et leçon des trois moments d'existence, vise à interdire le retour des cinq catastrophes, ou de quoi que ce soit qui leur ressemble.

Plus profondément, je sais que ce qui nous est advenu d'essentiel, dans la force comme dans l'humiliation, porte la marque d'une carence *au long cours,* d'où provient que, foudroyante, l'irruption est aussi légère, cependant que, prévisible de loin, la déroute morale n'en est pas moins inéluctable.

Cette carence est essentiellement subjective. Elle touche au mode sur lequel les forces potentielles sont, au sein du peuple, tenues éloignées de leur propre concept.

Ces intellectuels français qui n'ont eu de cesse de cracher sur eux-mêmes, sur les « idéologies », sur le marxisme, sur les Maîtres, sur leur expérience la plus incontestable, et qui ont cautionné l'informe et le multiple, le spontané et la mémoire en miettes, les droits et les jouissances, les travaux et les jours, ont là-dessus une responsabilité pénible : celle de l'irresponsable.

J'écris et j'agis, mais on ne peut guère distinguer, pour ne pas être, si possible, explicitement mêlé à ce qui se donne là d'échec et d'amertume. Qu'il y faille cinquante ans m'indiffère, car tout le reste fera futilement naufrage, dans un monde qui derechef court à la guerre, si n'existe pas au moins la volonté fixe, collectivement soumise à la hauteur de son enjeu, d'imprimer contre le courant à ce qui pourrait nous désenfouir ne fût-ce qu'un geste de *direction.*

4

Il y a dans *Lettrines,* de Julien Gracq, un passage terrible, un portrait fascinant de l'intellectuel français égaré dans l'inutile, quand on lui demande, quand *les ouvriers* lui demandent, d'être tout simplement quelqu'un d'éclairé, et, si possible, un chef réaliste. Il s'agit une fois encore de cet analyseur inépuisable, la Commune :

> Bohèmes de plume, journalistes à la pige, répétiteurs grisonnants, vieux étudiants, demi licenciés en quête d'un *tapir,* c'est bien en effet en partie le petit monde des *Scènes de la vie de Bohème,* tourné en vinaigre, qui a fait à Victor Noir un si bel enterrement, et gouverné avec incapacité la Commune parmi les pipes, les bocks, les *glorias,* la fumée, et les parlotes d'une salle de rédaction de « petit journal ». Marx a été indulgent pour l'état-major de la Commune, dont il avait parfaitement vu l'insuffisance. La révolution a aussi ses Trochu et ses Gamelin. La franchise de Vallès consterne, et ferait prendre en horreur cet état-major proclamationnaire, ces révolutionnaires de *chand'vins* sur le passage desquels crachaient, les derniers jours de la semaine sanglante, les barricadiers de Belleville. Il n'y a pas d'excuse à mener même le bon combat quand on le mène si légèrement.
> Une espèce de nausée atroce monte à suivre la chienlit ubuesque et pathétique des dernières pages, où le malheureux délégué de la Commune, son écharpe qu'il n'ose plus montrer serrée sous le bras dans un journal, sorte d'irresponsable de quartier, de Charlot pétroleur sautillant entre les éclats d'obus, erre comme un chien perdu d'une barricade à l'autre, inapte à quoi que ce soit, rudoyé par les blousiers qui montrent les dents, distribuant à la diable des bons de harengs, des bons de cartouche et des bons d'incendie, et implorant de la foule hargneuse qui le serre de trop près, furieusement secouée dans le pétrin où il l'a mise, – piteusement, lamentablement – « *Laissez-moi seul, je vous prie. J'ai besoin de penser tout seul.* »
>
> Dans son exil de courageux irresponsable, il a dû quelquefois se réveiller la nuit et entendre encore ces voix tout de même un peu sérieuses de gens qui vont se faire trouer la peau dans quelques minutes, et qui lui criaient si furieusement de la barricade : « Où sont les ordres ? où est le plan ? » (*Lettrines,* Corti, 139).

PRÉFACE

De tous les cauchemars possibles, celui d'être exposé un jour à cette figure-là est pour moi le plus insupportable. Et je vois bien qu'y parer suppose un remaniement radical qui touche, c'est certain, les intellectuels, mais aussi bien les ouvriers, car ce dont il s'agit est l'avènement entre eux d'un mode inouï de voisinage, d'une topologie politique antérieurement impensable.

J'écris ici pour que ni moi, ni mes interlocuteurs, intellectuels ou non, ne devenions jamais celui qui, aux grandes échéances de l'histoire, ne peut en tout et pour tout que distribuer des bons de harengs.

Juillet 1981.

A propos des citations.

Pour ce qui concerne les principaux auteurs cités, voici les éditions de référence :

Marx et Engels, *Œuvres choisies,* 3 vol., Éditions du Progrès, Moscou. Notées *OC* I, II et III.

Lénine, *Œuvres choisies,* 3 vol., Éditions de Progrès, Moscou. Notées *OC* I, II et III.

Mao Tsé-toung, *Œuvres choisies,* 5 vol., Éditions de Pékin. Notées *OC* I, II, III, IV et V.

Hegel, *Science de la logique,* Aubier-Montaigne, 1972 et 1976, premier et deuxième livres *(L'Être; L'Essence),* trad. P.-J. Labarrière et G. Jarczyk. Notés *L* I et II.

– *Science de la logique,* Aubier, 1949, troisième livre *(Logique subjective),* trad. V. Jankélévitch. Noté *L* Jank. II.

Hegel, *Phénoménologie de l'esprit,* trad. J. Hyppolite, Aubier-Montaigne, 1947. Noté *Ph. E* I et II.

Mallarmé, *Œuvres complètes,* Pléiade, 1951. Noté *O.*

Hölderlin, *Œuvres,* Pléiade, 1967. Noté *O.*

Lacan, *Écrits,* Le Seuil, 1966. Noté *E.*

Lacan, *Séminaire,* livre I, Le Seuil, 1975; livre II, 1978; livre XI, 1973; livre XX, 1975. Notés *S* I, II, XI et XX.

Logique mathématique, Handbook of mathematical logic, North-Holland publishing Company, Amsterdam-New York, 1977. Noté *HML.*

Textes de la Révolution culturelle, *La Grande Révolution culturelle prolétarienne,* Pékin, 1970. Noté *GRCP.*

Toutes les citations qui n'entrent pas dans ce cadre sont accompagnées de leurs références dans le texte.

Pour ce qui concerne les écrits de Paul Sandevince, tous aux éditions Potemkine, 2 bis rue Jules Breton, 75013 Paris :

- *Qu'est-ce qu'une politique marxiste?* 1978.
- *Un bilan de Mai 68,* 1978.
- *Notes de travail sur le post-léninisme,* 1980.

I

Le lieu du subjectif

7 janvier 1975

Tout ce qui est d'un tout lui fait obstacle en tant qu'il s'y inclut

Le vieil Hegel scindé. - Scission, détermination, limite. - Esplace et horlieu. - Déviations de droite et de gauche.

1

Il y a dans Hegel, et c'est ce qui fait de la fameuse histoire de la gangue et du noyau une douteuse énigme, deux matrices dialectiques. C'est le noyau lui-même qui est fendu, comme dans ces pêches, du reste irritantes à manger, dont un coup de dents fêle aussitôt l'objet dur intérieur en deux moitiés pivotantes.

Encore dans la pêche y a-t-il un noyau du noyau, l'amande amère de sa reproduction comme arbre. Mais la division de Hegel, nous n'en tirerons nulle unité seconde, même scellée d'amertume.

Il faut comprendre ce que Lénine répète un peu partout, la bonne nouvelle rétrospective : Hegel est matérialiste! Car la seule opposition d'un noyau dialectique (acceptable) et d'une enveloppe idéaliste (exécrable) ne vaut rien. La dialectique, pour autant qu'elle est la loi de l'être, est nécessairement matérialiste. Si Hegel y a touché, il faut qu'il soit matérialiste. Son autre versant sera celui d'une dialectique-idéaliste, en un seul mot, qui n'a rien de réel, fût-ce au registre de l'indication symbolique inversée (la tête en bas, comme dit Marx).

Ainsi faut-il démêler au cœur de la dialectique hégélienne deux processus, deux concepts du mouvement, et non pas seulement une justesse de vue sur le devenir corrompue par un système subjectif du connaître. Soit, par exemple :

a) Une matrice dialectique couverte par le vocable d'aliénation; idée d'un terme simple qui se déploie dans son devenir-autre, pour revenir en soi-même comme concept achevé.
b) Une matrice dialectique dont l'opérateur est la scission, le thème : il n'est d'unité que scindée. Sans le moindre retour sur soi, ni connexion du final et de l'inaugural. Pas même le « communisme intégral » comme retour, après l'extériorisation dans l'État, au concept dont le « communisme primitif » serait l'immédiateté simple.

Encore n'est-ce pas si simple, loin de là.

2

Partons d'une notion creuse, à la fois limitée et prodigieusement générale. La notion du « quelque chose », forme première, dans la *Logique* de Hegel, de l'être-là.

L'objectif de Hegel, avec son « quelque chose », n'est rien moins que d'engendrer la dialectique de l'Un et du multiple, de l'infini et du fini, le principe de ce que nous, marxistes orthodoxes, appelons l'accumulation quantitative, laquelle, comme chacun sait, est censée produire un bond qualitatif.

Le mystère est d'ailleurs que tout cela, dans la *Logique* de Hegel, est à la rubrique « qualité », laquelle, dans l'ordre d'exposition, précède la quantité.

Mais c'est Hegel qui a raison, comme toujours. Car de l'Un on ne peut rien dire sans engager le qualitatif et la force. C'est pourquoi un des objectifs de ce que nous disons ici est d'établir que le fameux « bond » du quantitatif au qualitatif, loin d'être de l'aune dont on fait sauter les thermomètres, inclut un effet de Sujet.

Hegel en tout cas est au rouet d'avoir à engendrer le multiple, le nombrable, dans la mesure où sa pente idéaliste le pousse à tirer toujours tout d'un terme simple. Comment de l'Un, et de lui seul, le multiple peut-il procéder ? C'est une question aussi vieille que la philosophie, mais elle a toujours eu plus de sel pour qui prétend historiser le Tout, et non pas seulement en donner la loi d'ordre fixe. Déjà avec les Pères de l'Église, ces grands fondateurs de l'histoire conceptuelle, il fallait rendre raison de ce que Dieu, forme absolue de l'Un, ait eu de quoi pulvériser un univers aussi durablement multiple. Prouver Dieu par les merveilles de la nature, de la grenouille à la licorne – sinon que la licorne prouve plutôt le Diable – est une chose; prouver les merveilles de la nature par Dieu est autrement compliqué, puisqu'il est forcément la merveille des merveilles.

De cette question ecclésiastique, Hegel est le prestidigitateur moderne. Au lieu qu'il y ait création du Tout par l'Un, Hegel va montrer que le Tout est l'histoire de l'Un, que l'espace du multiple est l'effet du temps qu'il faut au concept. Au coup de force du Créateur miraculeux, il substitue le labeur, la souffrance et la durée circulaire d'une sorte d'exposition de soi à travers laquelle l'absolu advient à la contemplation complètement déployée de lui-même. Et c'est ce parcours des galeries de l'Un qui est le tout du monde.

Bien entendu, le coup de force initial ainsi estompé se retrouve à tous les paragraphes. C'est même l'accumulation de ces décrets arbitraires locaux qui, tout autant qu'elle fait avancer la pesante machinerie globale du Système, tisse partout la trame aiguë et partielle du matérialisme hégélien.

3

D'emblée Hegel pose, non pas le « quelquechose » tout seul, mais la différence de quelquechose et d'autre chose *(Etwas und Anderes)*. Ainsi est reconnu qu'aucune dialectique n'est concevable si elle ne présuppose pas la division. C'est le Deux qui donne son concept à l'Un, non l'inverse.

Naturellement, il y a toutes sortes de contorsions de Hegel pour masquer cette reconnaissance. Tout se passe – spécialement dans l'édition de 1812, la première, la plus idéaliste, car Hegel vieux, contrairement à ce qui se dit parfois, tient davantage le fil d'un principe de réalité –, tout se passe comme si « l'autre chose » était la post-position du « quelque chose », son devenir catégoriel. Mais c'est un rideau de fumée. De fait, Hegel va étudier la scission du quelque chose dans un mouvement préstructuré par une scission première, en quelque sorte occulte, *parce que d'essence répétitive :* celle qui itère le quelque chose dans la position de lui-même comme autre, autre-chose. C'est exactement l'opération du tout début de la *Logique,* où être et néant sont la même chose posée deux fois. Ici aussi, on peut « filer » le devenir-scindé d'une catégorie seulement parce qu'on se donne, en secret ou en public, ce minimum différentiel premier : deux fois Un.

Je dis que c'est « la même chose » deux fois posée, parce que l'altérité n'a ici aucun support qualitatif. Nous sommes, si l'on peut dire, à l'aube du qualitatif, dans son ossature structurale. Ceci ne diffère de cela que par l'énoncé de la différence, par le placement littéral. On pourrait nommer cette stase infime de la contradiction la stase indicielle. Il y a A, et il y a A_p (lire : « A tel quel » et « A à une autre place », la place p que distribue l'espace de placement, soit P).

C'est le même A deux fois nommé, deux fois placé.

Cela va suffire amplement à ce qu'ils se corrompent l'un l'autre.

Car vous pouvez considérer A soit dans sa pure identité fermée, soit dans sa différence indicielle d'avec sa deuxième occurrence. A est lui-même, mais il est aussi sa puissance de répétition, la lisibilité de lui-même à distance de soi, le fait qu'à la place p, l'autre place, c'est toujours lui qu'on lit, toutefois « autre » que là où il se tient, fût-ce nulle part, puisqu'on l'y voit *aussi*.

Ces deux déterminations, Hegel les nomme : le quelque chose-en-soi et le quelque chose-pour-l'autre. Le « quelque chose », comme pure catégorie, est l'unité de ces deux déterminations, le mouvement de leur dualité.

Preuve que pour penser très exactement n'importe quoi, quelque chose, il faut le scinder.

Que signifient le quelque chose-en-soi et le quelque chose-pour-l'autre ? C'est l'identité pure et l'identité placée. La lettre et l'endroit où elle est marquée. La théorie et la pratique.

La donnée de la différence minimale (quelque chose *et* autre chose) se contracte nécessairement sur le terme fixe de la différence, la « chose », qu'elle soit quelque- ou autre-. A, disions-nous (et A, c'est la chose) est à la fois A et A_p, où A_p est terme générique pour tout placement de A. Car ce peut être A_{p1}, A_{p2}, A_{p3}... tous les p_1, p_2 ..., p_n ... appartenant, par exemple, à P. C'est ce qu'on verra ensuite : il y a l'infini des places. A_p, c'est A dans le singulier-général du placement. Or, c'est toujours ainsi que A se donne (il est toujours placé) et se refuse (car, placé, il n'est plus seulement lui, A, mais aussi sa place, A_p). Et ceci est vrai de n'importe quoi, de quelque chose en général, de telle chose.

Il faut donc poser une scission constitutive : $A = (AA_p)$.

L'indice p renvoie à l'espace de placement P, lieu de toute

réduplication possible de A. Notez bien que ce n'est pas forcément spatial, géométrique. Une réduplication peut être temporelle, voire fictive.

Ce que Hegel ne dit pas clairement, c'est qu'au fond le vrai contradictoire initial du quelque chose A, ce n'est pas autre chose, ce n'est pas même lui placé, A_p, non : le vrai contradictoire camouflé de A, c'est l'espace de placement P, c'est ce qui *délègue l'indice*. La donnée de A comme scindé sur lui-même en :

- son être pur, A,
- son être placé, A_p,

(Heidegger dirait : en son être ontologique et son être ontique), est l'effet sur A de la contradiction entre son identité pure et l'espace structuré auquel il appartient, entre son être et le Tout. La dialectique divise A à partir de la contradiction entre A et P, entre l'existant et son lieu. C'est cette contradiction, dont le thème latent est mallarméen (« rien n'aura eu lieu que le lieu »), qui, introjectée dans A, fonde son être effectif comme scission.

Tout cela, c'est une anticipation trop forte, car la contradiction entre A et P oppose une force à un système de places, et nous n'en sommes pas là.

Juste un coup de torche, d'ailleurs parfaitement excessif.

Le vrai contraire du prolétariat n'est pas la bourgeoisie. C'est le monde bourgeois, c'est la société impérialiste, dont, notons-le bien, ledit prolétariat est un élément notoire, en tant que force productive principale, et en tant que pôle politique antagonique. La fameuse contradiction prolétariat-bourgeoisie, c'est un schème limité, structural, qui laisse échapper la torsion du Tout dont le prolétariat comme sujet trace la force. Dire prolétariat et bourgeoisie, c'est s'en tenir à l'artifice hégélien : quelque chose et autre chose. Et pourquoi ? Parce que le projet du prolétariat, son être interne, ce n'est pas de contredire la bourgeoisie, ou de lui scier les pattes. Ce projet, c'est le communisme, et rien d'autre. C'est-à-dire l'abolition de tout lieu où peut se disposer quelque chose comme un prolétariat. Le projet politique du prolétariat, c'est la disparition de l'espace de placement des classes. C'est la perte, pour le quelque chose historique, de tout indice de classe.

Vous direz : Et le socialisme ? Le socialisme où, de fait, bourgeoisie et prolétariat sont plus que jamais aux prises, y compris sous la forme de révolutions sans précédent, les révolutions culturelles ? Le socialisme n'existe pas. C'est un nom pour un arsenal obscur de conditions nouvelles où la contradiction capitalisme/communisme s'éclaircit quelque peu. Socialisme, ça désigne une mutation mouvante de l'espace de placement des classes. C'est P′ à la place de P, le socialisme. S'il y a un point majeur du marxisme, confirmé presque jusqu'au dégoût par le siècle, c'est qu'il ne faut surtout pas gonfler la question du « socialisme », de l'« édification du socialisme ». L'affaire sérieuse, l'affaire *précise,* c'est le communisme. Et c'est pourquoi, tout du long, la politique surplombe l'État, et ne peut s'y réduire. Et vous ne réduirez jamais tout cela à la pauvreté binaire de la contradiction, terme contre terme, prolétariat/bourgeoisie. Le marxisme commence par-delà cette contradiction.

4

On pose donc, avec Hegel, la scission $A = (AA_p)$, effet du rapport conflictuel complètement voilé entre A et le distributeur de places sur lequel il se branche. Tout ce qui existe est ainsi à la fois lui-même et lui-même-selon-sa-place.

Or Hegel dit ceci : ce qui *détermine* le terme scindé, ce qui lui donne sa singularité d'existence, ce n'est naturellement pas A, terme générique fermé sur soi, indifférent à toute dialectique. C'est bien plutôt A_p, A selon l'effet du tout dans lequel il s'inscrit.

Voyez que, par exemple, si la classe ouvrière est intérieurement scindée, y compris dans les temps forts du mouvement de masse, en l'amorce de son identité politique véritable d'une part, la corruption latente par les idées et pratiques bourgeoises ou impérialistes d'autre part, c'est à coup sûr sous l'effet de ce qui la dispose *encore* dans un Tout, national ou mondial, régi par le capital et les empires. C'est cela qui fait tenir ensemble deux voies aussi contrariantes dans l'unité pratique d'une levée. Et qui fait de l'émergence pure de soi un procès d'épuration dans le côtoiement divisible de son inverse.

Et même sous le socialisme. En 1967 en Chine, des factions armées s'opposent dans toutes les grandes usines. Mao déclare : « Rien d'essentiel ne divise la classe ouvrière. » Constat d'une place fixe ? Non. Directive de combat, portant que le prolétariat doit prendre la tête de la révolution, et que tel est le fil historique à tenir de son unité, *c'est-à-dire de son existence* (comme classe politique).

Tout ça qui est se rapporte à ça dans une distance de ça qui tient au lieu où ça est.

Si A = (AA_p), c'est déterminé par l'effet indiciel de P sur A. Nous écrirons donc : $A_p (AA_p)$, première écriture de la détermination de la scission, premier algorithme de l'unité des contraires.

Soit ce que Hegel nomme : *Bestimmung*.

La *Bestimmung* est à son tour divisée par ce qu'elle unifie. C'est un point fort de la dialectique, que de saisir comment l'Un de l'unité des contraires supporte la contrariété dans son être.

Commençons par l'exemple : la classe ouvrière pratique (historique) est toujours l'unité contradictoire d'elle-même comme prolétariat, et de son inversion bourgeoise spécifique (aujourd'hui, le révisionnisme moderne, le PCF, les syndicats, tout ce qui organise le ralliement de la classe à la société impérialiste, voire au propos de la diriger pour le compte direct de l'aristocratie ouvrière, ce qu'autorise partiellement le capitalisme bureaucratique d'État). Cette unité des contraires est déterminée (au sens de la *Bestimmung* hégélienne) par l'espace bourgeois général, lequel porte l'unité possible du prolétariat politiquement actif (marxiste) et de la classe ouvrière comme Lieu de la nouvelle bourgeoisie bureaucratique d'État (révisionnisme). Donc, A = classe ouvrière, P = société impérialiste actuelle, nous donne : A_p = révisionnisme moderne, et l'algorithme : $A \rightarrow A_p (AA_p)$, où s'indique que ce qui détermine l'actualité dialectique du prolétariat aujourd'hui, c'est son épuration interne d'avec le révisionnisme moderne.

Mais que signifie « détermination » ? Deux choses :

- D'une part que l'intimité marxiste combattante de la classe est déterminée par la nouvelle bourgeoisie révisionniste. C'est la détermination dialectique au sens fort, qu'on peut écrire $A_p (A)$.
- D'autre part, que le révisionnisme n'est jamais, au bout du compte, et de plus en plus, que la forme spécifique, homogène-adaptée à la classe ouvrière, de l'espace bourgeois et impérialiste général, soit P. Dans le combat pour s'en épurer, le prolétariat *démasque* (c'est le mot consacré) la part de lui-même engagée dans le révisionnisme, et la pose comme partie prenante du terme antagonique externe, lequel, on l'a vu, n'est pas la bourgeoisie, mais la société impérialiste, dont PCF, syndicats, etc. sont les porteurs modernes, actuels, actifs. Dès lors, la détermination reconvoque seulement – répète – l'espace de placement, l'altérité

générale P dont p est l'index pour A. On écrira ceci : $A_p (A_p) = P$. C'est une sorte de branche morte du procès dialectique, le rappel que la détermination de la scission, $A (AA_p)$, s'origine de ce que A n'ex-siste que dans le lieu P. C'est la part divisible inerte de la détermination totale, dont l'autre part, marquée $A_p (A)$, est véritablement l'intimité *pour A* de la détermination.

De façon générale, on peut dire que la détermination de tout ex-sistant scindé est distributive :

$A_p (AA_p)$ → $A_p (A)$ détermination stricte

$A_p (AA_p)$ → $A_p (A_p) = P$ rechute dans l'espace général. *« Rien n'a eu lieu que le lieu. »*

Hegel parle-t-il vraiment de ces branches mortes du procès ? Absolument. Il les appelle des « retombées » *(Rückfall)*. C'est l'ombre portée du lieu dans sa dimension évocatrice pure. Tandis que la détermination, c'est le nouveau.

Nous avons donc, à ce stade, les grands concepts dialectiques que voici, de portée ontologique absolument générale :

a) La *différence* de soi à soi, A et A_p, commandée par la *contradiction* de la force A et de l'espace de placement P, dont A_p est l'instance indicielle pour A. Point capital : c'est la contradiction qui commande la différence, non l'inverse.

b) La *scission* comme seule forme d'existence du quelque chose en général : $A = (AA_p)$.

c) La *détermination* comme unité de la scission, seulement pensable à partir du terme indexé (et non du terme pur) : $A_p (AA_p)$.

d) La scission de la détermination selon ce qu'elle détermine :

- détermination du nouveau, $A_p (A)$;
- retombée : $A_p (A_p) = P$.

L'essence de la retombée est l'espace de placement, le lieu.

Une remarque de terminologie. Si, comme nous le ferons de façon continue, on oppose la force à la place, il sera toujours plus homogène de dire « espace de placement » pour désigner l'action de la structure. Le mieux sera même de forger *esplace*. Si en revanche on dit « lieu », ce qui est plus mallarméen, il faudra dire, à la Lacan, « lieutenance » pour « place ». Mais « force » est alors hétérogène pour désigner le topologique a-structural. Il vaudra mieux dire : le *horlieu*.

La dialectique, dans l'arène à odeur de sciure du combat catégoriel, c'est le horlieu contre l'esplace.

5

La retombée n'est le négatif inerte de la détermination stricte que si celle-ci, A_p (A), inclut une résistance spécifique du terme A à se laisser déterminer exhaustivement par son instance indicielle A_p. Sinon, A_p (A) s'engloutit dans A_p. Autant dire *qu'il n'y aurait que des retombées*. Ce qui est le principe du structuralisme sous toutes ses formes.

Mais ni nous ni Hegel ne sommes structuralistes. Nous pensons par exemple que, dans sa détermination antagonique spécifique à la nouvelle bourgeoisie révisionniste, le prolétariat émerge comme nouveauté positive – et ce, timidement, en France en Mai 68, avec fracas en janvier 1967 en Chine –, par exemple sous les espèces d'un marxisme retransformé (le maoïsme). L'intériorité propre de A vient ainsi *déterminer la détermination*. Après tout, dans la Révolution culturelle, c'est le peuple révolté qui désigne la nouvelle bourgeoisie bureaucratique, en tant que détermination globale de l'antagonisme révolutionnaire lui-même. Il faut donc poser, sauf à ce que le nouveau du procès dialectique s'annule dans la retombée pure en P, lieu ou espace de placement, une détermination de la détermination, soit : A (A_p (A)).

C'est un procès de torsion, par lequel la force se réapplique à ce dont elle émerge conflictuellement.

La détermination de la détermination se scinde de façon distributive tout autant que la détermination.

Car ce peut être une simple réaffirmation de l'identité pure de A : A(A); une émergence pure de soi, contre (mais en dehors de) la détermination, et ceci en strict parallèle à la retombée dans P. Ainsi d'une révolte sans avenir qui dresserait la fraction combative de la classe ouvrière contre les nouveaux bourgeois du PCF et des syndicats au seul nom de la pureté perdue, donc de la trahison du PCF, sans percevoir la nouveauté interne du phénomène nouveau bourgeois. Et c'est ce qui est arrivé largement en Mai 68, conduisant beaucoup soit à rêver d'un PCF « refait à neuf », soit d'une classe ouvrière repurifiée à l'école de ses grands ancêtres du XIXe siècle. La force intime de A est alors reconvoquée dans la répétition illusoire de sa fermeture sur soi et dans l'impuissance à supporter activement la détermination.

Il y a la déviation « de droite », qui reconduit à la brutalité objective du lieu P pour nier la possibilité du nouveau inhérent à l'ancien. Mais il y a l'inéluctable déviation « de gauche », qui revendique la pureté originelle et intacte de la force en niant, si l'on peut dire, l'ancien inhérent au nouveau, c'est-à-dire la détermination. Ces deux schémas de déviation sont A_p $(A_p) = P$, et A $(A) = A$.

Mais si ce n'est pas cette reconvocation des origines essentielles, c'est le procès effectif de limitation de la détermination, le travail de la force sur la place, le différentiel de A revenant sur son indexation pour en réduire la portée nécessaire. C'est $A(A_p)$, application limitative directe de l'efficace de A à la détermination qu'il est.

Tout ce qui est d'un lieu revient sur la part de lui-même qui en est déterminée pour déplacer la place, déterminer la détermination, franchir la limite.

C'est à ce contre-procès que Hegel donne le nom de limite *(Grenze)*, qu'il faudra comprendre au sens contenu dans « limitation du Droit bourgeois » – rien moins, par exemple, que la réduction des écarts entre travail intellectuel et travail manuel, ville et campagne, agriculture et industrie. La limite, la limitation sont l'essence du travail du positif.

Tout ce qui est d'un tout lui fait obstacle en tant qu'il s'y inclut.

C'est pourquoi le « totalitarisme » n'existe pas. C'est une pure figuration structurale qui n'a aucune réalité historique. C'est l'idée que n'existent en ce monde que la retombée droitière nécessaire et le suicidaire gauchisme impuissant. C'est A_p (A_p) ou $A(A)$ en battements, soit P et A dans leur extériorité inagissante.

L'État et la plèbe.

Mais les vrais termes de toute vie historiale sont bien plutôt A_p (A), la détermination, et A (A_p), la limite, termes par lesquels le Tout s'affirme sans se clore, et l'élément s'inclut sans s'abolir.

14 janvier 1975

L'action, manoir du sujet.

Synthèse structurale d'une séquence dialectique. - Le Père et le Fils, consubstantiels. - Gnostiques et ariens, conciles et congrès. - Circularité et périodisation. - Il faut tout reprendre à zéro.

1

Vous pouvez voir le schéma d'un fragment dialectique quelconque, tel que nous l'avons prélevé la dernière fois dans la *Logique* de Hegel au chapitre sur le « quelque chose ».

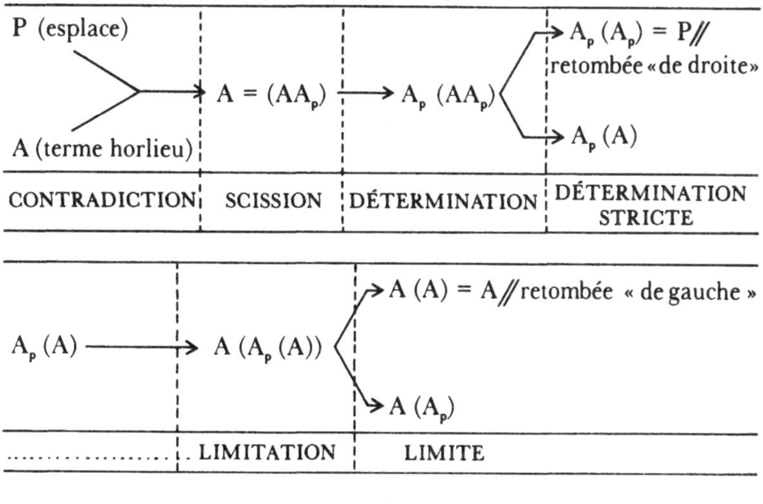

Il faut bien entendre que la contradiction A/P n'est donnée que comme horizon structural. Elle oppose toujours un terme à son lieu. Toute contradiction est fondamentalement dissymétrique, en ce que l'un des termes soutient à l'autre un rapport d'inclusion. L'incluant, c'est-à-dire le lieu, l'espace de placement, est nommé (particulièrement par Mao) terme dominant, ou aspect principal de la contradiction. L'inclus, lui, est le sujet de la contradiction. Il est assujetti à l'autre, et c'est lui qui reçoit la marque, le sceau, l'indice. C'est A qui est indexé en A_p selon P. L'inverse n'a aucun sens.

Est-ce que Hegel dit cela ? Non. Hegel dissimule le principe de dissymétrie. Ou plutôt, il le reporte à l'idée d'un tout intégral qui indexerait rétrospectivement chaque séquence. On y reviendra.

En toute rigueur, la contradiction n'existe pas. Comment existerait-elle, puisqu'exister (ex-sister), c'est justement être « quelque chose », c'est-à-dire soutenir l'effet de scission dont la contradiction est la cause ? La contradiction est un pur principe structural. Elle *insiste* dans l'index p de A, elle marque la répétition de A, mais nulle part vous n'avez un conflit existant, réel, entre A et P comme termes constitués et isolables. P, l'esplace pour tout isolement et toute répétition, n'est ni isolable ni répétable. A, le horlieu, n'est répétable que scindé par inclusion dans l'esplace.

La contradiction n'a aucun autre mode d'existence que la scission.

Il est donc, en philosophie concrète, militante, indispensable d'annoncer qu'il n'y a qu'une loi de la dialectique : Un se divise en deux. Tel est le principe de l'observable et de l'action.

L'opposition de la société impérialiste et du peuple révolutionnaire, c'est quoi dans les faits ? C'est la division politique du peuple. Car les deux politiques, la bourgeoise et la prolétarienne, n'ont de réalité qu'autant qu'elles organisent chacune le peuple de leur côté. Une politique « sans peuple », sans base de masse structurée, n'existe pas. Ainsi, la contradiction principale dans un pays comme la France, contradiction entre le prolétariat et la société impérialiste, entre la politique prolétarienne et la politique bourgeoise, – contradiction, il faut le dire, encore tout à fait embryonnaire – a pour contenu effectif le mouvement historique de division du peuple.

Et c'est pourquoi l'existence forte et déployée de la politique prolétarienne ne peut jamais faire l'économie de la guerre civile révolutionnaire. C'est pourquoi il est toujours essentiel de prêter attention, non seulement à la bourgeoisie étatique, mais aussi à la bourgeoisie civile, et à ses ramifications populaires serrées.

Il faut le répéter avec force : l'existence en acte de la contradiction entre l'esplace et le horlieu, quels qu'ils soient, c'est la scission du horlieu. La scission est ce par quoi le terme s'inclut dans le lieu en tant que hors-lieu. Et il n'y a aucun autre contenu à l'idée de contradiction.

2

Au regard de mes exemples, certains pourraient formuler le soupçon que tous ces algorithmes et théorèmes dialectiques sont dans une dépendance absolue d'avec les contenus qu'ils organisent, le prolétariat, la société impérialiste, le révisionnisme, etc. ; qu'il y a là une syntaxe de peu d'intérêt, dès lors que la sémantique en est forcée.

A cela j'objecterai :

- Primo, que ça m'est égal. Car, en tant que marxiste, je pose en effet que les contenus drainent les formes, et non l'inverse. Que les formulations dialectiques s'enracinent dans une pratique politique explicite est assuré.
- Secundo, que ça n'est pas vrai. Le « modèle » sur lequel travaille implicitement Hegel, c'est le christianisme. Et que ce modèle théologique soit adéquat, nous allons l'établir aussitôt.

Soit P l'esplace du fini, A Dieu en tant qu'infini, donc en tant que hors-lieu radical.

Telle quelle, cette dualité contradictoire n'a aucun sens dialectique, donc aucun sens tout court.

Ce qui lui donne sens, et là se tient le coup de génie nécessaire du christianisme, c'est de l'historiser en scission, donc de faire ex-sister l'infini dans le fini. Pour cela Dieu (A) est indexé (A_p) comme horlieu spécifique de l'esplace du fini : tel est le principe de l'Incarnation. Dieu se fait homme. Dieu se divise en lui-même (le Père) et lui-même-placé-dans-le-fini (le Fils). A est le Père, A_p le Fils, ce fils historial par lequel Dieu ex-siste, et Dieu advient ainsi comme scission de horlieu, A = AA_p, Dieu = Père/Fils, scission que le concile de Nicée, premier en date des grands congrès politico-idéologiques modernes, désignera comme existence unique – comme unité des contraires – dans l'axiome dialectique bien connu : « Le Fils est consubstantiel au Père. »

A partir de là, notre fragment dialectique se déploie en son entier.

- A_p (A), désigne la détermination de l'identité (infinie) de Dieu par son marquage dans l'esplace du fini. La radicalité de cette détermination, c'est la Passion : Dieu en tant que Fils meurt. L'infini monte au calvaire.
- A (A_p) désigne la contre-détermination (la limite de la mort) par l'infinité du Père : le Fils ressuscite et rejoint (Ascension) le sein du Père, ce qui représente un horlieu figuratif.

La dualité consubstantielle Fils/Père, c'est-à-dire l'Incarnation, la mort de l'infini (la Passion) et sa non-mort (la Résurrection) sont les contenus théologiques immédiats de la scission, de la détermination et de la limite.

Au terme de cette aventure rédemptrice, vous avez au ciel un Dieu réconciliant en lui-même, dans le déploiement historique de soi, le fini et l'infini. Et sur terre, ne subsiste plus que la simple *trace vide* de ce processus achevé, soit le tombeau du Christ dont Hegel, symbolisant avec mystère l'effacement de la trace, l'abolition de l'aboli, dira – parlant de la conscience – « qu'elle fait l'expérience que ce sépulcre de son essence effectivement réelle et immuable n'a aucune réalité effective » (*Ph. E* 1, 184).

Hormis donc cet aléatoire déchet funéraire, déchet auquel Mallarmé consacrera tant de ses poèmes, l'affaire est ici *bouclée*. La limite ascensionnelle redistribue l'esplace et le horlieu dans la fusion de la Gloire. Venant siéger à sa propre droite, Dieu (le Fils) n'est plus que l'intercesseur immuable au tribunal de Dieu (le Père). La révolution s'est dissoute dans l'État. L'esplace énonce ce leurre d'être quant à lui, comme pour qui fétichise l'État socialiste, illuminé *du dedans* par la force.

Pareil arrêt, pareil cercle ne sont que les avantages de l'imaginaire et de la théologie. Pour en jouir pleinement, il faut brûler les hérétiques. Ce qui est, il faut l'avouer, bien réel.

3

Car nos retombées « de droite » et « de gauche » ont évidemment marqué toute l'histoire idéologique du christianisme.

$A_p(A_p) = P$, c'est la reconvocation de l'identité purement finie du Fils, la récusation de toute torsion dans l'esplace du monde. Ce sont les hérésies qui soulignent unilatéralement l'humanité du Christ, son extériorité à la transcendance divine. Bref, les hérésies qui s'inclinent devant l'hétéronomie objective du fini et de l'infini, et rompent l'axiome de Nicée, soit Dieu comme identité scindée du Père et du Fils. Pour l'arianisme, en effet, le Fils n'est que le premier dans la hiérarchie des êtres qu'engendre le Père.

Naturellement, cette déviation rationaliste « de droite » annule l'essence du propos dialectique chrétien.

Symétriquement, ceux qui posent la reconvocation $A(A) = A$ déploient unilatéralement l'infinité divine, et réduisent la détermination $A_p(A)$, soit la mort de Dieu comme finitude de l'infini (la Passion du Christ), à n'être qu'un semblant, une apparence. Les docètes, premiers en date de la longue suite des hérésies gnostiques, posent que le Fils est *absolument* divin, ce qui lui interdit d'avoir un corps réel, de mourir en vérité sur la Croix, d'être sexué et précaire. Ce n'est qu'en apparence, pour la vertu révélatrice de la fable, que Dieu a pris la figure du fini. La radicalité gnostique maintient dans un écart de fer la pureté originelle du Père divin et la souillure du sexe, du monde et de la mort. Si Dieu vient *hanter* le monde pour indiquer la voie du salut, il ne saurait s'y établir dans son essence.

Cette hérésie ultra-gauchiste, obsédée par le pur et l'originel, violemment tendue vers le manichéisme, bloque, tout autant que le paisible et raisonnable ordonnancement hiérarchique des ariens, la fécondité dialectique du message.

Hegel à cet égard aide à fixer la règle des orthodoxies contre la récurrence objective de l'esplace (arianisme, opportunisme de droite) aussi bien que contre le fanatisme du horlieu (gnose, opportunisme de gauche).

Contre Liu Shao Shi et l'objectivité économique, contre Lin Piao et le fanatisme idéologiste.

Gnostiques et ariens n'ont pas fini d'encombrer – et de nourrir – le chemin du nouveau. Tout congrès, comme tout concile, prononce contre eux.

4

Regardons de près le fragment dialectique, tel qu'engagé dans son instance religieuse :

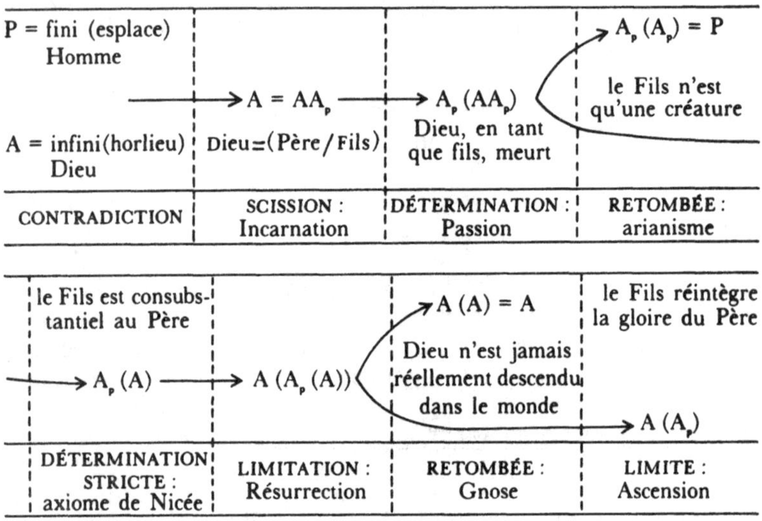

Le schéma est en fait circulaire, car, au terme de tout, on a seulement la scission pure du Père et du Fils comme concept intégral de l'absolu rédempteur. Le A (A_p) n'excède finalement pas le A = (AA_p) : il ne fait qu'y reconduire.

C'est un des grands problèmes de notre fragment dialectique. Comment se poursuit-il ? Où allons-nous ? Tout de même ! La limite n'est pas seulement, ne peut pas être, le concept-résultat de la scission. Le prolétariat subjectivement constitué n'est pas l'accomplissement du concept interne de la bourgeoisie. Le maoïsme ne se réduit pas au concept du révisionnisme.

Nous ne nous tenons pas à la droite du Père.

Hegel, là-dessus, doit être encore une fois divisé. Il doit être divisé dans les procédures qu'il propose du bouclage du procès.

Pour faire court, on opposera ici la *périodisation* (matérialiste) à la *circularité* (idéaliste).

Plaçons-nous, pour opérer cette opposition, dans l'écho de trois sentences hégéliennes :
a) « L'élément objectif dans lequel la conscience s'expose comme agissante n'est rien d'autre que le pur savoir que le soi a de soi » *(Phénoménologie)*.
b) « L'idée absolue représente l'identité de l'idée pratique et de l'idée théorique » *(Logique)*.
c) « L'action est la première scission étant en soi de la simplicité du concept et le retour de cette scission » *(Phénoménologie)*.

Où convergent ces trois énoncés ? Vers ceci que l'action est ce qui se montre quand on entre dans les parages de l'achèvement. L'absolu hégélien, qui est le nom de la procédure de bouclage du procès dialectique, s'avère la fusion du procès comme concept et du procès comme effectuation.

Quand la réflexion de sa propre histoire affleure dans une réalité agissante, c'est que celle-ci est à bout de course. Il n'y a plus qu'à l'absoudre : l'absolu la bénit.

Raison pour laquelle l'oiseau de Minerve, la chouette du savoir patient, ne s'envole qu'à la tombée de la nuit, saluant de son aile silencieuse le faux-jour de la Vérité.

Si elle le fait, c'est cependant pour aller manger des souris. Mais où donc est la souris dans la bénédiction absolvante de l'absolu ?

C'est là que Hegel vacille. Aux parages de ce roc que nous marxistes nommons « primat de la pratique », et Lacan le réel. Un roc, précisons-le tout de suite, nullement clair ni marqué d'évidence, et tout à fait semblable à celui dont parle Mallarmé dans *Un coup de dés* : « Un roc, faux manoir tout de suite évaporé en brumes qui imposa une borne à l'infini. » Quel geste s'évapore en brumes, manoir du Sujet, sinon l'action rare dont nul ne sait jamais rien d'autre que le réel qu'elle change, son effet qui l'irreprésente, l'infini du rêve enfin borné ?

C'est de l'irréductibilité de l'action qu'il s'agit. Hegel se tient au couteau sur deux bords – deux matrices dialectiques, toujours. L'idée générale est qu'une séquence dialectique approche de sa clôture quand le procès pratique véhicule la théorie de son propre sillage, détient en soi la clarté active de sa trace temporelle.

Mais cela se prend en deux sens.

- Soit la circularité théologique qui, présupposant l'absolu dans les germes du commencement, reconduit à ce commencement même une fois déployées toutes les étapes de son effectuation, de son aliénation, de sa sortie-de-soi, etc. Ainsi, le Fils mort réintégré dans l'immanence divisible du Père *achève* le concept-monde du Dieu chrétien, qui est la sainteté de l'Esprit.

- Soit le pur passage d'une séquence à une autre, dans un décalage irréconciliable, insuturable, où le Vrai de la première étape ne se donne d'abord que comme condition du *fait* de la seconde, et ne reconduit à rien d'autre qu'au déploiement de ce fait.

Dans cette visée périodisante (ou spiralée), il est admissible de dire que la seconde séquence s'engage quand sont cumulées les conditions du bilan théorique de la première. Mais en ajoutant que l'existence même de ce bilan est purement pratique. Il faut seulement qu'un des termes de la nouvelle contradiction, celui dont l'esplace n'a pu *tenir* le horlieu, soit porteur de l'intelligibilité de la séquence précédente.

C'est là, on le verra plus tard, qu'il advient comme sujet.

Mais, bien entendu, tout l'accent porte alors sur la discontinuité, voire sur l'échec. Ainsi le parti bolchevique de Lénine est certainement le porteur actif d'un bilan des échecs de la Commune de Paris. Ce que Lénine scelle en dansant sur la neige quand le pouvoir est tenu à Moscou en 1917 un jour de plus qu'il ne l'a été à Paris en 1871. C'est la rupture d'Octobre qui périodise la Commune de Paris, tournant une page de l'histoire du monde. Et ce qui a eu lieu, c'est le Parti comme sujet. Dire, comme Hegel, qu'il « s'expose comme agissant », ou qu'il est « la première scission » – d'avec les mencheviks, pas de doute –, c'est la moindre des choses. Dire qu'il est l'unité « de l'idée pratique et de l'idée théorique », c'est ce qu'on répétera à satiété du temps de Staline : le parti, fusion de la théorie marxiste et du mouvement ouvrier réel.

Mais ça ne va pas encore. Ça ne va pas très bien. Car dans tout cela, on a produit *un seul terme* de la nouvelle séquence : celui qui « détient » le bilan de la précédente. Et, ainsi isolé, il est l'absolu hégélien, n'étant plus le horlieu d'un esplace, mais bel et bien le lieu des places.

Car la circularité, ce n'est rien d'autre que ce fait d'annulation : le horlieu trouve place dans le lieu.

Comment penser l'écart de la périodisation et du cercle sans produire un pur centre ?

La Troisième Internationale a partout dans le monde entonné le péan des partis « justes et glorieux » du seul fait qu'ils étaient le parti. Du point où nous en sommes – celui des Révolutions culturelles –, on voit mieux quel nid à rats il peut être aussi, le Parti de la Troisième Internationale, jusqu'à devenir exemplairement injuste et sans gloire, sous les espèces du parti de la nouvelle bourgeoisie bureaucratique d'État.

La philosophie sous-jacente à l'acceptation de tels trajets revient à poser l'esplace comme fondement général de la dialectique, dont le horlieu n'est que fictivement moteur. La place dont le horlieu était exclu, l'indice dont il était pur lui reviennent au bout de la course. Alors se dévoile rétrospectivement le mystère du manque : il y avait dans l'esplace l'indice *surnuméraire,* inaffecté, dont le horlieu se prévaut à la fin. Il y avait la droite du Père, comme place invisible d'où le horlieu tenait son apparence d'exclu, étant dans son essence bien plutôt fondateur de toute inclusion.

Or rien dans le réel ne correspond à cette machinerie. Nul n'a jamais rencontré de tels cercles, sans que leur raté, leur enflure soient aussitôt le stigmate ironique du peu-de-réalité.

Que ceci nous soit une invite, achevé ce parcours structural, et Hegel salué convenablement, à reprendre les choses à zéro. Car il faut penser jusqu'au bout la périodisation. Il faut tenir hors lieu.

Ça ne va pas sans la doublure du lieu par ce qui n'est plus son ordre, et n'est plus spatialement figurable.

Soit la force après la place.

4 février 1975

Le réel est l'impasse de la formalisation; la formalisation est le lieu de passe-en-force du réel.

Un, multiple, deux. - Qu'est-ce qu'une contradiction? – Base et moteur.

1

La dialectique énonce qu'il y a du Deux. Elle se propose d'en inférer l'Un en tant que division mouvante. La métaphysique pose l'Un, et s'empêtre à jamais en tirer le Deux.

Il y en a d'autres, comme Deleuze, qui posent le Multiple, ce qui n'est jamais qu'un semblant, car la position du multiple revient à présupposer l'Un comme substance, et à exclure le Deux. L'ontologie du multiple est une métaphysique voilée. Son ressort est de Spinoza : d'abord la substance affirmative, puis le multiple qui s'y déploie sans jamais s'y égaler, et dont on peut feindre qu'il a mis sa nature unifiante entre parenthèses. Feindre seulement. Chez Spinoza, qui est grand, passe le spectre du Deux : les attributs, la pensée et l'étendue. Mais, par convenance au commencement, il faut résilier cette apparition : « Un être absolument infini doit être nécessairement défini un être qui est constitué par une infinité d'attributs » (*Ethique,* I, scolie de la proposition 10). Que l'homme n'accède au vrai que selon la connexion adéquate de l'idée et de la chose, finalement de l'âme et du corps, et ne puisse penser la Substance que dans la double infinité attributive de l'étendue et de la pensée, atteste exclusivement sa limite : ce Deux est une infirmité du multiple. L'Un présupposé n'a pour effet que la multiplicité infinie intégrale, l'infinité des infinis. C'est à ce prix qu'on peut évanouir la problématique cartésienne du sujet, ce dont un Althusser crédite si fort Spinoza.

Pour moi, ce « procès sans sujet » du multiple est le comble de l'Un.

Le « il y a du deux », nous l'avons prélevé sur Hegel, toute négation mise à part, selon le terme et son indice de placement, selon le horlieu et l'esplace. Et nous butons sur un cercle : si le deux ne tient qu'à la division entre la chose et la chose placée, nous engendrons certes le précieux procès de la scission, de la détermination et de la limite, mais c'est pour occuper l'impasse du retour sur soi, pour découvrir que, ou bien nous sommes stoppés, ou bien nous devons assumer la présence inaugurale du résultat, le manque secret vers quoi tout se meut, la théodicée.

D'où vient que le réel passe outre ? D'où vient qu'il périodise, plutôt que de cercler ? « Cercler » se dit des tonneaux, se disait des valises. Le voyage du réel est parfois sans bagages, et la vieille futaille n'exclut pas le vin nouveau qu'il faut y verser, d'après saint Luc.

Si, comme dit Lacan, le réel est l'impasse de la formalisation, ce que nous avons vu lorsque nous avons buté sur la limite comme Retour, il faudra de ce point risquer que la formalisation est l'im-passe du réel.

L'algorithme scission-détermination-limite, avec ses déviations de droite et de gauche, est la vérité de la séquence dialectique structurale, mais jusqu'à ce que ce formalisme impeccable se résume à la défense-de-passer qui ordonne un retour.

Il nous faut une théorie de la passe du réel, en trouée de la formalisation. Ici le réel n'est plus seulement ce qui peut manquer à sa place, mais ce qui *passe en force.*

Et nul autre moyen pour saisir cet excès que de faire retour sur le Deux.

2

Qu'est-ce qu'une contradiction ? Nous décortiquerons le concept en trois morceaux, travail où Mao Tsé-toung nous guide.

1. Une contradiction, c'est d'abord du Deux, soit une *différence.* Forte ou faible, la différence, selon que les termes en sont violemment hétérogènes, ou seulement distincts.

La différence la plus faible est précisément celle des places. Celle que P distribue entre A_{p1} et A_{p2}. Ou mieux encore, dans l'écart d'écriture, entre A et A, le même deux fois nommé, donc autre que soi.

La différence la plus forte n'existe pas. C'est un cas, bien connu de Leibniz, où existe un minimum, mais pas de maximum. Relativisée au champ conflictuel, la différence majeure est celle où l'un des termes ne s'affirme qu'en détruisant l'autre, non seulement dans sa manifestation (comme un discours vrai détruit un discours faux), mais dans son support (comme le prolétariat détruit la bourgeoisie, en se détruisant lui-même, d'ailleurs, point notable qui aura son lieu).

C'est ce que Mao appelle contradiction antagonique.

2. Une contradiction n'est pas du Deux numéral, indifférent, mais du Deux connecté en division. Du Deux lié en processus. La différence s'implique comme *corrélation* : c'est le principe de l'unité des contraires, qui n'enregistre nulle fusion des Deux dans un troisième, mais pose l'Un du mouvement des Deux, l'Un de leur écart effectif.

La corrélation minimale est le constat de la scission, la position pure et simple du Deux comme unité de processus. C'est dire : ceci est *une* contradiction, une unité des contraires, ce deux est la division en acte de l'Un. Beaucoup plus forte est la corrélation contenue dans le thème de la *lutte* des contraires, qui désigne un procès de destruction, engageant l'identité de chaque terme dans la dislocation de celui dont il est scindé. La lutte, c'est la corrélation comme ruine de l'Un.

La simple contradiction de classe est un fait de structure permanent, économiquement repérable (corrélation faible), la lutte des classes est un procès aux conditions particulières, entièrement d'essence politique, et qui ne se déduit pas de la simple corrélation faible. Confondre contradiction de classe et lutte de classe, pratiquer l'indistinction corrélative de la contradiction, tel est le versant philosophique de l'économisme, de l'ouvriérisme, du marxisme d'assoupissement et d'amphithéâtre.

3. Une contradiction n'est pas un équilibre du Deux, mais au contraire la loi de son inégalité. Le principe de dissymétrie est essentiel, concentré par Mao dans la doctrine de l'aspect principal de la contradiction.

La dissymétrie peut n'être elle-même qu'un invariant de *position* : tel terme est dominant, tel autre asservi. Tel fixe le jeu des places, tel autre doit s'y assujettir.

La version déployée de la théorie de l'aspect principal est

cependant celle qui regarde les transformations. L'essence en devenir de la dissymétrie est l'inversion de position, non l'invariance. C'est l'avènement, centré sur le horlieu, d'un esplace bouleversé. C'est la logique du renversement, non celle de l'inclusion.

Ainsi, dans ses trois composantes : différence, corrélation, position, le concept de contradiction se fait divisible. Il est légitime d'inscrire une bipolarité dialectique, selon que la contradiction est « faible » (structurale) ou « forte » (historique). Ce que récapitule le tableau suivant :

COMPOSANTES DU CONCEPT	DIVISION DU CONCEPT	
	contradiction structurale	*contradiction historique*
différence	faible (différence de place)	forte (hétérogénéité qualitative)
corrélation	faible (scission)	forte (lutte)
position	dissymétrie invariante	dissymétrie réversible

Tout procès dialectique réel intrique une contradiction structurale et une contradiction historique, *affectant les mêmes termes*. La seconde s'étaie sur la première. Cet étayage (pure métaphore, au point où nous en sommes) est le nœud de la question du Sujet.

3

Soit le sujet politique. C'est dans bien des mois que nous y verrons clair Faisons un portique, de style XIXe siècle.

Qu'est-ce qui caractérise une société capitaliste comme telle ? Vous pouvez ordonner la question à partir de deux contradictions

universelles – universel ne voulant rien désigner d'autre que le cours, encore aujourd'hui préhistorique, de l'histoire, des hommes – sous quoi subsumer tel corps social ordinaire :
- la contradiction, dite fondamentale, entre forces productives et rapports sociaux de production;
- la contradiction, dite principale, entre les classes sociales antagoniques.

La spécification de la contradiction *fondamentale* nous donne une définition ainsi construite : est capitaliste toute formation sociale où l'appropriation privée des moyens de production fait tendanciellement barrage à la socialisation nécessaire et croissante des forces productives. Sous le capitalisme, la dispersion concurrentielle de la propriété (la multiplicité des sujets-profits) entre en collision restrictive avec le procès de concentration organique des moyens de produire. Voilà, disent comme un seul homme les classiques, ce qui constitue la *base* de l'histoire sociale des hommes. Tout le reste est superstructure.

La spécification de la contradiction *principale* nous livre une définition bien différente. Est capitaliste toute société où le conflit de classe central, organisateur de la vie politique, oppose la bourgeoisie au prolétariat. Tel est, disent les classiques unanimes, le *moteur* de l'histoire sociale des hommes. Le reste est idéologie.

Base et moteur. Deux contradictions, deux définitions, un seul objet – le capitalisme –, une seule doctrine – le marxisme.

Aporie, sinon que *la classe ouvrière fait nœud.* La classe est partie prenante de la première définition, en ce qu'elle est la principale force productive, et de la seconde, où, sous les espèces de son unité politique, et sous le nom ainsi conquis de prolétariat, elle affronte la bourgeoisie.

Ainsi, *la définition du capitalisme se solde par la définition divisée de la classe ouvrière.* C'est donc bien de son sujet réel, qui y fait nœud, que relève l'unité scindée par quoi définir une société quelconque.

Que la classe ouvrière soit pointée comme place dans les rapports de production, ou comme concentré de tout l'antagonisme aux bourgeois, n'est qu'en apparence la figure d'un choix. Isolée, la première désignation mène droit à ceci que, n'existant que dans l'usine, la classe borne sa subjectivation aux morosités protestataires du syndicalisme, ou de ses variantes. Quant à la seconde – l'antagonisme –, détachée de tout enracinement productif, elle fait croire que crever la panse d'un bourgeois empirique du bout de la pique terroriste fait vaciller la dictature du Capital.

Au vrai, terrorisme et syndicalisme sont le pile et face de la dialectique abolie par aucun coup de dés. Ils séparent identiquement.

La classe, appréhendée selon la division dialectique de sa dialecticité, est l'action politique partisane étayée sur l'historicité productive de masse.

Je répète : il convient de penser la classe comme parti antagonique et comme masse productive révoltée.

Le tout est de savoir comment ça marche ensemble, car c'est ce marche-ensemble qui *est* la classe. Ce n'est rien moins que faire lever dans le mouvement réel de l'histoire la singularité rectifiable de la politique.

Place productive et politique antagonique; ouvrier et prolétaire; histoire et politique : on y reconnaîtra le structural et l'historique de notre tableau, dans leur accointance subjective.

Et si l'on revient aux deux contradictions inaugurales, c'est clair.

La contradiction fondamentale rapports de production/forces productives ne nous livre que des dispositions de places, des quantités et des invariances (en soi, cette contradiction, tendancielle, ne renverse rien). Elle est le versant structural des choses.

La principale – bourgeoisie/prolétariat –, en revanche a tous les attributs de l'historique :
- différence forte (le projet subjectif du prolétariat, soit le communisme, est irreprésentable par la bourgeoisie);
- lutte de classe, et non simple distribution binaire du social;
- dissymétrie réversible, dans la problématique de la révolution.

La pensée déployée de la société capitaliste organise dans l'acte du prolétariat l'unité subjective du structural et de l'historique, nouant, de la force productive au parti de classe, la contradiction de contradictions où s'accomplit la dialectique.

N'importe quel sujet, et d'abord nous-mêmes – quand il nous prend d'advenir comme sujets, ce qui, heureusement, est fort rare – exige l'accointance en butée de la base et du moteur.

Quant à ce qui est principal, du principal ou du fondamental, du moteur ou de la base, on méditera pour s'orienter dans la pensée la sentence de Lénine : « La politique est le concentré de l'économie. »

Même, dirais-je, quand il s'agit de l'économie libidinale, de l'économie des pulsions.

Tout sujet est politique. C'est pourquoi il y a peu de sujets, et peu de politique.

4 mars 1975

Hegel : « L'activité de la force est essentiellement activité réagissante contre soi. »

L'énigme de la corrélation. - La force : de l'actif/réactif à l'expansion qualitative. - Le Tout, la force et l'intrication extérieur-intérieur.

1

Nous centrons nos efforts sur la corrélation, qui est l'énigme de la contradiction. La corrélation, vous l'expérimentez, étant ce qui unit les contraires, contredit intérieurement la contradiction.

Lénine dit que le tout de la dialectique réside dans le principe de l'unité des contraires. C'est bien vrai. Seulement, à s'en tenir à cette formule, on place le tout de la dialectique dans ce qui la nie expressément. Trop solidement pris dans leur unité, les contraires n'ont somme toute entre eux qu'une contrariété secondaire, une contrariété contrariée.

Remarquez que si nous restons dans le versant structural de cette énigme, elle se dissout, ce qui est bien agréable. La corrélation ne désigne alors rien d'autre que le Deux comme tel. Vous avez l'Un, d'avoir seulement *ce* Deux.

C'est dire qu'à la simple inspection de l'esplace, et de ce qu'il tient hors de lui-même (hors lieu), vous posez l'unité d'exclusion du procès. Il y a ceci, dont cela n'est pas.

L'objection évidente, c'est qu'à ce compte, l'Un de la contradiction se résorbe tout uniment dans l'Un de l'esplace. C'est exactement comme dire que l'unité de la contradiction bourgeoisie/prolétariat ne pose aucun problème, étant l'être historique de la société ... bourgeoise, qui est en effet régie par cette contradiction. Horlieu, le prolétariat se fait pièce du lieu. L'un de son unité avec l'autre est l'autre comme Tout.

Ou bien : l'unité de la chaîne signifiante où s'avère le sujet lacanien, puisqu'elle agit l'unité de la répétition et de la pulsion, doit se lire comme automatisme de ... répétition.

Le structural est faible devant l'un de l'esplace (« Y-a d'l'un », dit Lacan). C'est la matérialité dialectique sans ressort.

En politique « marxiste », spécialement chez nous, il y en a qui tiennent ferme sur cette faiblesse. Ils adorent étudier les « lois » de la société bourgeoise, et en inférer ce qu'est, et ce que doit « faire », le prolétariat. Ce qu'ils esquivent, c'est que la « société prolétarienne », si l'on peut risquer cette expression inimaginable, ou le socialisme, qu'ils déclarent appeler de leurs vœux, est tout autant réglé par la contradiction bourgeoisie/prolétariat que la société bourgeoise, comme les révolutions culturelles en administrent la preuve tumultueuse.

Preuve que l'unité des contraires n'est pas ce qu'on croyait.

Voyez aussi ces psychanalystes yankees de la belle époque qui, d'esprit tout militaire, trouvant le Moi de leur patients trop faible, se proposaient d'en « renforcer les défenses ». Où diable logeaient-ils l'unité de l'attaquant – ce « Ça » déplorablement asocial – et du défenseur – le Moi des normalités affables –, sinon dans le chemin normatif de cette normalité, la *way of life* dont ce n'est pas pour rien qu'elle était si fort *american ?*

Quant aux Russes, ils ont trouvé ce tour de l'Un étonnant, qu'étant l'État du peuple tout entier, leur machinerie de vieillards ne connaît nulle autre dissidence que celle des fous. D'où l'hôpital comme unique lieu du horlieu.

Mais assez de ces horreurs.

Pour aller jusqu'au bout de la corrélation, il faut dresser l'énigme intégrale de l'unité des contraires. C'est pour autant que les contraires sont hétérogènes, inalignables; c'est dans l'exacte mesure où nulle place conviviale de l'esplace ne sollicite le horlieu, qu'il y a l'unité dialectique, celle qui ne fait nul Tout de ce qu'elle lie.

Distinguer l'Un du Tout : propos simple et suprême. Retenez qu'en cet écart gît toute la question du Sujet.

C'est pourquoi nous avons ici un sévère problème d'exposition : la corrélation de l'hétérogène ne peut se schématiser. Elle peut à peine se dire. Tout schéma distribue des places et nous reconduit aux structures. Et tout discours fixe l'esplace de cela même qu'il tait.

La représentation est minée par des effets de tout et de places, où l'Un de la contradiction s'altère, posé d'un seul côté de soi.

Nulle injection de couleurs ne peut faire du schéma de la séquence dialectique une présentation complète de la corrélation, du A_p par quoi le terme (le horlieu) s'affecte, ou s'infecte, de son contraire spécifique (l'esplace). La corrélation forte, que le mot « lutte » renvoie à sa praticité, relève d'une investigation indirecte et d'un concept sans assignation représentable.

C'est du nom de « force » que nous couvrons ce qui surdétermine l'exclusion de toute place où s'avère le horlieu.

2

Qu'est-ce qui peut faire corrélation de deux qualités hétérogènes ? Uniquement leur application réciproque comme forces indifférentes à toute autre chose qu'à leur propre expansion.

La corrélation, c'est force contre force. C'est *rapport de forces*.

Écartons tout de suite la retombée, la déviation, de cette idée encore obscure. Si l'on s'embarque dans le thème qu'une force « active » comprime et obstrue une force « passive » (donc ré-active), on est retombé dans le statisme de la dissymétrie. L'abstraction du couple actif/passif dissout à nouveau l'hétérogénéité qualitative. La seconde force (réactive) n'est déterminée, négativement, que par la première : l'esplace fixe toujours la place du horlieu.

Un exemple frappant de cette retombée est la conception purement antirépressive de la politique du peuple. On se « mobilise » parce qu'on est exagérément malmené. Malmené par ce qui s'avère, au fond, la seule force active du champ politique : l'État, le patron, le flic. Dans leurs noirs desseins, ces entités malfaisantes, soudain, exagèrent. Le grand cri : « A bas la répression ! » se lève. Le petit-bourgeois indigné bouillonne.

Remarquez : il a raison, et c'est une grande chance qu'en effet ces « exagérations » – généralement subies par la profondeur des peuples en permanence – le sortent de son abattement chronique, ou de sa complaisance.

Mais la philosophie de la chose est courte, car elle dénie sur le fond toute autonomie active, toute indépendance réelle, toute virtualité politique affirmative, à ce qui se dresse sous les espèces coléreuses du révolté de bonne foi. « A bas la répression » ne mène pas plus loin qu'au réactif *placé*. La force du peuple y est l'ombre portée des horreurs de l'État, et la corrélation conflictuelle demeure dans la faiblesse unifiante du structural.

Comment, dans l'écho de la grande vitupération antirépressive, vais-je établir ma capacité à *réprimer la répression* ? Là est la clef de tout ce qui tourne au vinaigre du désenchantement.

Il faut en venir à ceci, que ce qui me dresse réactivement contre l'actif de l'Autre doit aussi bien être l'actif d'une force où l'Autre n'est plus représenté. Si même elle est requise par la puissance adverse dans son excès répressif, la force qui se lève contre cette répression est elle-même en excès intérieur sur cette réquisition.

C'est ce que Hegel saisit avec une acuité définitive.

3

Il conviendra ici de lire en entier un des passages les plus forts de la Grande Logique : le chapitre intitulé « La relation essentielle », ce qui est assez dire qu'il s'attache à l'énigme de la corrélation.

Pour donner le coup d'envoi, un passage où Hegel développe expressément l'idée que l'essence du réactif doit être l'intériorité active, sauf à retomber en deçà de la « relation essentielle », c'est-à-dire de la corrélation forte.

> (...) le fait qu'à la force une impulsion survient par une autre force, que dans cette mesure elle se comporte *passivement,* mais derechef de cette passivité passe dans l'activité – (ce fait est) le retour de la force dans elle-même. Elle s'extériore. L'extérioration est réaction dans ce sens qu'elle pose l'extériorité comme son moment propre et sursume ainsi le fait qu'elle s'est trouvé sollicitée par une autre force (*L* II, 216).

Tout est là : c'est quand la force pose « l'extériorité comme son moment propre » qu'elle accède à une corrélation qualitative centrée sur soi, où le face à face des forces ne peut réduire leur hétérogénéité. C'est quand le peuple dresse sa propre vision de l'adversaire comme figure interne de sa propre politique qu'il « sursume » la dépendance antirépressive, s'exclut de toute inclusion, et procède à une scission affirmative.

Penser la corrélation, c'est penser la force en tant qu'agissante, donc entée sur l'autre force, mais selon son irréductible qualité, dont l'esplace n'est plus que la médiation *à détruire*.

Tout le chapitre hégélien vaut récapitulation, si même parfois idéalistement hésitante, de notre entreprise.

Voyons-en la construction.

Les trois parties sont successivement :

1. La problématique du tout et des parties.
2. La force.
3. L'extérieur et l'intérieur.

C'est notre plan. Car la relation tout-parties n'est rien d'autre qu'une théorie de l'esplace, où s'avère que, en termes structuraux, toute corrélation contradictoire n'est qu'une exclusion, un hors-place, dont le principe d'unité est l'inclusion (la partie comme ce qui est du tout).

La force vient, comme on l'a vu, surdéterminer l'impasse unifiante où reconduit la structure de l'inclusion dans le tout, par la position irréductible de l'intériorité qualitative dans l'affrontement des forces.

Cette impasse, par une fulgurante anticipation lacanienne, Hegel la saisit dans la forme du battement, de la vacillation, de l'éclipse alternante :

> Dans la mesure maintenant où l'existant est partie, il n'est pas du tout, pas (quelque-chose de) composé, (il est) donc (quelque chose de) *simple*. Mais en tant que le rapport à un tout lui est extérieur, ce rapport ne le concerne en rien; l'autonome n'est donc pas en soi partie; car partie, il l'est seulement par ce rapport. Mais en tant maintenant qu'il n'est pas partie, il est tout, car n'est présente que cette relation de tout et de parties; et l'autonome est l'un des deux. Mais en tant qu'il est tout, il est de nouveau composé; il est de nouveau composé de parties, et *ainsi de suite à l'infini*. – Cette infinité ne consiste en rien d'autre que dans l'alternance pérenne des deux déterminations de la relation, dans chacune desquelles l'autre surgit de façon immédiate, de sorte que l'être-posé de chacune est de disparaître d'elle-même (*L* II, 208).

Cet être-posé dont l'essence est de disparaître dans une alternance pérenne; ce terme évanouissant où se suture la dialectique du tout, c'est, si l'on excepte la force, le destin du horlieu (ici posé dès l'abord comme partie), qui n'a de place qu'à s'en exclure comme autonome, et c'est également le destin de l'esplace (ici, le tout), qui n'accepte le horlieu qu'en se résiliant tout entier, puisqu'il régit les lieux.

Ainsi se trouve scellé que la seule forme de processus tolérable par la dialectique structurale est l'infini battement de ce qui n'est que pour non-être, et de ce qui n'est pas pour être. Telle est la corrélation pensée comme scission pure, puisque à dire que les deux sont un, ils ne sont plus deux, et que s'ils sont deux, c'est comme deux fois un, et qu'alors le Un est Deux, et ainsi de suite.

Processus tout à fait important, soit dit entre parenthèses. Une pensée conséquente du terme évanouissant est l'apogée réaliste de la dialectique structurale.

Toutefois Hegel ne saurait s'y arrêter, d'autant – c'est l'erreur de sa vérité – qu'il veut l'achèvement circulaire. Aussi, surajoutant tout soudain la force, il feint de l'engendrer par le battement, alors qu'elle n'en est que la surdétermination essentielle, originaire, non déductible.

La force, c'est ce qui tient les parties dans le mouvement du tout. C'est la qualité non numérale du tout, sa consistance non dissipable dans la variété des parties. Elle engendre du tout, non plus son fonctionnement au régime de l'esplace – distribution du lieu des parties –, mais la consistance mobile, l'unification en acte.

La théorie de la force vaut théorie du versant historique, du versant d'activité-une, de la corrélation dialectique, étayée sur (et non, comme feint de le croire Hegel, déduite de) la corrélation en éclipse du système des places.

4

Cette historicité de la corrélation s'approfondit dans l'investigation trinitaire hégélienne, qui pose *premièrement* « l'être-conditionné de la force », c'est-à-dire sa pure essence de corrélation. La force n'est pensable que comme activité relative à une autre force, et ceci dans son être même : « l'être-conditionné par une autre force est ainsi en soi le faire de la force elle-même » (L II, 213). Que la corrélation soit un « faire », voilà le nœud de l'irreprésentable. La scission comme lieu des forces pose l'antériorité radicale de l'existence pratique sur l'intelligibilité de la corrélation.

Deuxièmement, Hegel éclaircit, comme on l'a vu, sous le nom de « sollicitation de la force », l'interprétation de la corrélation en termes d'activité/passivité. Il en montre l'assise active intérieure, la passivité n'étant qu'une apparence, une corrélation empirique dérivée.

Au plus fin de cette analyse, Hegel pose que si, dans sa corrélation à l'autre, la force est essentiellement active, il en résulte que son conditionnement, qui dans un premier temps apparaît comme l'autre force, l'extérieur, lui est en réalité intérieur. Le mouvement par lequel la force se déploie vers l'extérieur, contre l'autre force, est bien plutôt régi par *l'arrachement expansif à soi-même.*

C'est en réalisant son unité intérieure, en s'épurant de sa détermination (de sa division) par la bourgeoisie, que la classe ouvrière se projette expansivement dans la lutte destructrice contre l'esplace impérialiste. « Sollicitée » par l'oppression bourgeoise, elle n'agit comme force, et n'entre dans la corrélation combattante avec l'adversaire, qu'en se déterminant *contre elle-même,* contre sa forme intérieure d'impuissance ancienne.

Et, pareillement, un individu n'advient à sa force singulière dans l'élément des circonstances qu'en entrant en conflit avec le réseau d'habitudes inertes où ces circonstances l'ont antérieurement assigné.

La corrélation a pour ressort interne irreprésentable la pure capacité d'unité expansive d'une qualité hétérogène.

Ou, comme le dit Hegel, « l'activité est essentiellement activité réagissante *contre soi* » (*L* II, 216).

Cette dimension d'arrachement à soi, comme extériorisation intérieure, si l'on peut dire, Hegel la nomme – c'est son *troisièmement* – « l'infini de la force ». Dire la force en son infini, c'est dire l'action comme corrélation, c'est nommer le primat de la pratique. « L'infini de la force » n'est rien d'autre que l'axiome du Faust de Goethe : Au commencement est l'action.

Cet infini de l'extériorisation mène à la dialectique finale du chapitre, celle où l'extérieur et l'intérieur viennent s'intriquer :

> L'extérieur et (l')intérieur sont la déterminité posée de telle sorte que chacune de ces déterminations, non seulement présuppose l'autre et passe dans elle comme dans sa vérité, mais que dans la mesure où elle est cette vérité de l'autre, elle *demeure posée comme déterminité,* et renvoie à la totalité des deux (*L* II, 220).

Un œil lacanien discernera la venue cruciale, en ce point, de la topologie du Sujet, que figurent les surfaces non orientables, comme le ruban de Möbius. Pour nous, c'est reconnaître que dans la logique des forces, l'esplace et le horlieu sont correlés de telle sorte qu'il n'est plus possible de poser le second comme simple extérieur-exclu du premier.

Dans la logique des forces, l'unité des contraires n'est pas une corrélation orientable, et c'est là son essence historique, bien qu'une orientation sous-jacente (structurale) soit précisément ce au regard de quoi l'inorientable peut être délimité.

Exactement comme le prolétariat en tant que classe politique – en tant que force – se lie à la bourgeoisie dans une unité-de-lutte intégralement historique, non distribuable en régions du tout social, et structurant le même être – le peuple –, ce qui n'interdit pas, mais exige, qu'on oriente la position de classe dans son enracinement *placé* : dans les rapports sociaux de production.

Que cette unité topologique des contraires qui sous le règne de la force opère la corrélation de l'intérieur et de l'extérieur soit pour Hegel rien moins que « l'unité de l'essence et de l'existence » (*L* II, 227), soit ce qu'il appelle l'effectivité; qu'elle constitue la transition centrale de toute la Grande Logique, nous avertit de sa portée.

Pour la dialectique matérialiste, quand on s'égare dans le labyrinthe de la force, dedans-dehors, nuit et brouillard, là où l'espace ni ne place ni n'implace, c'est du Sujet, ce minotaure d'aucun Thésée, qu'on fait rencontre.

C'est alors que tout sujet passe en force sa place, pour autant que c'est sa vertu essentielle d'être désorienté.

15 avril 1975

Subjectif et objectif.

Division de la force. - Spinoza et Malebranche. - Staline. - La transmission du nouveau dans les sciences et dans les non-sciences. - Le non-amour chez les politiques et chez les analystes. - Mai 1968. - La bourgeoisie fait de la politique. - La périodisation. - L'opéra hégélien.

1

La force est son expansion affirmative, toutefois placée dans l'arc-boutant structural de l'autre force : soit qu'elle régisse l'unité de l'esplace (force en position d'État – ou de symbolique –), soit qu'elle avère le horlieu (force en position de révolution – ou de réel –).

C'est notre méthode du va-et-vient. A peine a-t-on traqué l'historique de la contradiction, la qualité inalignable de ses termes, leur étrangeté mutuelle, qu'il faut dare-dare fixer tout cela dans le sol ordonné des structures, sauf à nous évaporer dans la métaphysique du désir, assomption substantielle et nomade du horlieu dont le lieu même vient à s'inférer. Cette assomption fait le bornage « à gauche » (déviation gauchère, plutôt que gauchiste) de la dialecticité de la dialectique. Rien de neuf de ce côté depuis Spinoza.

Les droitiers, eux, n'ont jamais quitté l'esplace, dont la description les comble. Le plus généreux horloger de la famille est sans conteste Malebranche. Spinoza et Malebranche, au fond, sont les grands purificateurs de la force. Le juif en pose l'unité, qui n'est pas le tout, et qu'on se débrouille. Le catholique en dit la mécanique exhaustive, poids et contrepoids, pour que Dieu écoute monter de sa Création, ce horlieu qu'il fit lieu, le tintement matinal de sa Gloire.

L'austérité significative de l'Un contre les délices en miroir du Tout.

La force est impure, catholique *et* juive. C'est ce qui a mis fin à la métaphysique, le cortège fait à la pure Raison par quelques guillotines et beaucoup de comités populaires n'y étant pas pour rien, à l'aube de la seconde modernité conceptuelle (la première se consolidait de caravelles, de grec dans le texte, de télescopes et de calcul infinitésimal).

La force est impure, parce qu'elle est toujours placée. Le nouveau historial s'infecte de la continuité des structures. Quelque chose de la qualité de la force s'homogénéise à l'esplace, pour au moins y figurer sa propre abstraction, et supporter la loi.

Il y a l'infini de la force, il y a sa finitude. Et pas même, comme chez Hegel, l'inférence expérimentale et circulaire de l'une à l'autre.

Notre biais sera celui-ci : dans toute contradiction, la force manifeste son impureté par le processus aléatoire de sa purification. Le mode sur lequel se déploie le caractère asservi de la force, dans sa scission d'avec son infinité affirmative, est lui-même un mouvement, où la force concentre (ou pas) son identité qualitative, s'arrachant ainsi expansivement à ce qui n'en persiste pas moins à en fixer le site.

Nulle autre définition du parti politique de classe que d'avoir à concentrer, dans une situation qui peut être de faiblesse et de dilution extrêmes, le projet historique qui est la force-de-classe en personne, soit celui d'émerger hors lieu et de briser l'esplace impérialiste.

On trouvera ici quelque arrière-plan philosophique ajusté à la sentence de Staline, dont on sait par ailleurs l'usage, déclarant que « le parti se renforce en s'épurant de ses éléments opportunistes » *(Principes du léninisme)*. « Se renforce » est peu dire. Investi de nulle autre opération que de scinder d'avec sa figure asservie la force politique de la classe ouvrière, de « concentrer les idées justes » (Mao), de tenir au maximum hors lieu, de détruire en lui-même tout ce qui n'est pas la destruction de l'esplace, le parti *est* purification.

Ce qui ne veut pas dire qu'il est pur, ni qu'il tende à la pureté. Encore moins que couper les têtes soit l'essence de son action. Sur cette voie sanglante, Staline n'est arrivé à rien qu'au désastre. Mais le parti opère à la jointure de lui-même et de sa dissipation impurifiante, étant direction, au sein de la classe, de l'imparable lutte entre les deux voies, sans titre à exister que la preuve manifeste d'une qualité plus dense, d'une hétérogénéité plus compacte, d'une puissance destructrice et recomposante plus neuve.

Cette jointure, où l'expansion interne de la force dessine l'histoire d'une contradiction, mais où l'impureté alignante en prescrit le lieu, où l'une dit le « hor- » du horlieu et l'« es- » de l'esplace, l'autre le « -lieu » et la « -place », Mao lui a donné un nom dont la simplicité égare : lutte de l'ancien et du nouveau, lutte dont il assure, tout spécialement quand il s'apprête à donner aval à la deuxième révolution chinoise (dite « culturelle »), qu'elle se poursuivra, voire dans la violence, jusqu'aux temps, inclus, de la fallacieuse pacification communiste, au-delà des classes et de l'État.

2

Lutte de l'ancien et du nouveau. La purification de la force est la concentration de sa nouveauté. Ces « idées justes » des masses, que le parti marxiste doit « concentrer », sont obligatoirement des idées nouvelles.

C'est aller assez loin dans la dialectique que de comprendre, en un sens non trivial, que toute justesse et toute justice sont, par principe, des nouveautés; que tout ce qui se répète est invariablement injuste et inexact.

Inutile cependant d'essayer de vivre sans la répétition.

Si l'on compare la mathématique enseignée et la mathématique inventée, on a la meilleure image de ce tourniquet. Bien que la première ne soit en apparence que l'étalement ordonné de la seconde, du point de vue de la dialectique il faut la dire inexacte, et ne donnant nulle idée de ce que sont, en tant que processus subjectif et historique, les mathématiques.

Ce qui s'enseigne, ce n'est pas la mathématique, mais exclusivement son lieu. La pédagogie délimite un esplace, à vous d'y être hors lieu, c'est-à-dire de produire ne serait-ce qu'un théorème décisif, qui fasse refonte, seul titre dont puisse se prévaloir le mathématicien, qu'il ne faut pas confondre, dirait Lacan, avec l'universitaire de la mathématique.

Bref, ce qui n'est pas transmis, c'est très exactement le processus de concentration qualitative de cette force bizarre dont se troue la mathématique esplacée.

D'ailleurs, il est parfaitement visible que toute grande découverte scientifique est une épuration. Régnaient l'impur, le chaos, la ficelle; advient un ordre inalignable sur les anciennes coutumes.

Toute science fait parti : voyez ses congrès.

Direz-vous que *rien* ne se transmet de ce versant des choses? Non, il n'y a qu'à lire ces grandes correspondances du XVIIe siècle entre Descartes, Fermat, Pascal, et autres, dont le vaillant père Mersenne est à lui seul l'administration postale, pour voir qu'il s'y transmet du nouveau en acte. Toutefois, très souvent, par le biais en défi de ce qui est tu, par la marge du texte, par l'apparence purement particulière d'un principe général dissimulé. Dieu sait que ces seigneurs de la pensée mènent au plus loin la méfiance et le silence. La foudre de la communication bouleversante embrase ici le sarment sec de l'esquive.

A elles seules, ces lettres démontrent que si l'esplace se propage par le zèle, la confiance et l'amour (comme disent les pédagogues « modernes »), ou tout aussi bien par la coercition, le mépris et la froideur (comme font les pédagogues pères fouettards de la vieille Angleterre), la concentration de la force requiert plutôt, pour sa transmission singulière, l'allusion, la tension, une forme oblique de méfiance polie dont l'art est à son comble chez les classiques. Car c'est peu de dire que Descartes et Fermat, Pascal et l'ombre de Descartes ne s'aimaient pas. Par leur non-amour essentiel circulait la force du vrai.

On ne s'aime pas beaucoup non plus dans les grands partis politiques, ce que quelques naïfs prennent pour l'effet détestable des « luttes pour le pouvoir », quand c'est l'axiome ontologique de l'unité purifiante qui fait là son chemin.

On ne s'aime pas du tout dans les sociétés de psychanalyse, et spécialement quand on y pose la funeste question : comment la psychanalyse se transmet-elle? Ce non-amour est d'une profonde logique. Il véhicule le procès de la force, et se scande, comme il se doit, d'exclusions, de scissions et d'excommunications. Chez les psychanalystes, c'est à tout instant qu'on se renforce, ou qu'on s'affaiblit, en s'épurant de ses éléments opportunistes ou révolutionnaires.

A l'École freudienne, autour du point nodal : « comment reçoit-on de l'École une habilitation de psychanalyste? » – soit ce que cette École appelle, d'un nom parfait, la passe –, se mènent de féroces combats, dont au-delà de la mort, hélas inévitable, de son gigantesque dominateur Lacan, on doit attendre l'affaissement de cette École dans l'anarchie médiocre de son im-passe.

L'individu n'y échappe pas. S'il vous plaît d'advenir comme sujet vous devrez, vous le savez bien, fonder tout exprès, contre les accoutumances, le parti de vous-même, âpre, concentrant sur une butée la force et la puissance d'abnégation, et dont la condition d'existence est de ne pas trop s'aimer. Chose que les moralistes classiques ont dit une fois pour toutes, et d'abord Pascal, un de nos quatre très grands dialecticiens nationaux – les autres sont Rousseau, Mallarmé et Lacan – : « Le Moi est haïssable. » Il n'y a pas à revenir là-dessus.

Si du moins on veut ordonner en soi-même la dimension de masse (colère, indignation, frénésie, surprise, rencontre, révolte, joie...), la dimension de l'État (us et coutumes, répétitions, insertion sociale, familiarités, repas et couches, chiens et chats...) et la dimension du parti (concentration de la force, héroïsme, continuité novatrice, travail par objectifs, scission d'avec soi-même, unité de type nouveau, courage).

Ce que nul ne demande à personne, et qu'il est d'ailleurs impossible de décider. Il arrive, disons, que « *ça* fasse *je* ».

3

Une définition : nous appellerons *subjectifs* les processus relatifs à la concentration qualitative de la force.

Ce sont des pratiques, des phénomènes réels, je le souligne. Le parti, c'est du subjectif, pris dans son émergence historique, le réseau de ses actions, la nouveauté qu'il concentre. L'institution n'est qu'une carapace.

On appellera corrélativement « objectif » le processus par quoi la force est placée, donc impure.

Toute force est ainsi, pour autant qu'elle se concentre et s'épure comme scission affirmative, une force subjective, et pour autant qu'elle est assignée à son lieu, structurée, esplacée, une force objective.

On dira plus exactement : la force a pour être de se diviser selon l'objectif et le subjectif.

Si vous regardez Mai 68 à vol d'oiseau, vous y voyez un souffle, une aspiration qualitative irréductible et neuve; vous y voyez ce point de concentration exceptionnel, radicalement nouveau, qu'est l'établissement de milliers de jeunes intellectuels dans les usines, et l'appareillage minimal de cette concentration (les organisations maoïstes). Vous y voyez aussi la faiblesse insigne de cette concentration et de cet appareillage, la dilution insurmontable de la révolte dans des figures pacifiques, revendicatives, infrapolitiques. Vous y voyez la manœuvre défensive combinée sans mal, pour la fixité de l'esplace, entre gens du gouvernement et gens des syndicats, entre Pompidou et Séguy. Ce n'est vraiment qu'un début, et continuer le combat, une directive au long cours.

Vous voyez donc simultanément la force objective de la force, et sa faiblesse subjective. Tout le monde dans la grève et la rue, pour un commencement précieux et, à sa façon, immortel, mais dont sept ans après nous détenons à fort peu, dans l'ambiance sépulcrale du programme commun et les patenôtres du croque-mort Mitterrand, l'avenir subjectif et l'action restreinte concentrée.

Autant dire que le subjectif de la force de l'adversaire, lui, est encore en assez bon état. Cela, les révolutionnaires n'ont jamais fini de le comprendre. La plupart pensent être le seul sujet, et se représentent la classe antagonique comme un mécanisme objectif d'oppression dirigé par une poignée de profiteurs.

La bourgeoisie n'est nullement réductible au contrôle de l'État ou au profit économique. Là-dessus aussi, la Révolution culturelle nous éclaire, désignant la bourgeoisie dans des conditions où l'industrie est nationalisée intégralement, et où le parti du prolétariat domine l'État. La bourgeoisie fait de la politique, elle mène la lutte de classe, pas seulement par le biais de l'exploitation, ni par celui de la coercition, terroriste ou légale. La bourgeoisie fait sujet. Où donc ? Exactement comme le prolétariat : dans le peuple, classe ouvrière comprise, et je dirai même, s'agissant de la nouvelle bourgeoisie bureaucratique d'État, classe ouvrière spécialement comprise.

Ils sont une poignée, les bourgeois impérialistes, c'est entendu, mais l'effet subjectif de leur force gît dans le peuple divisé. Il n'y a pas que la loi du Capital, ou que les flics. Manquer cela, c'est ne plus voir l'unité de l'esplace, sa consistance. C'est retomber dans l'objectivisme, dont la rançon inversée est d'ailleurs de faire de l'État le seul sujet, d'où la logorrhée antirépressive.

Il faut concevoir la société impérialiste non seulement comme substance, mais aussi comme sujet.

Nous n'en sommes, il est vrai, qu'au subjectif, qui n'est pas le sujet, mais son élément, son genre.

L'objectif et le subjectif divisent la dialectique. Si vous prenez les deux forces antagoniques (sans oublier l'articulation sous-jacente en esplace et horlieu), vous y découpez une dialectique objective et une dialectique subjective, dont l'ensemble est la dialectique de la force.

Voyez le schéma, sur l'exemple canonique de la contradiction bourgeoisie/prolétariat :

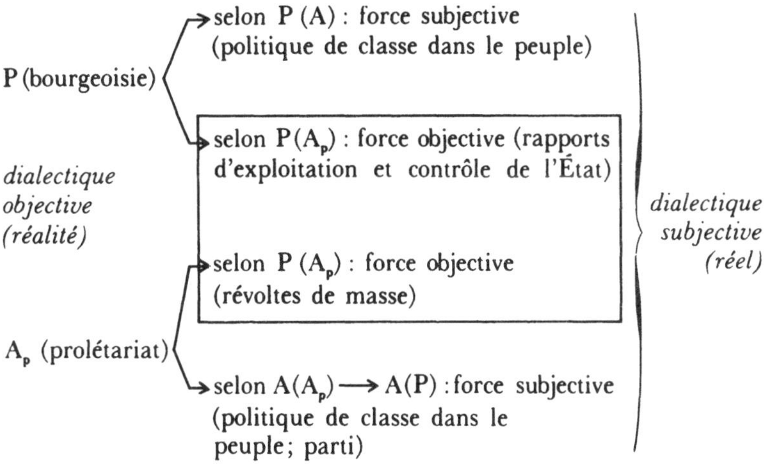

L'objectivité commune régit la vie des masses : opprimées et révoltées, selon l'axiome : « Là où il y a oppression, il y a révolte. » C'est la dialectique objective, le monde comme il va, l'histoire, faite par les masses, comme on sait.

Le subjectif, c'est la politique, faite par les classes dans les masses.

Soit dit en passant : *comprendre la distinction de l'histoire et de la politique, des masses et des classes, est exactement la même chose que comprendre la distinction du Tout et de l'Un*. Ce n'est pas une mince affaire.

Il est clair que le point d'application en esplace de la force subjective bourgeoise est d'empêcher la constitution hors lieu de la force subjective prolétarienne. La cible fondamentale de l'activité subjective est ici de bloquer le processus de concentration (d'épuration) de la force antagonique. Il s'agit d'en maintenir à tout prix la dilution maximale, même si cette dilution est celle de révoltes innombrables.

Là, il faut stigmatiser la philosophie de ravaudage des défenseurs de la « convergence des luttes ». Cette conception géométrique reste purement dans l'assignation objective de la force. Une addition de révoltes ne fait nul sujet, vous pouvez les « coordonner » tant que vous voudrez. Au géométral de la « convergence », il faut substituer le qualitatif de la concentration. Une hétérogénéité politique minimale et épurée est cent fois plus combattante qu'une armada parlementaire de luttes représentées. La convergence est la déviation objectiviste type, où l'antagonisme, escamoté le travail de l'épuration subjective, se trouve malencontreusement dissous.

La convergence fait le travail de la force subjective adverse, il faut le dire franchement.

Au fond, les puissants de ce monde ont toujours intérêt à ce qu'on prenne l'histoire pour la politique, c'est-à-dire l'objectif pour le subjectif. C'est l'élément naturel du maintien de leur propre activité subjective, appliquée à ce que rien ne se concentre de qualité inalignable en face d'eux.

Des gens à leur botte, vous en avez à la pelle chez les « marxistes » : tous ceux qui brodent leurs peu sémillantes dentelles autour d'un « marxisme » ramené à la vertu morose d'une « science de l'histoire ».

Science de l'histoire ? *Le marxisme est le discours dont se soutient le prolétariat comme sujet.* De cela, il ne faut jamais démordre.

4

Revenons à ce trait par quoi la dialectique matérialiste se distingue de l'hégélienne : elle périodise quand l'autre fait des cercles.

Nous avons maintenant deux outils pour fonder la périodisation, et, pour le coup, c'est faire de l'histoire, c'est même, trouver la période juste, son travail exclusif.

a) Les termes de la contradiction sont doublement déterminés : quant à leur place (esplace/horlieu); quant à leur force.

b) La force est doublement déterminée : objective et subjective.

Vous me direz : en quoi cela a-t-il rapport à la périodisation ? Eh bien, en ce que nous pouvons formuler son double critère dialectique :

- que l'esplace soit dans la flagrance destructrice du horlieu;
- que le subjectif de la force accède à un palier de sa concentration qualitative.

C'est à cette double condition qu'advient un processus-sujet.

Pour prendre les choses de loin, revenons sur la Commune de Paris, à propos de laquelle les historiens disputent depuis toujours pour savoir si elle est la dernière des insurrections ouvrières « archaïques » du XIXe siècle, ou la première des révolutions « modernes » – preuve que leurs critères sont déficients.

Conformément à ce que laisse prévoir l'existence d'un critère double, il y a deux bilans de la Commune dans la tradition marxiste (outre qu'il s'en prépare, via la Révolution culturelle, un troisième : il y en aura donc quatre).

Le bilan de Marx *(La Guerre civile en France)* est en réalité purement objectif. Il désigne l'action parisienne comme clarification des objectifs politiques immédiats de la classe *au regard de l'État.* Il faut briser la machinerie militaire et policière et son appendice administratif, sans chercher à les occuper. Il faut mettre en place des organes de pouvoir de type nouveau, et non diriger, par substitution, les anciens. Marx repère dans la Commune la qualité hétérogène de la force comme telle, et la limitation d'une dialectique politique articulée sur la seule logique de la place dominante, la place du pouvoir. Marx divise l'expression « prendre le pouvoir » selon la place (il faut dominer l'adversaire) et la force (il faut surtout déployer autrement, selon une qualité neuve, l'occupation de la place dominante). Ainsi passe-t-on du versant structural de la dialectique à son versant historique : le prolétariat n'est pas seulement le horlieu d'un lieu, il est l'autre force d'une force.

Toutefois, nous ne sommes encore que dans l'objectivité de la force, ou plutôt dans l'unité indivisée de l'objectif et du subjectif. Du procès de concentration de la force, dont Marx perçoit évidemment la faiblesse (qui est celle de la direction communarde, parlementaire et réactive), il ne propose nulle analyse particulière susceptible d'aider à passer outre. Marx en reste au premier critère de la périodisation (place et force).

C'est l'activité partisane de Lénine, jusqu'à la victoire d'Octobre, et plus encore jusqu'à l'écrasement de la contre-révolution et de ses appuis étrangers dans la guerre civile, qui opère le deuxième temps du bilan, où, dès *Que faire?* la question subjective est centrale. Concentrer la force constitue l'essence même du travail léniniste, qui prend appui sur les faiblesses et les échecs de la Commune, quand Marx s'armait de ses victoires pour modifier, sur un point crucial, le *Manifeste*.

Lénine tire de l'écrasement de la Commune un quadruple enseignement :

1. Il faut faire de la politique marxiste, et non de la révolte locale romantique, ouvriériste ou populiste. Le sens profond de *Que faire ?* tient tout entier dans cet appel difficile et original : soyons absolument, sans appel, des politiques (donc des professionnels, ça va de soi : qui a jamais vu des chefs politiques amateurs ?).

2. Il faut voir les choses à échelle d'ensemble, dans le cadre national au moins, et non se morceler dans le fédéralisme des luttes.

3. Il faut s'allier avec les masses rurales.

4. Il faut briser la contre-révolution par un processus ininterrompu, militairement offensif et centralisé.

Et le parti, le fameux parti léniniste, dans tout cela ? Le parti noyau d'acier, armée au pas cadencé des professionnels recuits ? Le parti, pour Lénine, n'est rien d'autre que l'opérateur de concentration de ces quatre exigences, point focal obligé pour une politique. Le parti est l'épuration active de la politique, le système de possibilité pratique du bilan de la Commune. Il est inféré de la politique (du subjectif de la force). Il n'est nullement premier. C'est un contresens sur *Que faire ?* que d'y voir une théorie du parti. *Que faire ?* est un bréviaire de la politique marxiste. Ce qui est inféré quant au parti comme appareil est mêlé et secondaire. *Que faire ?* est une théorie du subjectif de la force, sous forme d'appel général à la confiance politique.

Ce n'est pas par le soin institutionnel, mais par les requisits de l'ambition politique marxiste, que *Que faire ?* induit un bilan silencieux de la Commune de Paris.

Il est du reste curieux de voir que l'examen explicite de la Commune auquel procède Lénine dans *l'État et la Révolution* suit un tout autre fil, venu de Marx, et relatif au problème de l'État : en dépit des apparences, il s'agit là, par le retour à l'objectivité, d'une entreprise beaucoup moins neuve.

Toute périodisation doit embrasser son double temps dialectique, contenir, sur l'exemple, Octobre 17 comme scansion deuxième, et provisoirement finale, du bilan. De là l'embarras des historiens : selon le rapport force/place, la Commune est nouvelle (Marx). Selon le rapport subjectif/objectif, c'est Octobre qui l'est, et la

Commune est ce *bord de l'ancien* dont la perception pratique, épurant la force, participe à l'engendrement de sa nouveauté.

Il est hautement probable que la Révolution culturelle chinoise a le même profil, et qu'est ouverte la question du deuxième temps de sa fonction périodisante. La question subjective (comment la Révolution culturelle, soulèvement de masse contre la nouvelle bourgeoisie bureaucratique d'État, est-elle venue buter sur la refonte du parti) demeure en suspens, question clef de toute politique marxiste aujourd'hui.

Si Hegel fait cercle, c'est qu'il veut toujours un seul temps. Il ignore par principe les rétroactions différées, quoiqu'il les tolère insidieusement dans le détail.

5

Il y a, dans la *Logique* de Hegel, un chapitre sur l'objectivité. Cependant, et c'est très instructif, il se trouve dans la section intitulée « Logique subjective », où il succède au chapitre sur la subjectivité, et prépare celui sur l'Idée. L'objectivité, pour Hegel, est la médiation entre la pure intériorité formelle subjective et la connaissance. Il y a là une inversion idéaliste flagrante, mais ce n'est pas l'essentiel. Le fond de l'affaire, c'est que, en ordonnant l'objectivité à surgir de la pure forme logique, Hegel se donne d'avance l'unité des deux critères de la périodisation. Intégralement référable au subjectif formel, qu'elle dissout et contient, l'objectivité s'ouvre d'un seul tenant à la connaissance absolue. Elle n'est que le remplissage progressif de l'extérieur par l'intérieur, le venir-au-jour du contenu de la forme, selon l'exténuation de la forme elle-même. La conception sous-jacente demeure, que le subjectif est la loi pure de l'esplace dont le vide s'excède en horlieu pour s'égaler enfin à la totalité réfléchie. Dès lors, la place passe dans la force du même mouvement par lequel le subjectif passe dans l'objectif, et la réflexion *unique* de ce mouvement n'est rien d'autre que la dialectique elle-même. D'où un principe de « périodisation » qui, fait d'un seul tenant, se clôt sur lui-même. C'est le sujet comme cercle qui a le dernier mot.

Ainsi la dialectique idéaliste méconnaît-elle la *double scission décalée* qui fonde toute périodisation historique.

Bien entendu, Hegel est comme toujours capable d'oublier

localement son oubli global. Que la scansion dialectique suppose les quatre termes de la double scission (place, force, subjectif, objectif), et non les trois de l'aliénation (position, négation, négation de la négation), il l'établit dans un passage fameux du chapitre sur l'Idée absolue :

> Si l'on tient absolument à compter, ce *deuxième immédiat* serait l'ensemble du parcours, le *troisième* par rapport au premier et au médiatisé. Mais il est également le troisième par rapport au premier négatif, ou négatif formel, et par rapport à la négativité absolue ou deuxième négatif. Or ce premier négatif constituant le deuxième terme, le troisième peut être considéré comme le quatrième, et la forme abstraite peut être considérée comme *quadruple,* et non comme *triple;* mais le négatif ou la différence est ainsi comptée comme une dualité (*L* Jank. II, 564).

Compter le négatif (ou la différence), soit le principe même de la contradiction, non pas comme universel simple, mais comme Deux; et donc établir la période comme quadruple : c'est, en ce point suprême de la *Logique* de Hegel, l'intuition matérialiste. Ce que recouvre la distinction du « négatif formel » et de la « négativité absolue » est rien moins que celle du subjectif et de l'objectif, en positions inversées comme il se doit.

Cette intuition est aussitôt résiliée par l'obsession du retour circulaire au commencement :

> C'est ainsi que chaque pas de la *progression* sur le chemin de la détermination, chaque pas par lequel le contenu s'éloigne du commencement indéterminé, marque en même temps un retour à ce commencement, de sorte que ce qui a pu apparaître tout d'abord comme deux choses distinctes, la *justification rétroactive du commencement* et la *progression vers de nouvelles déterminations* de celui-ci, n'en font au fond qu'une (*L* Jank. II, 570).

Pour le matérialiste, il n'y a pas de commencement qui ne soit assigné par la nouveauté ininférable de la clôture périodisante. Progression et rétroaction ne peuvent fusionner. La position du rapport force/place ne permet pas de déduire la scission de la force selon l'objectif et le subjectif : il faut *attendre* le second temps. Mais, justement, Hegel est hors d'état d'attendre Octobre 17 pour fixer l'essence historique éternelle de la Commune. Il lui faut se tenir d'emblée à la fin des temps, d'où le cercle est tracé, pour savoir qui est qui dans l'unité du progressif et du rétroactif.

On reste estomaqué de l'arrogance fine dont Hegel témoigne dès lors. La transition du subjectif à l'objectif est un des exercices les plus tortueux de toute la *Logique*. Comme le subjectif est purement formel (que peut-il être d'autre avant l'objectif ?), on y trouve la logique d'Aristote. Il s'agit donc de déduire la théorie du monde physique des figures du syllogisme. La réalité immédiate de la chose existante, saisie dans son concept scientifique, doit surgir de l'ultime figure formelle, qui est ici le malheureux syllogisme disjonctif – soit le schéma : A est B ou C ou D ; mais A n'est ni C ni D ; donc A est B –, promu à rien moins qu'à supporter la circularité hégélienne. L'épaisseur des fumées rappelle ces mises en scène d'opéra où les machinistes soufflent au travers du plancher de quoi fondre dans la poésie nuageuse le passage délicat d'une réception militaire avec choristes et éléphants à un duo d'amour en chemise de nuit sur les balcons de Venise. Voyez plutôt :

> Le syllogisme est *médiatisation,* il est le concept complet dans son *être-posé.* Son mouvement vise à supprimer cette médiatisation, dans laquelle rien n'est en soi et pour soi, mais où tout n'est que par l'intermédiaire d'un autre. Il en résulte une *immédiateté* due à la *suppression de la médiatisation,* un être qui est cependant identique à la médiatisation, et qui est le concept qui s'est rétabli à partir de son être-autre et dans celui-ci. Cet *être* est donc une *chose, qui existe en soi et pour soi : l'objectivité* (*L* Jank. II, 396).

Suite à quoi Hegel propose sa classification des sciences, puisque l'objectivité, suppression du syllogisme, grimpe doucement la pente conceptuelle qui va de la mécanique à la vie en passant par la chimie.

Classification auprès de laquelle celle d'Auguste Comte est un miracle de précision matérialiste, surtout si on songe que Hegel prétend la déduire sans reste de la logique formelle !

Nous nous consolerons cependant de cette infortune hégélienne du cercle, si nous savons nous y instruire quant aux critères de la périodisation et penser ce que requiert d'écart, entre l'opposition place/force et l'opposition objectif/subjectif, la claire disposition des voies du sujet.

Et puis, Hegel a bien raison d'écrire à propos du syllogisme : « Puisqu'on trouve que la découverte de soixante et quelques variétés de perroquets, de cent trente-sept variétés de véroniques est une découverte non négligeable, on doit considérer comme encore moins négligeable la découverte des formes de la raison » (*L* Jank. II, 371).

Dans le « marxisme » français, il y a pléthore de gens obstinés, faute d'engagement dans les syllogismes de l'action, à compter les perroquets. D'où résulte que ce qu'ils appellent « lutte idéologique » revient à disputer la place à ceux qui comptent les véroniques.

II

Le Sujet sous les signifiants de l'exception

15 décembre 1975

De la force comme disparition, dont l'effet est le Tout d'où elle a disparu.

Définition de la dialectique structurale. - Les atomistes grecs. - Logique du clinamen. - Le hasard. - Le terme évanouissant. - Que sont et que font les masses? - La causalité du manque.

1

Nous avons établi qu'il n'existait pas de dialectique neutre susceptible d'être soumise au moulinet de la lutte éternelle entre idéalisme et matérialisme. C'est la dialectique elle-même qu'il faut diviser, selon l'arête de sa dialecticité : versant structural, versant historique. Logique des places, logique des forces.

Dans la pédagogie de cette entreprise – laquelle démonte et remonte en son entier le pont-aux-ânes du rapport Marx/Hegel –, nous instituons que la formule « dialectique idéaliste », dont à l'ordinaire on débite et débine Hegel, sera remplacée par « dialectique structurale ».

Il s'agit d'abord d'assigner l'idéalisme de Hegel (celui de Mallarmé, celui de Lacan), plutôt qu'à la perversion extérieure d'un noyau pur, au choix du terme principal dans la corrélation de contraires dont l'unité fait l'être de la dialectique.

D'où la définition provisoire que voici de la dialectique structurale :

a) La dialectique structurale est bien une forme de la pensée dialectique (c'est son côté matérialiste) en ceci, très généralement, qu'elle relève de deux principes ontologiques cruciaux :

- le primat du processus sur l'équilibre, du mouvement de transformation sur l'affirmation de l'identité;

- le primat du Deux sur le Un (contradiction).

b) La dialectique structurale, et c'est son côté idéaliste, tend, premièrement à faire prévaloir en dernière instance le versant structural de la dialectique sur son versant historique, la place sur la force; et, secondement, à l'intérieur même de ce primat de l'assise structurale, à faire prédominer le théorie de l'esplace, de son univers réglé, sur l'émergence du horlieu.

C'est à titre d'effet qu'il faut enregistrer la perversion dès lors introduite dans le rapport du subjectif à l'objectif, et la pente à défaire au profit de la fermeture circulaire tout principe de périodisation.

La dialectique structurale, par son choix des termes prédominants, travaille à terme sur un seul côté du concept de contradiction, côté qui, à mon sens, n'est pas le bon.

J'ai dit qu'il y avait trois articulations de ce concept : la différence, la corrélation et la position.

La dialectique structurale donne privilège à la différence faible sur la différence forte. Elle tend à réduire toute différence à un pur écart de position. C'est son ambition spatialisante, au détriment de l'hétérogénéité qualitative, laquelle, inschématisable, ne s'avère que dans son effet temporel.

La dialectique structurale préfère la corrélation de pure exclusion, de scission positionnelle, d'interchangeabilité, à celle qui, sous le nom de « lutte des contraires », tente d'appréhender la destruction d'une qualité de force.

La dialectique structurale fixe en symétrie, ou en dissymétrie invariante, la position des termes, plutôt que de saisir le devenir principal du secondaire, la rupture de tout l'esplace par dynamitage de sa règle et perte du principe de position initial.

Cependant, la dialectique structurale rencontre le réel comme obstacle, soit la pensée effective de l'historique, qu'elle inclut, fût-ce pour le subordonner, et sauf à n'être plus une dialectique du tout, mais une combinatoire : un structuralisme.

Le structuralisme est la tentation interne « de droite » d'une telle dialectique, tentation à laquelle tout l'effort obscur et poétique d'un Mallarmé ou d'un Lacan est de *ne pas céder* – comme on ne cède pas sur son désir.

Ce qui caractérise la dialectique structurale réside plutôt dans l'activité dissolvante complexe à travers quoi se trouve constamment rétablie, au plus près d'un réel contraire qui l'écarte, l'autorité de la structure. L'inachèvement lacunaire du propos, le pathos de silence où se rejoignent le Livre mallarméen jamais écrit et le nœud de Lacan jamais tissé, voilà qui tient à l'essentiel, et, somme toute, au respect jamais abandonné pour le réel qui point ces grands idéalistes jusqu'au plus fort de sa dénégation.

Il y a là une telle tension (dont la cadence hermétique de l'écriture, si moquée par les envieux, figure la dure sincérité), que nul ne perd son temps à les suivre, ces héros du non-être, dans les arcanes de leur acide alchimie dialectique.

Du réel, à force de le tordre, ils nous donnent le jus.

2

Tous doivent dès l'abord, et tout du long, résoudre ce qu'on peut bien appeler les trois problèmes canoniques de la dialectique structurale. Problèmes qui font, à bien des égards, le tout de la modernité idéaliste.

1. Comment ramener une différence forte (qualitative) à son seul os, la différence faible, ou de position, qui lui est sous-jacente ? C'est le problème de la schématisation d'un inschématisable, le problème de la mise à plat, ou de l'effet de chaîne.

2. Comment faire disparaître ce dont on a eu besoin, en fait de force, pour procéder à cette réduction ? C'est le problème du terme évanouissant.

3. Comment le non-être de la force évanouie peut-il causer le mouvement des places, et, mieux encore, leur tout ? C'est le problème de l'action de la structure, ou problème de la causalité du manque.

Effet de chaîne, terme évanouissant, causalité du manque, ajoutons-y le clivage, qu'on déduit, voilà qui organise un tout selon l'unique clarté d'un multiple d'Uns.

Les atomistes grecs furent là-dessus les premiers.

3

Quelle différence plus forte que celle des atomes et du vide ? Les matérialistes grecs posent pour commencer l'hétérogène absolu : d'un côté, la multiplicité discrète de la matière, de l'autre la continuité infinie du rien.

Hegel admire l'élan qui fait « de cette déterminité simple du Un et du vide le principe de toutes choses, ramenant à cette opposition simple la variété infinie du monde et ayant la hardiesse de la connaître à partir d'elle » (*L* I, 136).

Cet élan de l'abstraction structurale bute toutefois aussitôt sur sa propre force comme sur l'obstacle que lui propose le réel.

Si les atomes sont en extériorité qualitative radicale au vide; si nul atome n'est nommable autrement que par cette extériorité de principe – être un atome, et non du vide –, il est clair que *rien n'advient.* Les atomes restent suspendus, poussière d'identité, dans ce qui leur sert de fond, vaines étoiles sur la nuit d'aucune constellation.

La différence est ici si forte, qu'aucun Tout ne fraie son chemin, dans aucun processus.

Or l'hypothèse atomistique n'a d'autre objectif que de composer le réel du Tout. Elle est ici en panne sèche.

On dira donc, deuxième temps de cette affaire, que le vide engendre le mouvement des atomes, geste par quoi, rompant la pure exclusion qualitative réciproque, s'esquisse une corrélation, voire une position. Le vide est causal, il met en esplace, sinon les atomes, du moins leurs trajectoires.

Hegel fait grand cas de ce petit pas, tirant la couverture à son négatif avec célérité :

> Le principe atomistique n'en est [...] pas resté à cette extériorité chez ceux qui le pensèrent en premier; mais, outre son abstraction, il eut aussi la profondeur spéculative en ce que le *vide* a été reconnu comme la *source* du *mouvement*; ce qui, entre l'atome et le vide, est un tout autre rapport que la simple juxtaposition et l'indifférence de ces deux déterminations l'une en regard de l'autre. (...) La vue (...) selon laquelle le vide constitue le fondement du mouvement contient cette pensée profonde que c'est dans le négatif en général que se trouve le fondement du devenir, de l'inquiétude, de l'auto-mouvement. Mais là le négatif n'est pas à prendre comme le néant qui se trouve tout proche de la représentation : il est la négativité véritable, l'infini (*L* I, 137).

Certes, l'entrée en scène de la corrélation signe toujours la profondeur dialectique, et même spéculative, si l'on veut. Hegel voit bien que c'est dans l'assouplissement de la différence forte atomes/vide que réside l'opération majeure de l'atomistique, et non dans sa position en butée.

S'ils sont deux, les principes laissent entière la question de l'Un qu'ils divisent. C'est là qu'on attend le dialecticien.

Le mouvement est-il cet Un de la corrélation ? Voire. Car s'il est cause du mouvement, le vide l'impose identiquement à tous les atomes. Sinon ils auraient, ces atomes, des rapports différents au vide conçu comme cause. Ce qui est impossible, vu qu'en tant qu'atomes, ils sont principe, de n'être pas le vide, et c'est tout. Donc, tous identiques en tout cas au regard du vide.

Il faut donc que les atomes se meuvent tous ensemble éternellement, et selon des trajectoires parallèles, à d'indiscernables vitesses.

Désastre qui ne fait pas non plus Tout, que cette pluie des astres.

Et même il faut avouer que ce « mouvement » est parfaitement nul, n'ayant aucun repère où s'indiquer, la vection simultanée et isotrope d'une infinité d'atomes équivalant sans l'ombre d'un doute à leur absolue immobilité.

A nouveau, rien n'advient. Même en soumettant les atomes à l'efficace motrice du vide, il demeure que l'hétérogénéité différentielle des principes se tient dans une rigidité stérile. La différence forte (au vrai, la différence absolue) est aussitôt point d'arrêt.

Mais il y a quelque chose, et non pas aucune. C'est ce dont les atomistes font obstacle de réel à la dualité rigide des principes.

Pour passer du deux principiel (atomes/vide) à l'un du monde comme système de touts (les choses), il faut de toute évidence *filtrer la différence forte en différence faible*. Il faut pouvoir combiner des atomes entre eux, et non pas éternellement les lancer, comme l'injetable dé mallarméen, dans le vide de leur identique non-être.

Nous abordons ici une opération cruciale de la dialectique : la mise en chaîne. Passer d'une différence forte, où s'éprouve la qualité de force du réel, à un espace combinatoire homogène, où c'est de termes *de même espèce* que se compose le processus.

Dans l'atomistique ancienne, on appelle cela le *clinamen*.

4

Un atome est dévié, le monde peut advenir. La soudaine obliquité d'une trajectoire rompt l'identique mouvement des atomes, et produit un accrochage de particules d'où naît enfin une multiplicité combinée, une chose, suffisante pour un monde.

Comme il se doit, un tout procède ici de la fracture d'une identité : celle, parallélisante et paralysante, des mouvements d'atomes.

Un tout, c'est toujours la mort d'un Un.

Qu'est-ce que ce clinamen? On y reconnaît aussitôt, dans l'esplace des trajectoires isotropes, le horlieu d'un mouvement inassignable, *déréglé*.

De fait, pour dévier, l'atome doit soutenir au vide un rapport singulier, s'exceptant de la loi qui dispose d'un seul coup, sous l'effet unanime du vide, l'identique pluie des particules.

L'atome déviant *marque le vide,* puisqu'il en est affecté distinctement, et non dans sa généralité d'atome.

Suivons bien le fil de l'opération. Si un atome soutient au vide un rapport qui n'est pas celui de la généralité des atomes, il peut fonctionner comme *dénotation atomistique du vide lui-même.* C'est ici que la différence forte amorce son involution en différence faible, puisque l'opposition de l'atome déviant (ou plutôt du clinamen comme acte de cet atome) et de l'atome comme pur principe réinscrit d'atome à atome, donc dans la même espèce principielle, l'hétérogénéité absolue du vide et de l'atome.

Vous avez une opération tout à fait comparable quand vous passez de l'opposition absolue, principielle, bourgeoisie/prolétariat, à la division en deux voies du mouvement de masse lui-même, voire à la lutte de ligne dans le parti. La « voie bourgeoise » de la politique, telle qu'elle vit dans l'action populaire, n'est ni l'extériorité absolue de la classe impérialiste, ni la domination globale qu'elle exerce sur la société tout entière. Ce n'est ni la domination, ni l'hégémonie. Le premier cas est celui de l'opposition statique forte vide/atomes. Le second, celui de la mise en mouvement indifférenciée des atomes. Ce qui nous intéresse est plutôt le mode par lequel la créativité populaire, la révolte agissante marquent en leur propre sein l'élément antagonique. Vous avez là un clinamen pratique, ce qui n'a rien d'étonnant, puisqu'en politique le monde se nomme histoire, et que les masses font l'histoire tout autant que, pour Démocrite, les atomes le monde. C'est, si l'on peut dire, de peuple à peuple dans un peuple unique, que se réinscrit lors de toute tempête, et même autrement, la différence qualitative originaire qui sépare radicalement le peuple de l'impérialisme.

Et c'est bien vrai que, pour comprendre cette réinscription qui filtre la différence, il faut admettre la capacité des masses à *dévier*. C'est ce qu'on nomme du reste leur mouvement : le mouvement de masse.

Le clinamen est, bien sûr, tout à fait embarrassant. Il n'est ni du vide, ni des atomes, ni de l'action causale de l'un sur les autres. Il n'est pas non plus une troisième composante, un tiers principe. Il est seulement ce par quoi on peut en venir, de la différence qualitative absolue, posée audacieusement comme principe, à la combinaison d'atomes en différence faible, dont seul s'éclaire le monde évident des choses.

Le clinamen est la dialecticité des principes, la différentiation faible de la différence forte.

Cet opérateur d'involution est plus important pour nous que les deux bornes de son efficace : atomes/vide d'un côté, monde combiné d'atomes de l'autre (notez qu'entre-temps le vide a chu. C'est son destin, et le clinamen, qui le dénote, doit aussi s'évanouir dans son effet. On verra cela en détail).

Le clinamen est l'atome comme horlieu du vide, dialectisant le vide comme lieu des atomes.

Disons à longue portée, et loin des Grecs, que le clinamen est sujet, ou plus exactement subjectivation.

La dialectique structurale cherche ici à faire l'économie de la force. Qu'il y faille un horlieu aux limites du miracle, par double opposition à la chute monotone des atomes, dont le vide est cause, et aux lois qui vont régler, après clinamen, la composition du Tout, sera dit « liberté », ou « hasard », car l'action massive du vide en différence forte tout comme le processus combinatoire sont, eux, intégralement nécessaires, strictement mis en esplace. Le second en particulier n'est plus que concaténation d'atomes selon les figures du monde réel. Il y a là mise en chaîne d'éléments tous de même espèce.

Le clinamen est a-spécifique, hors nécessité, absolument hors-lieu, inesplaçable, infigurable : le hasard.

Ce n'est pas en vain que ce hasard revient comme catégorie majeure chez Mallarmé. Le hasard est un concept clef de toute dialectique structurale. Pour Lacan, il est rien moins, sous le nom de Fortune, que le réel.

Pour nous, il est vrai que l'histoire est la fortune de l'événement, à ne jamais confondre avec la politique, qui en est le subjectif rationnel *forcé*.

Il est tout à fait marxiste de dire que l'histoire est le hasard de la nécessité politique.

Ce qui n'introduit pas la moindre once d'irrationnel.

Les atomistes grecs sont respectueux du réel. Ils posent d'entrée de jeu la différence forte, soit l'ombre à plat de la force. Ils savent que la différence forte ne se change pas d'elle-même en différence faible. Il faudrait pour cela que le vide soit fait d'atomes, qu'on puisse *composer le vide,* comme Descartes a besoin, pour lier sa « matière subtile », d'une matière encore plus subtile. On sait l'impasse à l'infini de ce remplissage désespéré. Sauf à poser deux espèces d'atomes, ceux du vide et ceux du réel, ce qui restaure sans gain la différence forte.

Quelqu'un va dire aussitôt : c'est bien ce que font ces Grecs avec leur clinamen! Car il y a l'atome déviant, première espèce, et les atomes « normaux », deuxième espèce. Vous n'avez nullement établi une combinaison intra-atomique. Vous avez tout bonnement divisé les atomes selon la différence forte, pour qu'enfin ils engendrent la chose.

C'est d'un Un scindé par le clinamen que se compose l'accrochage multiple du Tout.

Objection décisive. Le Hasard s'écarte ici de la nécessité pour que celle-ci, infidèle à son stérile principe fort (atomes, vide, et c'est tout), se répande dans la combinaison figurale des différences faibles. Mais le hasard, comme dit Mallarmé, revient toujours, car « dans un acte où le hasard est en jeu, c'est toujours le hasard qui accomplit sa propre Idée en s'affirmant ou se niant. Devant son existence la négation et l'affirmation viennent échouer. Il contient l'Absurde » (*Igitur, O,* 441).

Il n'est pas suffisant de dire qu'on a gagné de situer le processus réel, désormais, dans la seule concaténation des atomes, s'il s'avère qu'une absurde qualité hétérogène, la déviance, a été importée au passage. La mise en chaîne exige que l'homogène règne intégralement. Des atomes, et rien d'autre, voilà ce qu'on veut.

La dialectique structurale repose sur l'idée qu'au fond la différence forte est impensable. Certes, elle est principe. Mais tout ce qui *existe* dans la pensée résulte de différences faibles, entre positions d'atomes pour Démocrite, entre signes écrits du Poème pour Mallarmé, entre signifiants pour Lacan – et, en un certain sens, entre positions politiques de classe dans les masses pour le marxisme. L'investissement du principe dans le processus réel doit impérativement restaurer l'esplace sans trace hétérogène du horlieu.

Fonder le monde sur la différence atome déviant/atome normal est un progrès, sans doute, sur son impossible quoique réelle fondation en termes de vide et d'atome. Au moins l'atome, ici, se répète dans la différence. C'est un progrès minime, si l'atome déviant est à ce point marque singulière du vide qu'il réinscrit l'hétérogène dans le procès combinatoire du monde.

D'où l'étape cruciale de notre dialectique : *il importe absolument que le clinamen à son tour soit aboli.*

Ça veut dire quoi ? Qu'aucune explication particulière d'aucune chose particulière ne doit requérir le clinamen, bien que l'existence d'une chose en général soit impensable sans lui ; qu'aucun atome ne doit jamais être repérable comme déviant, dans aucune combinaison d'atomes, bien que l'existence de la déviance conditionne l'existence même d'une combinatoire.

A peine a-t-il eu lieu que le clinamen doit s'absenter radicalement de tous ses effets sans exception.

A peine a-t-il marqué le vide dans l'univers des atomes, qu'il doit être le vide absolu de cette marque.

Cette imperceptible émergence de la force, pour que le horlieu du clinamen fasse voir l'esplace de la combinaison des atomes, la dialectique structurale entend la résilier dans son résultat.

Deuxième grande opération, celle par quoi, comme dit Mallarmé, « le hasard (est) vaincu mot par mot », le clinamen aboli, la nécessaire déviance barrée : l'opération du terme évanouissant.

5

Lacan élabore le réel comme coupure, révélant par dispersion rétroactive la clef de l'ordre où il se soutient ; Mallarmé consacre ses machines poétiques à mettre en scène l'abolition de la trace du manque (« aboli bibelot d'inanité sonore ») ; les atomistes pointent l'effacement intracombinatoire du clinamen.

Qu'est-ce qu'un terme évanouissant ? C'est celui qui, ayant marqué dans l'homogène des termes du processus la différence forte du réel, doit disparaître pour que la différence la plus faible possible – la différence de places – règle seule le devenir.

Le terme évanouissant *fait passer* de la différence forte à la faible, en marquant la qualité hétérogène, et en s'abolissant aussitôt. Il est passeur sur places de la force.

C'est la marque qui n'est que dé-marque, et jamais ne se remarque dans sa force initiale.

Il y a eu clinamen, un atome a dévié, mais ce n'est qu'un battement de cils inlocalisable, intemporel, entre la pluie d'atomes et la collision organisatrice des choses. « Ensuite », si l'on peut dire, le clinamen n'est plus pour rien dans ce qui se passe. Et c'est en vain que vous chercheriez dans le monde un atome marqué des stigmates de la déviance. Tous les atomes sont identiques, celui que le hasard affecta n'en porte plus trace, soumis qu'il est, comme tous, à la règle unanime qui régit les combinaisons, et qui, derechef, n'est plus que celle qui veut qu'un atome, si s'offre à lui quelque vide, s'y meut droit devant, exactement comme le ferait n'importe quel autre.

Le clinamen est hors temps, il n'est pas dans la chaîne des effets. Tout effet est soumis à la loi. Le clinamen n'a ni passé (rien ne l'engage), ni futur (il n'y en a plus trace), ni présent (il n'a ni lieu, ni moment). Il n'a lieu que pour disparaître, *il est sa propre disparition*.

La qualité de déviance s'est absolument évanouie. Dans tout le champ du pensable, c'est-à-dire des choses réelles, vous ne la rencontrez jamais. La différence faible (entre atomes) règne sans partage.

Sinon que par le clinamen, ce qui fondait et pourtant rendait inintelligible qu'il y ait *ce* monde, soit la différence forte vide/atomes, s'est trouvé, le temps d'un éclair, à la surface de l'être.

Dans la dialectique structurale, la différence qualitative où advient la force n'est pas un néant. Elle est une disparition dont l'effet est le Tout d'où elle a disparu.

C'est à cette disparition, comme point réel, et point réelle, que nous donnons le nom de terme évanouissant.

Penser le réel revient ici à penser l'auto-annulation de ce qui le rend possible en général.

L'atome affecté de déviance engendre le Tout sans reste ni trace de cette affection. Mieux même : l'effet est l'effacement rétroactif de la cause, puisqu'à s'en tenir au réel du monde – les combinaisons d'atomes – la déviance, n'étant ni atome, ni vide, ni action du vide, ni système d'atomes, est inintelligible. Ce qui fonde la possibilité de la pensée fait naufrage dans l'impensable.

La pensée dialectique de cet impensable, en tant que terme évanouissant, dont la catégorie primitive est celle de horlieu, franchit la limite du mécanisme. Elle doit saisir qu'une raison déployée opère l'effacement actif de ce qui la fonde, laissant derrière elle ce reste raturé comme l'ombre de la force dont elle renie le nom. Car elle ne veut connaître, cette raison structurale, que le jeu clair des places.

Toutefois, si effacé qu'il soit, le terme évanouissant laisse aussi bien cette trace énorme qu'est le tout. Il n'y a un monde que du clinamen, si nul clinamen n'est jamais signalable dans le monde.

Nulle part placée, la force évanouie soutient la consistance des places.

Le terme évanouissant ne disparaît qu'autant que *rien* ne s'inclut qui le vaille, sinon la puissance d'inclinaison en général, qu'il a fondée en rompant l'Un. Comment? Par un *coup de force.*

Je vous étonnerai peut-être en vous disant qu'ainsi s'éclaire, pour le marxiste, le rôle à la fois absolu quant à la force, et nul quant à la place, du mouvement de masse. Oui! Le mouvement de masse est le terme évanouissant de la concaténation événementielle qu'on nomme histoire.

Les masses elles-mêmes, dans leur être statique, leurs structurations positionnelles, leur placement étatique, constituent le monde historique. C'est d'elles que se soutient toute figure d'Etat, c'est du consensus qui les cimente que se définit un être social donné. Ces masses esplacées *sont* l'histoire, plutôt qu'elles ne la font.

Mais cet être est un résultat, dont la possibilité, invariablement, émerge de la furie disparaissante des masses *déviantes,* c'est-à-dire levées, dans la tempête imprévisible de leur révolte sûre contre la figure d'Etat qui leur était tout d'abord principe.

Qu'on puisse décrire le mouvement de masse, sa clarté mémorable, son courage invincible, sa division particulière, ses assemblées patibulaires, son terrorisme fraternel, n'autorise pas à croire que là se tient un terme fixe de l'être politico-social. Toute tentative d'instituer durablement, de *faire état,* des formes de son impatience créatrice change le mouvement de masse en son contraire. Les soviets après 1920, les comités révolutionnaires chinois après 1970 n'effectuent que la disparition étatique de leur apparition historique. Le mouvement de masse a pour être de disparaître, et il faut accepter qu'il soit *sans trace,* dans les vastes paliers de l'esplace historique, au point que tant de nostalgiques fourbus en viennent à dire : « Que s'est-il passé là ? Où avions-nous l'esprit ?»

Ils oublient seulement que le tout d'où ils parlent, si même on n'y reconnaît rien de l'enthousiasme d'alors, et même si prévaut l'apparence de son contraire, tire consistance de la force que le mouvement délivrait. Et qu'aucune entreprise politique n'a d'avenir – si pauvre qu'apparaisse, la tempête esplacée, son présent – sauf à se soutenir dans le sens que prodigue la disparition fondatrice du mouvement de masse.

Dans le rapport de la politique au mouvement de masse, c'est la fonction dialectique du terme évanouissant qu'il faut prendre en compte, en la chevillant à la force, et sans la réduire, si possible, au seul clinamen intemporel d'où naît le mécanisme conservateur des places.

C'est dans la modalité de leur esplacement stable que les masses sont l'histoire, dans celle de leur apparaître-disparaissant qu'elles la font.

Elles font ce qu'elles sont, mais en disparaissant pour être.

En quoi s'avère ce paradoxe : le terme évanouissant a pour essence de disparaître, tout en même temps qu'il est celui qui existe le plus – comme Tout, cause de lui-même.

Seul ce qui fait défaut à un Tout peut lui donner consistance.

5 janvier 1976

Déduction du clivage.

Mallarmé et la théorie de la foule. - Les trois figures de la combinatoire. - Tout terme a un bord évanouissant. - Théorèmes de la dialectique structurale. - Définition structurale du révolutionnaire. - Mallarmé et l'angoisse.

1

De ces masses, dont la dernière fois je vous proposais de scinder l'existence selon qu'elles sont l'histoire ou que, terme évanouissant ayant puissance causale, elles la font, le poète Mallarmé, ce reclus hermétique, a la vive conscience qu'en elles gît le secret silencieux de tout art digne de ce nom.

S'il est vrai que sa machinerie poétique agence un esplace truqué de constellations, de roses, de crédences et de chevelures, sur fond de salon bourgeois que Minuit désole; s'il est vrai que le terme évanouissant, d'où ces ingrédients d'époque tirent la force de se souder en Idée froide, ne va pas plus loin, en apparence, que le soleil couchant (ce Phénix, ce « suicide beau », cet « Orgueil du soir »), ou que la mort du Génie (logique des « Tombeaux », de Baudelaire, de T. Gauthier, de Verlaine, de Wagner, d'E. Poe...) – on aurait tort d'en conclure que ce dialecticien prodigieux n'a jamais fait au mental que le tour de sa chambre, ou la visitation des Ancêtres.

Mallarmé voulut rien moins que doter la Cité d'un livre et d'un théâtre où l'infinie puissance muette des masses – qu'il nomme la foule – trouverait enfin de quoi produire, en s'en retirant, son emblème total : « La foule qui commence à tant nous surprendre comme élément vierge, ou nous-mêmes, remplit envers les sons sa fonction par excellence de gardienne du mystère! Le sien! Elle confronte son riche mutisme à l'orchestre, où gît la collective grandeur » (*Plaisir sacré, 0,* 390).

Le mutisme de la foule est ce par quoi elle produit, au secret tu de sa grandeur historique, le concentré représentatif et illuminant de l'art.

De cette causalité perdue dans la nuit du silence, l'artiste n'est pour Mallarmé que le médiateur nul. Le livre est un processus indépendant de tout sujet personnel : « Impersonnifié le volume, autant qu'on s'en sépare comme auteur, ne réclame approche du lecteur. Tel, sache, entre les accessoires humains, il a lieu tout seul : fait, étant » (*L'Action restreinte, 0,* 372).

« Fait », c'est sous la pression de la « collective grandeur » que l'art se dispose, sans en être intérieurement marqué – sans être une politique. « Étant », il fait esplace, contemplable désormais par la foule dont il procède, sans qu'elle le sache, car l'art existe « théâtralement, pour la foule qui assiste, sans conscience, à l'audition de sa grandeur » (*La Musique et les Lettres, 0,* 649).

La foule est terme évanouissant pour l'art, clinamen qui disjoint du langage usuel – monnaie d'échange sans concept – le poème, organisation langagière propre à expliciter « les rapports (...) rares ou multipliés » et à « simplifier le monde » (*Id.,* 647).

Bien entendu, la foule n'est jamais saisissable dans son acte causal, puisqu'elle y disparaît. Dans la rétroaction de l'art, elle semble bien plutôt abolie, masse d'ombre qui fait en arrière de l'œuvre un corrélat perdu. L'image clef de Mallarmé est ici celle du feu d'artifice : commémoration, au 14 juillet, de l'émeute fondatrice, il projette sur le ciel un éclat dont la foule est seulement le sol de nuit : « [...] une multitude sous le soir ne constitue pas le spectacle, mais par devant surgie la gerbe multiple et illuminante, en plein ciel, qui représente dans un considérable emblème, son or, sa richesse annuelle et la moisson de ses grains, et conduit à des hauteurs normales l'explosion des regards. » (*Conférence sur Villiers, 0,* 499.)

Quoi de commun entre les masses effervescentes et destructrices de la Révolution et ce paisible troupeau de spectateurs officialisés ? Justement que « la gerbe multiple et illuminante » du poème – ou de la musique – ne fait que faire Tout, inscription stellaire emblématique, de la richesse productive du peuple, dont elle n'éclaire pourtant, compacte absence, que la stupéfaction étrangère à soi.

Face à cette fonction de l'art, Mallarmé – et c'est sa flexion idéaliste – renvoie dos à dos, dans un texte étonnant, le suffrage universel et l'émeute (avec toutefois une légère préférence conceptuelle pour la seconde) :

> Si, dans l'avenir, en France, resurgit une religion, ce sera l'amplification à mille joies de l'instinct de ciel en chacun ; plutôt qu'une autre menace, réduire ce jet au niveau élémentaire de la politique. Voter, même pour soi, ne contente pas, en tant qu'explosion d'hymne avec trompettes intimant l'allégresse de n'émettre aucun nom ; ni l'émeute, suffisamment, n'enveloppe de la tourmente nécessaire à ruisseler, se confondre, et renaître, héros *(La Musique et les Lettres, 0,* 654).

La force d'exigence, qui fait de Mallarmé un révolutionnaire intellectuel, est ici d'annuler la nomination de soi-même dans la force de la foule (« ruisseler, se confondre »). C'est là une « tourmente » évanouissante d'où procède, renaissante, toute idéalité héroïque. Comprenons ceci : pour qu'un esplace représentatif advienne (une « religion »), il faut que le sujet soit dans l'emportement de son « instinct de ciel », lequel abolit jusqu'à son identité nominale ancienne. Sur le fond de ce manque foudroyant, dont le suffrage universel est le parfait déni, s'instaure, cérémonielle, « l'amplification à mille joies ». Après avoir disparu dans son acte, la foule, revenue à sa placidité substantielle, contemple l'emblème de sa force évanouie.

Il n'est d'approximation, à notre époque, de ce que rêve Mallarmé, que dans les colossales foules hérissées de rouge de la place Tien An Men au plus fort de la Révolution culturelle. Tel est le vrai théâtre où le peuple procède à « l'audition de sa grandeur ».

Que les imbéciles y aient vu de la religion n'est que la justice du concept.

Mais c'est aussi la preuve que l'émeute, contrairement à ce que dit Mallarmé, est bien la forme exacte de la foule comme terme évanouissant, la « tourmente nécessaire » au remodelage spectaculaire du temps.

Et bien qu'il soit vrai que l'art concentre la force.

Mallarmé souffrait surtout, en ces années 1880-1890, d'une carence émeutière qui rejetait la foule dans le palier stable de son être étatique. Il le savait fort bien : « (...) il n'est pas de Présent, non

– un présent n'existe pas... Faute que se déclare la Foule, faute – de tout » (*L'Action restreinte, 0,* 372).

« Pas de Présent » veut dire : pas de clinamen, nulle disparition féconde de la foule dressée. Seulement la combinaison placide des places dans la régularité de la loi – « la Loi, dit Mallarmé, sise en toute transparence, nudité et merveille » (*La Musique et les Lettres, 0,* 654).

C'est merveille surtout qu'en ces temps coloniaux et provisoirement dociles, Mallarmé ait pu, ne fût-ce que pour en charger l'art, détecter que tout ce qui a de l'éclat, tout ce qui subsiste et procède, relève du manque de la foule, et porte témoignage de ce que, en disparaissant, les masses émeutières ont fondé jusqu'au monde qui leur interdit d'exister.

2

Le penchant structural est de vouloir combiner de l'identique. Il y a là comme une prescription d'algèbre, où la répétition de la même lettre, seulement différente par sa place, et pas même indexée de son lieu, donne la matrice de toute intelligibilité élémentaire. Nommons cela la première figure, où n'apparaît que la différence strictement minimale, du même au même, de la place à la place qu'occupent des marques identiques.

Première figure : a a a a a a a a a a...

Toutefois, si l'on est dialecticien, et non pas seulement structuraliste, on achoppe sur l'obstacle que propose le réel : pour se distinguer, la marque (le terme, l'atome) doit s'enlever sur un fond de blancheur (d'esplace, de vide), qui fait avec elle cette fois une différence absolument qualitative. On en vient donc à poser deux principes et non une seule espèce de termes. En deuxième figure, il nous faut le vide et les atomes, le blanc et les signes. Cette exigence d'une différence forte fonctionne rétroactivement comme condition a priori de la logique des places. Notons 0 le terme hétérogène d'où les termes homogènes tirent leur identité d'opposition.

Deuxième figure : 0// a a a a a...

Nous sommes ici bloqués par un *excès de force.* Du 0 aux a, pas même, comme du lieu P au terme A, la médiation d'un index, A_p, terme-à-sa-place. C'est l'incommunication des opposés, le Deux du manichéisme. Au continu vide, s'oppose la dissémination d'aucun tout.

Certes, la série a a a a a... est qualitativement déterminée dans son opposition à 0. Mais elle l'est *d'un seul tenant*. La différence forte fait du multiple un Un d'opposition, sans que rien de combiné n'en puisse advenir.

Le clinamen, on l'a vu, trouve la porte de sortie d'une indexation causale. Un atome est marqué du vide de façon singulière, un signe est marqué du fond, un signifiant (le Phallus) du symbolique, en ceci que son mouvement (sa scription, sa fonction représentante) rompt l'isotropisme du champ et *fait marcher* la combinatoire.

D'où la troisième figure : a_0 (terme évanouissant) / a a a... (chaîne initiale instituée comme lieu des choses).

Elle se passe en famille (que des a), mais, cette fois, la consistance combinatoire de la chaîne est garantie par le terme évanouissant.

Ce faufilé du vide en index touche à l'articulation de la chose.

Le terme évanouissant n'est aucun des éléments du Tout. La cause n'est donc rien, car « quelque chose » n'est qu'une combinaison d'éléments du Tout.

Cependant, s'il y a quelque chose plutôt que rien (question de Leibniz et de Heidegger), si la combinatoire existe, d'où se surmonte la dispersion immobile des Uns en poudre, lait d'une voie lactée du non-sens, c'est sous l'effet de la déviance d'un Un, évanouie dans le tout.

Le terme évanouissant n'est donc pas rien, mais, cause du tout, il est consubstantiel à sa consistance.

Démocrite des signes écrits, Mallarmé dit en clair : *« Un rien,* disons exprès, *lequel existe,* par exemple, *égal au texte »* (*La Musique et les Lettres, O,* 638). Un rien fait exprès pour causer le tout du poème, auquel dès lors il s'égale, tel est le terme évanouissant de Mallarmé : support de l'effet causal du manque.

3

Dire que le terme évanouissant est égal au tout reste une métaphore. *Il n'est pas* le tout, ce rien dont toute consistance procède, il n'est pas non plus cette consistance, laquelle est si peu rien qu'elle se distribue en choses. Où donc est-il ? Où va, irréparable, la déviance foudroyante dont tout ordre se fait?

Après la mutation des différences, le terme évanouissant et la causalité du manque, il nous faut ici déduire le clivage. C'est le quatrième concept de la dialectique structurale.

Reprenons le fil de l'atomistique.

Qu'il y ait eu clinamen signifie que, désormais, les atomes, par leurs mouvements enfin brouillés, peuvent se lier les uns aux autres. La déviance, quoique disparue au sens où nul atome, dans le monde réel, ne la supporte particulièrement, est en fait omniprésente dans toute *liaison* d'atomes.

Qu'un atome, au lieu de filer parallèlement à tout autre, soit liable au point d'entrer dans la consistance d'une chose, est proprement la marque en lui du clinamen évaporé.

S'inclure dans la chose comme tout est ce qui de l'acte atomique relève de la déviance. Bien qu'il s'agisse là du comble de sa normalité : être élément d'une combinaison.

Ce qui lie ainsi le terme « a » à son identique et distinct voisin « a », c'est, si l'on peut dire, l'apparition-disparition *entre eux* du terme évanouissant, dont toute liaison possible se soutient.

En vérité, c'est *tout atome* qui est le terme évanouissant, en ceci qu'il est capable de se lier aux autres et de faire avec eux le tout d'une chose.

Ainsi se solde qu'*aucun atome* ne soit le terme évanouissant, et que nous évitions, but de la dialectique structurale, le retour de la différence forte que serait la division du stock d'atomes en deux espèces, les déviants et les normaux.

Chaque atome doit être envisagé comme étant d'une part lui-même, soit le « a » indifférent que sa place seule distingue, et d'autre part sa capacité à se lier aux autres, à s'inclure dans le tout, soit son marquage interne par l'évanouissement du clinamen.

Telle est l'équation du clivage : $a = (a\ a_0)$, où l'on reconnaît sans peine, reconstruite d'un autre biais, l'équation de la scission $A = AA_p$, où nous avait conduit l'examen, l'an dernier, de la dialectique hégélienne.

D'un autre biais, car à l'indexation par la place succède la scission par la cause.

Dans la dialectique structurale, tout terme est clivé en sa place, d'une part, en son efficace évanouissant de liaison, d'autre part.

Ce qui pour nous vaut place et force. Mais, nous l'avons dit, la dialectique structurale répugne à *nommer* la force, et s'échine à la surplacer.

Un élément de la combinatoire s'inclut comme singulier, mais ne se lie aux autres que sous l'effet d'une totalisation manquante dont il présente le bord; (a/a_0) s'accroche à (a_0/a) par l'évanouissement qui leur est commun de leur bord a_0, d'où procède qu'ils soient totalisables.

Ainsi la cause absente est-elle toujours réinjectée dans le tout de son effet. C'est un grand théorème de la dialectique structurale : *pour que s'exerce la causalité du manque, il faut que tout terme soit clivé.*

Ainsi la trace laissée dans le monde social par les grands mouvements de masse, dont nous avons établi qu'ils étaient les termes évanouissants de la chose historique, c'est que toute forme de conscience, tout point de vue, toute réalité, est en dernier ressort clivée selon l'ancien et le nouveau, catégories par quoi l'histoire *fait mouvement* dans les entités qui la combinent.

Quant au prolétariat, c'est le nom en sujet du nouveau de notre temps. Si la classe ouvrière est sa place en structure, l'essentiel est qu'il fasse bord de l'ancien, ce qui explique que ce prolétariat puisse être, dans la Chine de 1966, le mouvement de la jeunesse scolarisée, au Portugal en ce moment, les paysans du Sud. L'erreur apparente de position recouvre la vérité d'opposition, le faux de la place est le vrai de la force.

Si stable, voire ossifiée, qu'elle puisse paraître, une chose historique présente le bord de mouvement disparu dont procède sa présence dans le tout, c'est-à-dire l'actualité de sa destruction future, comme aux souches échouées sur la grève l'écume sèche fait un liséré de mer morte, qui est aussi bien l'imminence réversible de la marée.

Le révolutionnaire marxiste, c'est un point fort de Mao de l'avoir souligné, est le guetteur du terme évanouissant, emblème du nouveau dans l'ancien. Il est le gardien actif de l'avenir de la cause.

Ces grandes causes, au nom desquelles le sacrifice est parfois la moindre des choses, sont en fait de grandes causalités.

Que le terme évanouissant présente lui-même a_0 pour s'accrocher à a; que l'on ait le *théorème de la chose :* $(a = aa_0) \rightarrow (aa)$, qui lie le clivage à la consistance : tout cela n'est rien d'autre que la forme générale du théorème de Lacan : « Un signifiant présente le sujet pour un autre signifiant. »

Un terme est ce qui présente le terme évanouissant à un autre terme, pour faire chaîne avec lui.

Fonctionner comme élément combinable revient à présenter la cause absente à un autre élément.

4

Mallarmé fixe ainsi son programme : « Évoquer dans une ombre exprès l'objet tu par des mots allusifs jamais directs, se réduisant à du silence égal » (*Magie, O,* 400).

L'objet, réduit au silence, n'entre pas dans le poème, bien que son évocation fonde la consistance poétique. Il est la cause absente. Mais son effet de manque est d'affecter chaque terme écrit, astreint à être « allusif », « jamais direct », de façon à s'égaler en Tout au silence dont l'objet était seul initialement affecté.

L'allusif est le bord évanouissant du terme écrit. C'est ce par quoi, sous l'effet d'absence de l'objet, il se combine poétiquement à d'autres termes, pour enfin produire l'évocation du manque, c'est-à-dire une chose poétique, un univers intégralement combiné.

Le mot du poème est clivé : il est mot et non-mot, verbe et silence égal, lumière et ombre exprès. Sur ce clivage seul repose sa maniabilité poétique, son inclusion dans la chaîne des métaphores.

Si c'est le silence qu'il faut dire, le poème doit réduire chaque mot à sa face évanouissante.

Le poème comme tout, s'égalant – veut Mallarmé – à l'objet tu, procède à l'auto-effacement du mot. Le difficile est que, de ce procès d'auto-effacement du mot à partir de son bord évanouissant, l'instrument ne peut être, exclusivement, que d'autres mots.

Il faut donc aussi effacer l'instrument de l'effacement, sinon le mot l'emporte, du côté de l'oubli du manque, du côté de sa face d'identité anonyme – ce que Mallarmé reconnaît être la pure fonction d'échange, en quelque sorte monétaire, du langage.

Le poème n'échange rien. L'annulation de l'échange est son résultat majeur. Pour cela, la trace doit disparaître de ce par quoi les mots mobilisés faisaient scintiller l'évanouissement d'eux-mêmes.

Au cœur des machines dialectiques de Mallarmé se tient non seulement la trinité : terme évanouissant, causalité du manque, clivage ; mais le *second degré* de son effet, soit le manque du manque.

Pour des raisons qu'on aura à examiner, Lacan nomme « angoisse » le manque du manque. Et c'est, dit-il, ce qui ne trompe pas.

Mallarmé ne dit pas autre chose :

> L'Angoisse, ce minuit, soutient, lampadophore,
> Maint rêve vespéral brûlé par le Phénix
> Que ne recueille pas de cinéraire amphore
> Sur les crédences, au salon vide...

Car du vide où s'éclipse un sujet, l'angoisse est la lumière éteinte où ce sujet faisait luire son peu de réalité.

26 janvier 1976

A la nue accablante tu.

Syntaxe. - Métaphore inaugurale. - Chaînes métonymiques. - Tous les concepts de la dialectique structurale. - Le manque du manque : ce que dit le poème, il le fait. - L'URSS et la sirène.

1

Un poème de Mallarmé est un tout dont l'objet manquant est la dialectique structurale elle-même. Il est explicitement « chiffration mélodique tue, de ces motifs qui composent une logique » (*La Musique et les Lettres, O.,* 648). Voyez donc l'intérêt de son démontage.

Pourquoi est-ce un poème, si le thème fait chiffre d'une logique ? On pourrait demander aussi : de quel objet chu se cause le style de Lacan ?

Il y a à cela une réponse en forme de démonstration. Le gouvernement syntaxique des phrases de Mallarmé et de Lacan est la chose du monde la moins futile et arbitraire qui soit. Langue de la dialectique structurale, toujours au bord du précipice plat du structuralisme, et en ressaut de cabri pour n'y pas choir.

Ici, la poésie supplée à la force, que l'on veut dénier.

D'extérieur opaque, la machine poétique de Mallarmé, proclamons-le, ne possède néanmoins qu'un seul sens.

Il faut en finir avec le paresseux contournement d'obstacle qui fait dire à beaucoup que la vertu de l'énigme est de tolérer cent réponses tendancielles. Nulle « polysémie » chez cet absolu dialecticien. On ne prendra pas pour un désordre errant ce que multiplient d'échos, sur la ferme consécution chiffrée de l'Un-du-sens, ces timbrages étonnants dont le poème s'éclaire et s'éteint.

Le garant de l'unité du sens, Mallarmé nous en avertit, n'est autre que ce qui vaut loi pour l'esplace des écritures : « Quel pivot, j'entends, dans ces contrastes, à l'intelligibilité ? Il faut une garantie – La syntaxe » (*Le Mystère dans les Lettres, O,* 385).

Ne pas s'égarer dans la grammaire est une directive majeure pour qui veut découvrir le fonctionnement du poème, et accéder par conséquent à l'élucidation de son manque, la logique dialectique en personne.

Donnons pour support la version ponctuée, étirée, a-poétique et mise à plat, de l'objet que nous nous proposons aujourd'hui.

A la nue accablante tu
Basse de basalte et de laves
A même les échos esclaves
Par une trompe sans vertu

Quel sépulcral naufrage (tu
Le sais, écume, mais y baves)
Suprême une entre les épaves
Abolit le mât dévêtu

Ou cela que furibond faute
De quelque perdition haute
Tout l'abîme vain éployé

Dans le si blanc cheveu qui traîne
Avarement aura noyé
Le flanc enfant d'une sirène.

Quel naufrage a donc englouti jusqu'au mât, voiles arrachées, qui était l'ultime débris d'un navire ? L'écume qu'on voit sur la mer, trace de cette catastrophe, le sait, mais n'en dit rien. La trompe du navire, qui aurait pu nous renseigner, ne s'est pas fait entendre, impuissante, sur ce ciel bas et cette mer sombre, couleur de roche volcanique, qui emprisonne l'écho possible de l'appel de détresse.

A moins que, en réalité, furieux de n'avoir eu aucun navire à faire disparaître, l'abîme (mer et ciel) ait englouti une sirène, dont l'écume blanche ne serait plus que le cheveu.

En somme, dès que compris

- que « tu » du premier vers est participe passé du verbe taire, à rapporter à naufrage (« quel naufrage, tu à la nue, abolit le mât dévêtu ? »);

- que « par une trompe sans vertu » se rapporte à « tu » (« quel naufrage, tu à la nue par une trompe sans vertu »);
- que « à même » se rapporte à « basse » (« la nue, basse de basalte et de laves, à même – au sens de “ tout contre ” – les échos esclaves »);
- que le second quatrain se ponctue interrogativement;
- que, dans les tercets, il faut rêver une virgule après « furibond », comme après « haute »;
- que « furibond » se dit de « l'abîme vain éployé », lequel est coupable d'avoir noyé la sirène...

le poème est architecturé. Nulle autre voie, vous l'expérimenterez, n'est possible, si l'on veut intégrer tout le matériau explicite, et sous la supposition, attestée par l'auteur, que la syntaxe vaut garantie.

2

Nous parlions l'an dernier de l'esplace, lieu légal supposé de tout événement. Mallarmé part d'un représentant figural esplacé : mer et ciel fondus dans l'accablement bas du rien.

Métaphore de l'esplace, et plus particulièrement de la page blanche où tout s'écrit. Décor dont c'est trop dire qu'il est un fragment de nature, car Mallarmé, de la nature, exclut avec précision l'assemblage du ciel et de la mer : « La mer dont mieux vaudrait se taire que l'inscrire dans une parenthèse si, avec, n'y entre le firmament – de même se disjoint, proprement, de la nature. Quelque drame d'exception, entre eux, sévit qui a sa raison sans personne » (*Bucolique, O,* 403).

C'est de ce « drame d'exception » que notre sonnet fait l'esquisse, « raison sans personne » (pure logique) dont l'écrit doit combler le manque en pratiquant l'effet. Lire un tel sonnet, c'est équivaloir mentalement à celui dont

> La faim qui d'aucun fruit ici ne se régale
> Trouve en leur docte manque une saveur égale (*O,* 76).

Quant à la dialectique, quant à la force, je vous propose de percevoir, en lisant Mallarmé, la saveur égale de leur absence.

En quoi la poésie dialectique est l'envers de la politique

dialectique, où la saveur, souvent fort âcre, est perçue dans son réel.

D'où ceci : à ce jour, toute poésie politique relève de l'épopée, laquelle n'est poétique que de biais, et plutôt par ce qui échappe à sa magnificence que par ce qui y prélève son éclat.

Si l'on admet que, poète, Mallarmé tient la page vierge pour métaphore originelle de l'esplace-en-soi, on verra d'entrée que le poème s'ouvre sur une métaphore seconde, où le complexe mer-ciel remplace « le vide papier que sa blancheur défend » (*Brise marine, O,* 38).

Sur la mer mallarméenne, scindée de la nature, réduite à son anonymat, une trace, l'écume, détient le principe d'un sens (« tu le sais, écume ») qu'elle ne délivre pas (« mais y baves »).

C'est du poète la première trace écrite sur le vide papier, elle-même métaphore, pour nous, du horlieu dont tout esplace fait rétroactivement place. Car l'écrit « en soi » n'a nulle assignation, et ne vient à l'existence qu'en contredisant la pureté hasardeuse de la page vierge.

Le geste métaphorique par quoi le poème est possible vise la contradiction de la trace et du blanc, métaphorisée en écume et mer-ciel.

Que le problème crucial de Mallarmé soit celui que nous disons, soit le processus mis en branle par l'inscription hors-lieu des mots sur l'esplace de la page, l'escorte théorique des poèmes ne laisse là-dessus aucun doute :

> Appuyer, selon la page, au blanc, qui l'inaugure, son ingénuité, à soi, oublieuse même du titre qui parlerait trop haut : et, quand s'aligna, dans une brisure, la moindre, disséminée, le hasard vaincu mot par mot, indéfectiblement le blanc revient, tout à l'heure gratuit, certain maintenant, pour conclure que rien au delà et authentiquer le silence (*Le Mystère dans les Lettres, O,* 387).

Dès avant le poème, nous avons l'entrée métaphorique suivante (M_0 pour « métaphore ») :

$$\frac{\text{horlieu}}{\text{esplace}} \xrightarrow[M_0]{} \frac{\text{écriture}}{\text{blanc}} \xrightarrow[M_0]{} \frac{\text{écume}}{\text{nue}}$$

L'interrogation de l'écume, donc l'effet du horlieu ou de l'écrit, est le point d'où se dispose le poème.

Deux hypothèses, séparées par « ou cela que », résolvent le suspens d'un mot par lui-même indéchiffrable :

a) l'écume serait la trace sur le vide marin du naufrage d'un navire;

b) l'écume serait la trace du plongeon d'une sirène.

Ces deux hypothèses sont elles-mêmes organisées selon deux chaînes métonymiques. Le navire se construit d'un appel de détresse (la trompe), puis d'un mât dépouillé de ses voiles; la sirène de son flanc enfant, puis de sa chevelure.

Navire et sirène sont les deux termes évanouissants dont se soutient qu'il y ait quelque chose (l'écume) plutôt que rien (la nue accablante).

Évanouissants, ils le sont, l'écume n'étant la trace que de leur disparition. Le navire a fait naufrage, la sirène a plongé sous l'eau, et si la question de la chose est ouverte par l'écume, c'est sous la question de sa cause, laquelle est de l'ordre du mouvement d'une absence.

Les chaînes métonymiques, cet alambic du négatif mallarméen, visent à poncer l'absence jusqu'aux confins du nul.

Le navire n'est évoqué que par l'abolition, non pas même de sa massivité, mais de son mât, ultime épave; ou par l'hypothétique son d'une trompe inaudible. La sirène se résout dans sa propre chevelure d'enfance – encore n'est-ce même qu'un unique et blanc cheveu.

Si l'on convient de noter d'une barre, d'un biffage, l'action disparaissante du terme causal, les deux chaînes, rompues par « ou cela que », se présentent ainsi :

écume ↗ ~~navire~~ (naufragé) ⟶ ~~mât~~ (dévêtu et aboli) ⟶ ~~trompe~~ (sans vertu)
écume ↘ ~~sirène~~ (noyée) ⟶ *cheveu*

Nous retrouvons toutes nos catégories. La différence forte (écume/abîme), ouverture du problème de la chose; le réseau des différences faibles, organisées par métonymies (navire, mât, trompe; sirène, chevelure); la transition de l'une à l'autre par la causalité du manque, que supportent les termes évanouissants : naufrage du navire et noyade de la sirène, dont ce qui est – l'écume – fait marque hors-lieu sur la désolation de l'esplace.

Que le terme évanouissant soit la marque du vide lui-même, on le voit suffisamment à ce que le navire est englouti, et la sirène « avarement » noyée, comme si ces termes ne tenaient leur substance et leur effet que d'une résorption dans l'abîme marin, dont ils sont dans le monde la délégation disparaissante.

Et notons ce progrès à longue portée que si le navire naufragé est un extérieur inclus, un hétérogène englouti dans l'homogène, la sirène, animal marin, procède à l'inverse d'une expulsion fulgurante hors de son élément natif, homogène transitant, le temps d'un saut de dauphin, dans l'hétérogène superficiel du visible, au regret de l'avare abîme.

Le lieu a cette avarice de reprendre aussitôt ce qu'il donne, la mince cicatrice de la cause, et de tendre à ce que rien n'advienne que lui : « Rien n'aura eu lieu que le lieu » (*Un coup de dés jamais, O,* 474).

Quant au clivage, il est manifeste, au regard de la double nature de l'écume. Certes, elle est trace, donc prise au réseau des différences mondaines, contrairement à l'illimité de la nue. Mais d'un autre côté, elle ne se tient que d'un apparentement à l'abîme, dont elle indique la puissance négative et l'effet sous-jacent d'abolition. Ce qui existe hors-lieu, dit le poème, s'y trouve placé sous la loi du lieu (de l'esplace). Navire et sirène, retournés au nul de l'abîme, divisent l'écume selon la cause (face évanouissante) et

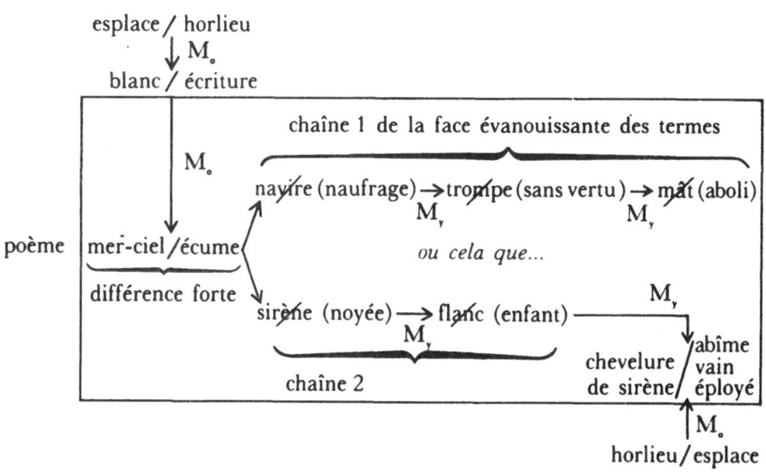

selon la consistance (trace effective, mais réel muet, qui « y bave »).

Nous serions donc au bout de nos peines, ayant avéré le texte comme emblème de la dialectique structurale selon les opérations de la métaphore (M_o) et de la métonymie (M_y).

A ceci près, que, aussitôt, le tableau suggère :

1. Pourquoi deux termes évanouissants (navire et sirène) ? Pourquoi ce second clivage qui dispose, coupées par l'énigmatique coup de force du « ou cela que », deux chaînes métonymiques ?

2. Pourquoi cette insolite fermeture, qui induit qu'à la fin ressort métaphoriquement du poème, sous les espèces du rapport chevelure/abîme, cela même, en apparence, qu'on y avait introduit comme écume/mer-ciel ? Qu'a-t-on gagné, de l'écume au cheveu ?

3

N'est-ce pas assez d'un seul terme évanouissant pour que son effet de manque, clivant tout indice de réel, autorise le tout du poème ?

C'est pourtant deux fois que le navire n'a pas lieu.

Naufragé d'abord, il dépouille ses voiles, éteint sa trompe (sa sirène, déjà, mais d'alarme), afin que s'abolisse sa suprême épave.

Mais à son tour le naufrage est révoqué en doute. Il s'agirait plutôt d'un plongé de sirène.

Ces deux négations ne sont pas de même espèce. La première figure l'évanouissement du terme causal, la seconde annule l'évanouissement lui-même. Et, sur le fond de cette révocation, s'enlève le deuxième et terminal terme évanouissant (la sirène).

Voyez que dans le maoïsme, c'est aussi deux fois qu'il faut produire la destruction de la bourgeoisie. D'abord l'ancienne, la classique, dont le léninisme établit les moyens de détruire son appareillage. Puis la nouvelle, la bureaucratique d'État, dont le maoïsme enseigne qu'elle germe dans les instruments même de la première destruction, le parti léniniste, et l'État socialiste.

Toute la question est de savoir si les masses révolutionnaires, acteur historique valant cause évanouissante pour la révolution léniniste, sont les mêmes qui viennent débusquer, dans ce qui les avait d'abord vertébrées (le parti et l'État), la bourgeoisie vagissante qui a su se former et vaincre en Russie, après que Staline n'ait proposé, pour y surseoir, que la sombre égalité devant la terreur.

Un ou deux termes évanouissants ? Est-ce de la même « révolution », celle que Lénine confronte à l'État, qu'il s'agit dans la Révolution culturelle ?

Bien plutôt faut-il penser qu'au naufrage socialiste du bateau bourgeois succède le plongeon communiste des sirènes de l'État. Ce sont, du reste, des sirènes à moustache. Seul le caractère provisoirement ascendant de la nouvelle bourgeoisie monopoliste bureaucratique d'État peut expliquer que son chant rauque et sinistre puisse séduire des navigateurs de l'histoire aussi disparates que des colonels éthiopiens, les militaires du Vietnam, quelques intellectuels arabes, des techniciens de l'Est, des barbus d'Amérique latine ou les balourds ouvriers professionnels des syndicats français.

Pour faire de tout cela le tout d'un naufrage, pas étonnant qu'il faille d'étranges nouveautés, comme de mettre en branle des dizaines de millions d'étudiants et d'ouvriers à propos d'histoires de théâtre, de films, de peinture à l'huile et de philosophie.

Pour Mallarmé, en tout cas, le deuxième terme évanouissant s'inscrit du manque du premier, manque radical en ce qu'il porte non plus sur le terme (le navire), mais sur sa disparition (le naufrage, le navire).

Le poème exhibe la causalité du manque dans son effet, mais aussi dans sa loi, puisqu'il est régi intérieurement par le manque du premier terme causal supposé, le premier terme évanouissant.

« Ou cela que... » procède à l'abolition de l'aboli. On annule ce qui était supposé d'absence efficace.

Dès lors le poème n'est plus seulement métaphore des catégories dialectiques. Il en est le concept. La réalité des catégories est à l'œuvre pour mouvoir la chose poétique.

Nous passons poétiquement du navire à la sirène, l'un et l'autre figures métaphoriques du terme évanouissant, par l'évanouissement de la première figure, d'où s'engendre la nécessité de la seconde.

Ce que dit le poème, il le fait.

Par quoi il s'apparente à l'action marxiste, où l'écrit n'est jamais que ce dont se supporte le sujet politique dans son unité d'antagonisme. Depuis Lénine, tout écrit marxiste a pour titre : la situation actuelle et nos tâches.

Mallarmé interprète la dialectique structurale moins comme le thème d'une métaphore que comme une directive pour le poème.

Ce qui manquait, le navire, le ~~navire~~, doit venir à manquer dans son manque pour qu'advienne, idéale, la ~~sirène~~.

Mallarmé dit : « souffle la bougie de l'être, par quoi tout a été. Preuve » (*Igitur, O,* 434).

Le poème est cette preuve rétroactive de l'être soufflé – ~~l'être~~ – et requiert, pour l'administrer, le manque du manque.

Si toute chose existe de ce qui lui fait défaut, il en va de même de la cause. Ce n'est qu'en abolissant une première causalité que vous donnez consistance au concept de la causalité elle-même.

Cette opération spéciale, caractéristique des machines dialectiques de Mallarmé, et par quoi elles procèdent intérieurement à la suppression de leur première métaphore négative, sera nommée dans la suite : l'annulation.

Quant à savoir pourquoi la sirène fait butée, s'immobilise dans l'idéalité d'un manque qui ne peut, lui, manquer, nous n'aurons pas le temps aujourd'hui de le savoir.

Il y en a bien qui croient qu'avec la révolution d'Octobre se met en place un « État ouvrier » qu'aucun avatar historique, fût-il répugnant, n'écartera jamais de son essence.

Il est clair qu'à l'enseigne du dépérissement de l'État, Marx imaginait, non point seulement le manque de l'État bourgeois, mais, progressif, le manque de son manque, nommé communisme, où toute causalité politique s'abolit. De cette abolition, l'État de dictature du prolétariat supporte la visée. Ce que Lénine complétait en indiquant que tout État, dans le fond, était bourgeois, en sorte que, venant à manquer à lui-même sous l'effet du premier assaut insurrectionnel, qui ouvre carrière au prolétariat, l'État – toujours bourgeois – devait nécessairement manquer une deuxième fois, ouvrant cette fois carrière aux masses communistes de la société sans classe, terme évanouissant général de l'histoire enfin donné dans son concept concret.

Que l'État socialiste et le parti qui le dirige soient des nids à rats de bourgeois bureaucratiques, c'est ce que les masses expérimentent.

De cette expérience, il restait à faire une politique marxiste. Impérissable initiative de Mao que d'en avoir au moins énoncé l'urgence.

Mao, sous les espèces d'une longue suite de révolutions culturelles, a désigné et pratiqué pour la première fois le retournement du manque étatique sur lui-même, son « ou cela que... » n'étant rien moins que l'aval donné, par un dazibao fracassant, aux émeutes de la jeunesse, puis d'une fraction des ouvriers, contre les nouveaux bourgeois de l'État socialiste.

De ce qui a mis fin aux vieilles tyrannies, il faut aussi savoir se délivrer.

Ceux qui persistent, après cela, à parler comme d'un être stable du socialisme et de son État, partagent certes avec Mallarmé l'hypothèse d'un point d'arrêt. Ils n'ont cependant pas vu l'annulation.

Mallarmé a un alibi qu'ils ne peuvent produire. A la différence, hélas, de l'URSS impérialiste d'aujourd'hui, la sirène, même rendue à l'abîme, n'existe pas.

1er février 1976

Tout sujet est une exception forcée, qui vient en second lieu

Le théâtre. - Le catholicisme et la politique. - Manque et destruction. - Les signifiants d'exception, lieux du sujet. - Du rôle des tombeaux dans le marxisme et dans l'art. - Le point d'arrêt. - Analyse du coup de dés. – La rose et le communisme.

1

Qui dira ce que nous devons au théâtre, de l'*Orestie* d'Eschyle aux pièces de Brecht ? Art capital, analyseur ininterrompu de notre histoire. Mallarmé énonce là-dessus un axiome clair et net : « Le Théâtre est d'essence supérieure » (*Le Genre* ou *Des modernes, O,* 312).

Instituer le théâtre de notre temps, Mallarmé s'y emploie. Notre temps, qu'est-ce à dire ? Celui où la religion représentative – théâtrale – par excellence, la catholique, est en déshérence.

Dans son analyse de la messe, notre dialecticien retrouve autant de vérité figurative que Hegel de conceptuelle dans le mystère de la Rédemption. La messe est un fameux théâtre de la dialectique structurale. Voyez plutôt :

> « Telle, en l'authenticité de fragments distincts, la mise en scène de la religion d'État, par nul cadre encore dépassée et qui, selon une œuvre triple, invitation directe à l'essence du type [ici le Christ], puis invisibilité de celui-là, enfin élargissement du lieu par vibrations jusqu'à l'infini, satisfait étrangement un souhait moderne philosophique et d'art » (*De même, O,* 396).

La citation à comparaître, thème de la « présence réelle », se solde par l'invisibilité du Dieu, terme évanouissant fondamental. Pris dans l'emblème de son absence, il fonctionne comme cause pour le tonnerre d'art des orgues, qui porte le lieu à l'infini, tout comme dans *Un coup de dés...* le lancer des chiffres, incertain jusqu'à la disparition de l'officiant dans les flots, élève le regard aux constellations énumératrices d'un total d'astres.

Reste qu'en 1890 on ne peut plus faire décemment avec le catholicisme. La laïcisation de tout théâtre d'essence supérieure ne laisse à l'activité mentale que deux voies, « deux voies, en tout, où bifurque notre besoin, à savoir l'esthétique d'une part et aussi l'économie politique » (*Magie, O,* 399).

Nous n'avons pas changé. A quoi donc dévouer notre besoin de théâtre, sinon à l'art ou à la politique ? On allèguera la science. Profondeur de Mallarmé de n'en avoir ici fait nulle mention ! Qui croira que la vérité puisse être, telle quelle, ce dont se cause le désir d'un sujet ?

Qu'il faille que le beosin bifurque reste à voir. C'est toute la question du théâtre d'art politique. Nous pouvons toutefois garantir que ceux qui, levés en politique vers Mai 1968, baissèrent les bras vers 1973 – ils sont légion – revinrent, pour les meilleurs, à la référence artistique, quand les plus mauvais tombaient au rien de « l'universel reportage », voire s'appliquaient le cataplasme refroidi des monothéismes.

La politique est dans une structure de fiction. Ce n'est pas un des moindres énoncés mallarméens : « (...) le rapport social et sa mesure momentanée, qu'on la serre ou l'allonge, en vue de gouverner, étant une fiction, laquelle relève des belles-lettres (...) » (*Sauvegarde, O,* 420).

Cacher l'essentielle absence dont procède le lien social a été, pour ce lien lui-même, une grave faute. Elle interdit d'avoir rapport aux « substructions » de la politique, comme il se devrait, en posture de public impliqué, dont le droit élémentaire est de siffler la pièce, voire de l'interrompre, dès qu'elle ne propose qu'un artifice médiocre, une fiction grossière où la foule ne saurait reconnaître sa propre grandeur :

> *Un grand dommage a été causé* à l'association terrestre, séculairement, de lui indiquer le mirage brutal, la cité, ses gouvernements, le code autrement que comme emblèmes ou, quant à notre état, ce que des nécropoles sont au paradis qu'elles

> évaporent : un terre-plein, presque pas vil. Péage, élections, ce n'est ici-bas, où semble s'en résumer l'application, que se passent, augustement, les formalités édictant un culte populaire, comme représentatives – de la Loi, sise en toute transparence, nudité et merveille (*La Musique et les Lettres, O,* 653).

Invite également aux politiques de soigner leur représentation, dont la règle professionnelle, c'est-à-dire fictionnelle, revient à s'exposer absolument dans la transitoire fonction d'emblème, sans s'imaginer jamais détenir par eux-mêmes quelque substance que ce soit.

N'est requis en politique qu'un seul lien : la confiance, qu'il faut accorder, comme au théâtre, pour que vaille la fiction.

Une politique délivrée de tout, sauf de ce lien révocable, ne pèse pas plus lourd que la trace écrite sur la feuille. Tout le reste, peut-être encore inévitable, fait le poids d'un « grand dommage ».

Cette aération théâtrale de la politique porte, dans le marxisme, le nom de « dépérissement de l'État ». C'est dire s'il est, cet État, ce qu'une nécropole est au paradis qu'elle évapore ! Au terme de quoi, s'il est convenable de parler d'un terme, ne subsiste plus que la confiance interne des masses, support en réciprocité de leur vérité comme fiction.

Mallarmé retient, lui, le gardiennage du Livre, en attendant mieux.

Qu'est-ce que l'art ? La mise en Tout de la nature, par son retranchement causal.

> La Nature a lieu, on n'y ajoutera pas ; que des cités, les voies ferrées et plusieurs inventions formant notre matériel.
> Tout l'acte disponible, à jamais et seulement, reste de saisir les rapports, entre-temps, rares ou multipliés ; d'après quelque état intérieur et que l'on veuille à son gré étendre, simplifier le monde.
> A l'égal de créer : la notion d'un objet, échappant, qui fait défaut (*La Musique et les Lettres, O,* 647).

Occuper le défaut de l'être met en ordre le symbole. L'égalité des éléments, et la frappe finale du vers, concentrent, rythme et rime, la satisfaction du désir de créer : « (...) l'acte poétique consiste à voir soudain qu'une idée se fractionne en un nombre de motifs égaux par valeur et à les grouper ; ils riment : pour sceau extérieur, leur commune mesure qu'apparente le coup final » (*Crise de vers, O,* 365).

C'est à suivre, sous l'effet du non-lieu naturel, les dédales de la fragmentation égalitaire (esplace) et de ce qui s'y crée de neuf sous le sceau de vers (horlieu) que nous consacrons notre enquête.

Pas plus que Mallarmé pour la nature, je n'imagine qu'on puisse « ajouter » à la société – sinon des centrales nucléaires. La politique marxiste doit savoir retrancher, mettre le vieil être social en défaut pour véritablement créer ce qui n'existait pas. Il semble qu'il y faille la destruction, qui est plus que le manque – qui est au manque ce que la force est à la place.

Là même, le poète ne nous abandonne pas : « La Destruction fut ma Béatrice » (Lettre à Lefébure, 1867).

2

L'annulation ne s'inscrit jamais linéairement dans le poème. Vous avez des chaînes métonymiques, du navire au mât, de la sirène au cheveu d'écume. Vous avez des substitutions métaphoriques, l'écume pour la trace, l'abîme pour l'esplace. Mais pour produire le manque du manque, il faut sauter d'une hypothèse à une autre : navire ? Non. Sirène.

Ce bond du sens permet seul d'annuler un premier terme évanouissant, et d'exhiber le concept de la causalité du manque.

N'y a-t-il pas là un coup de force ? Un coup de la force ?

Mais aussi un coût. La dette contractée pour avoir rompu le pacte de la chaîne métonymique, Mallarmé la paie en signifiants d'exception. Nous avons vu « ou cela que... ». Presque aucun poème, sinon, ce qui fait preuve, les Tombeaux, ne s'y soustrait. « Ou si... », « Non, mais... » (*L'Après-midi d'un Faune*). « Si ce n'est que... » (*Toast funèbre*). « Sinon... » (*Remémoration d'amis belges*). « N'était que... » (*Sonnet*). « Mais... » (*Petit Air, Une dentelle s'abolit...*). « Excepté que... » (*Victorieusement fui le suicide beau...*). « Encor que... » (*Ses purs ongles très haut...*). « Excepté peut-être... » (*Un coup de dés...*).

Tels sont, cumulés, les indices intratextuels de ce que la loi d'esplacement du texte ne saurait, seule, engendrer, s'agissant de ce qui y fait, en propres termes, exception.

Une fois donné le premier terme évanouissant, le poème suit une ligne de totalisation. A vouloir la rompre, il faut se tenir horlieu. Mais comment, si nulle force ne vient surdéterminer en sujet la consécution des places ?

L'annulation de l'évanouissement, l'embrayage sur une deuxième ligne de totalisation, exige ici qu'à la place d'une métonymie d'effacement supplémentaire (après le navire, la voile arrachée, la trompe éteinte, le mât englouti, pourquoi pas le pavillon déchiré, le fil de ce pavillon, l'atome de ce fil ?) surgisse – « ou cela que... » – la rupture qualitative où la différence forte, congédiée, prend sa revanche, où l'hétérogène refoulé fait retour.

Disons-le sans fard : les « ou cela que », les « encor que », les « sinon », les « mais » et les « excepté que » ne sont rien moins que les signifiants où, césure entre deux ordres, s'arrime, le temps d'un éclair, l'effet subjectif.

Apparition-disparition d'un nouveau type, où la clause d'exception fait tout le drame intercalaire du sujet. Différence forte soudain ponctuée dans la trame dense des métaphores et des métonymies. Rupture brusquée de l'égalitaire fragmentation idéale.

Le manque du manque, résultat de l'annulation, n'est pas deux fois le manque, selon la première loi fixée. Il lui faut davantage, et dont la grammaire ici témoigne : qu'une piste inconnue, infrayable selon l'esplacement initial, s'ouvre à l'effet poétique.

Je nomme provisoirement « sujet » cette imprévisible bifurcation.

Tout sujet est une exception forcée, qui vient en second lieu.

Mao a posé, pour la première fois, que nul engendrement linéaire à partir de l'État socialiste ne pouvait faire espérer le communisme. Ce qui a suffi pour abattre le vieil ordre social, il ne faut pas s'attendre à ce qu'il aille plus loin par la seule persévérance.

« *Perseverare diabolicum* » : maxime pour l'État socialiste.

La différence forte, que Mao appelle « contradiction antagonique », doit ressurgir intégralement : Révolution culturelle.

Par quoi Mao désignait l'instance actuelle du sujet politique communiste, coup de force le disjoignant de sa prétendue ligne antérieure d'existence, l'État socialiste et le parti qui s'y trouve exagérément impliqué.

Ah ! Il ne voudrait pas trop le faire voir, Mallarmé, ce sujet où achoppe la volonté structurale de sa dialectique ! Si tout cela pouvait se tenir dans l'homogène des opérations poétiques! Il dit son ambition dans le programme d'*Igitur* : « (le)Drame (...) est résolu tout de suite, le temps d'en montrer la défaite, qui se déroule fulguramment » (*O*, 428).

Le temps de dire « ou cela que », « excepté que », et le sujet a déjà eu lieu, en dissidence du lieu. Nous transitons désormais, annulation faite, vers l'idée de la cause, et nous n'avons plus à nouveau que l'univers familier des métonymies.

Ce mince clivage forcé de deux chaînes, cette interruption minimale, à quoi suffisent quelques adverbes, quelques conjonctions, n'est-ce pas presque rien ?

Oui, mais sans cet infime et total écart, sans cette grammaire de l'exception, il n'y aurait que l'effectivité monotone, infinie, du ponçage de l'être sous la loi d'une absence.

Tout vrai dialecticien, si même, structural, il la subordonne au jeu des places, reconnaît au passage, « fulguramment », l'émergence de la force où le horlieu s'inclut destructivement dans l'esplace qui l'exclut.

En quoi il fait théorie du sujet.

D'avoir porté la machinerie poétique jusqu'à la rigueur implacable du « ceci, certes; n'était que peut-être cela » garde jusqu'au bout Mallarmé du précipice plat des structuralistes. Ce que, dans *Un coup de dés*, précédant le « excepté, peut-être, une constellation », il nomme avec exactitude « la neutralité identique du gouffre » (*O*, 473), et dont l'improbable exception stellaire vient, le temps d'un effet de sujet, le tenir à l'écart.

Quant aux « Tombeaux », s'ils ne requièrent pas l'exception grammaticale, c'est que l'annulation du premier terme évanouissant (le mort, Poe ou Wagner, Verlaine ou Baudelaire) y est figurée par le « sépulcre solide », le « calme bloc » qui fait d'emblée partage entre la vie terrestre du héros et la vie idéale de son œuvre : il est mort, excepté que nous n'honorons son tombeau matériel qu'aux arcanes de son éternité spirituelle.

Nulle autre fonction n'est impartie aux mausolées de Lénine et de Mao : ils sont morts, si ce n'est, dit le monument, que le sujet politique demeure dont ils occupent désormais pour sa route sinueuse la position d'étoile polaire.

Quant à savoir si ce n'est pas plutôt l'étoile qu'on mausole pour qu'enfin vienne, du sujet, « le temps d'en montrer la défaite », c'est là une affaire d'État, lequel, après tout, n'est jamais sujet.

3

Pourquoi le poème s'achève-t-il ? Question de pur fait, et de pure logique. C'est un fait qu'il s'achève. Un poème de Mallarmé donne même une impression spéciale de bouclage, d'intégrale machination. Il serait pourtant logique qu'il demeure ouvert, les opérations combinées de l'évanouissement et de l'annulation, par quoi la cause produit son effet, puis délivre son concept, ne comportant par elles-mêmes nul point d'arrêt.

Le navire ... ou cela que la sirène ... sinon que Neptune ... à moins qu'une conque ...

Et pourquoi pas le cercle d'une reconvocation du navire ? Voilà qui serait joli !

A la nue accablante tu
Basse de basalte et de laves
A même les échos esclaves
Par une trompe sans vertu

Quel sépulcral naufrage (tu
Le sais écume mais y baves)
Suprême une entre les épaves
Abolit le mât dévêtu

Ou cela que furibond faute
De quelque perdition haute
Tout l'abîme vain éployé

Dans le si blanc cheveu qui traîne
Avarement aura noyé
Le flanc enfant d'une Sirène

Morte à l'excès qui fut son chant
Sinon qu'annule de sa haine
Le mât d'écume naufrageant

Au prix d'un deuxième forçage subjectif (« sinon que »), nous obtenons cette parfaite fermeture, dont la théorie des ensembles dut se garder en interdisant qu'on accepte des chaînes descendantes en boucle du type :

$$a \in \ldots\ldots\ldots\ldots \in d \in c \in b \in a$$

Boucle dont la plus simple est $a \in a$, posant que l'ensemble est élément de lui-même, ce qu'aucun ensemble intuitivement saisissable ne tolère. Aussi bien de tels êtres formels furent-ils nommés des ensembles « extraordinaires », si extraordinaires que pour simplifier, voire simplement rendre possible, la métathéorie, on forgea leur interdiction pure et simple, à quoi pourvoit l'axiome spécial, dit de fondation (ou de régularité). Et de même l'axiome de fondation proscrit qu'on puisse descendre à l'infini, sous la forme :

$$\ldots\ldots\ldots\ldots a_{n+1} \in a_n \in \ldots\ldots\ldots\ldots a_2 \in a_1 \in a$$

Délimitant de l'impossible, l'axiome de fondation est bien nommé, de toucher un réel : réel de l'inclusion dans soi-même à titre d'élément de soi.

Ainsi à certains égards du parti de classe, tel au moins que le voit Staline : « détachement de la classe ouvrière », partie de cette classe – élément de son tout –, il lui est aussi bien équivalent, identique : du point de la politique, le parti, c'est la classe.

Ainsi la classe de Staline se contient elle-même comme élément.

Autant dire qu'elle est in-fondée – au regard de l'axiome de fondation.

Mallarmé, lui, est bien fondé. Ni le poème, supposé fini, ne se boucle, ni il ne suggère le principe d'une infinité descendante itérative.

Je vous laisse à juger si mon adjonction bouclante – dé-fondante –, qui annule la sirène et réinstruit le navire, vaut paradoxe pour les opérations qu'accepte la théorie mallarméenne des ensembles poétiques : métaphore, métonymie, évanouissement, annulation. Lesquelles, rappelons-le, articulent tous les concepts de la dialectique structurale : effet de chaîne, terme évanouissant, causalité du manque.

Mallarmé s'arrête.

Mao ne s'arrête pas : aux boucles de Staline, il préfère l'autre versant de l'infondé, du réel comme impossible : la descente infinie. Du parti aux masses, où il s'instaure et s'illimite, le parcours ne franchit pas de frontière stable. Sans la liaison de masse, le parti est nul. Ne pas inclure le parti désarme les masses dans la politique. D'où les deux axiomes : le parti est « noyau dirigeant du peuple entier », plutôt que détachement de la classe. Il s'édifie, et se rectifie, « toutes portes ouvertes », plutôt qu'il ne s'épure selon sa loi d'organisation.

La politique de Staline est fermée, détachée, frontalière : algébrique. Celle de Mao est ouverte, impliquée, tendancielle : topologique.

Topologique aussi le concept maoïste de l'histoire politique. Périodiser, et passer outre. Nul point d'arrêt. « Succès, échec, nouveau succès, nouvel échec, et cela jusqu'à la victoire finale. » Seulement, la « finale » en question n'est que celle que prescrit la période. Il n'y a de victoire finale que relative. Toute victoire est le commencement d'un échec de type nouveau. « C'est la lutte finale », chant ouvrier d'une époque, désigne la modalité d'historisation que prescrit la figure actuelle du conflit (de classe, pour ce qui nous concerne). Après quoi, nouvelles contradictions, nouvelles luttes, nouveaux échecs, nouvelle victoire « finale ».

Et le communisme ? Le communisme est le nom de l'autre époque du conflit. « Je ne crois pas que le communisme puisse éviter d'être divisé en étapes, ni qu'il ne comporte aucune rupture qualitative » (Mao, *Propos sur des questions de philosophie,* 1964).

Ce genre d'énoncé revient à ceci, qui est essentiel au marxisme : l'histoire n'existe pas (ce serait figure du tout). N'existent que des époques historiques, des historisations (figures de l'Un-du-deux). C'est pourquoi nous, communistes, ne postulons nul point d'arrêt. Quand nous déterminons l'étape en cours, c'est au regard de celle qui précède et de celle qui vient. Nous ne comptons pas plus loin que trois. Quatre au grand maximum : il faut un quatre incertain pour avoir trois certitudes.

Le poème de Mallarmé, qui est moins l'étape en cours du Livre que le déchet de son impossibilité, pose une implacable finitude. Il « montre à jamais sa borne aux noirs vols du blasphème épars dans le futur » (*Tombeau d'E. Poe,* 70) ; il est ce « roc (...) qui imposa une borne à l'infini » (*Un coup de dés...,* 471).

Il y a un temps pour conclure. Est-ce la bonne vieille négation de la négation ? Beaucoup le croient. Le hasard étant nié une première fois, la deuxième négation engendre l'idée du hasard lui-même. La sirène est l'absolu dont le navire n'est que la médiation. Il y a quelquechose de ce genre dans *Igitur* :

> Lui-même à la fin, quand les bruits auront disparu, tirera une preuve de quelque chose de grand (pas d'astres ? le hasard annulé ?) de ce simple fait qu'il peut causer l'ombre en soufflant sur la lumière –

> Puis – comme il aura parlé selon l'absolu – qui nie l'immortalité, l'absolu existera en dehors – lune, au-dessus du temps (*O,* 433).

Hégélianisme latent que consolide : « L'infini sort du hasard, que vous avez nié » (*Id.,* 434).

4

A cette interprétation, qui donne sur le versant idéaliste ouvert de la dialectique structurale, et qui n'est sûrement pas inexacte, je fais deux objections.

Elle est démentie dans *Igitur* même par le théorème – Mallarmé l'appelle un « schème » – que voici :

> Bref dans un acte où le hasard est en jeu, c'est toujours le hasard qui accomplit sa propre Idée en s'affirmant ou se niant. Devant son existence la négation et l'affirmation viennent échouer. Il contient l'Absurde – l'implique, mais à l'état latent et l'empêche d'exister : ce qui permet à l'Infini d'être (*Igitur, O,* 441).

La logique de Mallarmé ne s'établit pas plus sur la négation que sur l'affirmation. La causalité du manque n'a rien à voir avec le travail du négatif. La conceptualisation (l'infini) du réel (le hasard) s'opère dans la neutralisation réciproque de l'affirmation et de la négation.

Les procédures dialectiques (évanouissement, annulation, nous verrons la forclusion), d'ailleurs irréductibles l'une à l'autre, n'ont d'autre but que la production du concept. De là qu'elles ne s'exposent au hasard que pour en inscrire la nécessité : c'est tout le sel du paradoxe de Lacan, pour qui la logique (déductive et formelle) est science du réel (pure fortune, rencontre hasardeuse). Dans ce paradoxe réside l'apparence négative des opérations : elles délimitent dans la langue (la lalangue, dirait Lacan), plus spécialement la langue poétique, la dictature interdictrice sous l'effet de quoi le réel se dit en nécessité.

Un coup de dés... illustre de bout en bout la puissance affirmative des consécutions dialectiques, sans aligner l'attirail de la négativité (mais le manque, le vide, le disparaître : oui. Une soustraction n'est pas une négation).

Le « maniaque chenu » qui « joue la partie au nom des flots » disparaît s'ensevelir aux « écumes originelles » sans qu'on sache si les dés ont été lancés ou non. En apparence : « Rien de la mémorable crise où se fût l'événement accompli en vu de tout résultat nul humain n'aura eu lieu (une élévation ordinaire verse l'absence) que le lieu, inférieur clapotis quelconque comme pour disperser l'acte vide abruptement qui sinon par son mensonge eût fondé la perdition, dans ces parages, du vague en quoi toute réalité se dissout » (*O,* 475).

Sinon que se lève une constellation qui idéalise, « froide d'oubli et de désuétude », le pari sur le réel dont le courage est d'agencer le pur suspens. En ce sens seulement, « Toute pensée émet un coup de dés » (477).

Les opérations initiales qui déblaient le terrain à l'exception stellaire – production inventive qui récompense la bravoure mentale – sont d'une complication redoutable.

La scène – un océan désert – induit de son propre vide un bateau naufragé, dont l'écume est la voile, le gouffre marin la coque. Ultime débris en voie d'abolition de ce vaisseau fantôme, se lève le poing fermé du capitaine, qui contient les dés. L'hésitation à les lancer (soit l'équivalence de la négation et de l'affirmation) change le geste aléatoire en un voile de fiançailles – entre le vieillard et la probabilité –, voile d'illusion qui « chancellera s'affalera » jusqu'à n'être plus comparable (« comme si », premier effet de sujet) qu'à une plume qui voltige. La plume métamorphose l'océan en une toque de velours, de sorte que sous ce couvre-chef emplumé on devine Hamlet, « prince amer de l'écueil », mais surtout, au théâtre, seigneur de l'acte indécidable. A peine évoqué le rocher du Danois, c'est à son souffletage par la queue d'une sirène qu'est assignée l'annulation de la plume, logiquement équivalente à l'effacement du coup de dés.

Surgis du rien maritime, se succèdent au moins six termes évanouissants : le navire (naufragé), le bras du lanceur de dés (hésitant), le voile de fiançailles (qui s'affale), la plume (voltige autour du gouffre), Hamlet (l'acte indécidable), la sirène (squames ultimes).

Le système des métaphores se maintient sans défaillir, depuis le couple hasard/nécessité qui vaut directive pour la logique poétique – science du réel –, jusqu'à son idéalisation en point d'arrêt : ciel/constellation (« point dernier qui le sacre »), en passant par les échelons intermédiaires, chacun procédant de l'auto-effacement de son prédécesseur : aile d'écume/béante profondeur; voile/coque; main qui contient les dés/cadavre du Maître (« cadavre par le bras écarté du secret qu'il détient »); probabilité/vieillard; plume/gouffre; plume/toque de velours; Hamlet/écueil; sirène/roc.

Ajoutez à cela un commentaire théorique qui s'entrelarde au processus, et en souligne les équations. Il nous avertit que sur ce théâtre sans coulisses se joue la pièce d'où toute aventure dialectique tire sa légitimité formelle.

Le héros ayant tenu tout du long le courage de disparaître dans les opérations de saisie logique du réel, l'effet de sujet final, qu'épingle un magnifique « excepté peut-être » survient à bout de course, quand un incroyable réseau de métaphores, de corrosions métonymiques, de disparitions relayées, ont poncé jusqu'à l'os le « fantôme d'un geste » où se tentait « une chance oiseuse ».

5

Je comparerai ce dur labeur logique au travail partisan, quand la politique traque l'infime de l'antagonisme au milieu d'un épais consensus, réduit la plénitude du social à son os conflictuel, et, juste au bord de l'épuisement des ressources, reçoit, si tout est bien conduit, l'exception subjectivante d'un brusque effondrement des conditions initiales sous la poussée impérieuse des révoltes.

Notre action minuscule peut paraître équivaloir à l'inaction. Mais le courage de tenir dans cette équivalence fait que nous serons du sujet politique de la nouvelle époque.

Notre chance de marxistes est-elle « oiseuse »? Certes! Qui parierait aujourd'hui un centime sur la révolution en France? Notre pensée, pourtant, émet ce coup de dés. C'est qu'elle en a le ressort de patience, sachant produire, à son échelle, la logique radicale dont la fortune grossière des événements n'est que le hasard premier.

Ma deuxième objection à l'hégélianisme supposé du poète, nous y voici.

Ses points d'arrêt ne sont pas n'importe quoi! La vedette est tenue par les étoiles. Constellation du coup de dés, septuor de scintillations, « astre en fête » ailleurs, « l'étoile mourante, et qui ne brille plus » (*Hérodiade*). C'est une tradition bien établie. Hugo termine déjà force poèmes par la vue de ce ciel étoilé, dont Kant disait que, avec la loi morale dans son cœur, ça faisait le tout des Raisons.

Les autres péroraisons ? Le cygne, la rose et le glaïeul, les bijoux (« le feu d'un bracelet », les « froides pierreries »), la chevelure de femme, l'instrument de musique, la sirène et l'amazone. Le tombeau.

Il n'est pas très malin de voir que, outre leur évidence culturelle (tout cela fait poésie, n'est-ce pas ?), les signifiants en question sont en quelque manière séparables. Si usée qu'elle puisse être, leur intensité qualitative les distingue au point que, à seulement dire « rose » (surtout pas pétunia), ou « cygne » (canard, en revanche..), ou « mandore » (éviter cornet-à-piston), ou « chevelure » (tignasse ne vaut rien), je m'établis dans une distance précieuse qui fait un vif contraste avec « table », « chambre », « couloir » ou « chauffage central ».

D'où, en dépit de l'archaïque « hoir », le caractère singulièrement préalable de ces vers :

> La chambre ancienne de l'hoir
> De maint riche mais chu trophée
> Ne serait pas même chauffée
> S'il survenait par le couloir
> (*Trois sonnets,* 73-74)

par lesquels Mallarmé prépare à distance les points d'arrêts gradués que voici (les deux premiers supportent une annulation rétroactive par le troisième) : « fulgurante console », « une rose dans les ténèbres », « tristement dort une mandore ».

Le temps pour conclure surdétermine les lois dialectiques par un jeu d'intensités préétablies que la profondeur temporelle de la langue rétrocède.

Contrebandier de la culture, Mallarmé, qui feint d'engendrer par les strictes ressources internes de la procédure dialectique l'achèvement du poème, injecte pour y parvenir des connotations familières. Nous supportons, parce que la langue flottante dont nous héritons nous y autorise, qu'un poème fasse escale sur la rose de la nuit ou l'exil du cygne. Nous voici pratiquement à bon port, l'étoile nous y a conduits.

C'est là qu'après les « encore que » de l'exception se glisse le second coup de force, le bluff d'intensité où nous succombons au sujet.

La logique des places, quand bien même maniée par un virtuose absolu, serait fort en peine de délivrer autre chose que l'itération régulière, virtuellement infinie, de ce qui s'évanouit et de ce qui s'annule. Il y faut les miracles historiques de l'art, avec au demeurant leur date spéciale, car ce XIXe siècle finissant est reconnaissable entre mille, Mallarmé compris, à ses roses fanées, ses dorures, ses glaïeuls, ses consoles et ses éventails.

Nulle antipathie, pour ce qui me concerne. Frappé du sceau des intensités héritières, le poème atteste qu'il faut dialectiser au-delà d'elle-même la dialectique structurale. C'est manière de force que de jouer pour finir avec la fascinante et impersonnelle séduction des signifiants séparables.

Preuve aussi bien que la « négation de la négation » n'est pas là-dedans ce qui nous permet de conclure.

Le beau mot de « communisme » nous a été dévolu, à nous marxistes, pour nommer fallacieusement le point d'arrêt de notre préhistoire. Celui même de « révolution », quoique moins ouvertement mélodieux, fait souvent office de temps pour conclure, bien qu'il soit avéré qu'il ne conclut rien, n'ayant nul sens hormis celui que lui confère *l'autre* révolution, la seconde, d'où sa limite apparaît.

Le mot « communisme » a pris de la moisissure, c'est certain. Mais les roses, les glaïeuls et les chevelures, les sirènes et les consoles, étaient mangés aux mites de la poésie fin de siècle, celle à laquelle on a donné le nom de « symbolisme », et qui était, en gros, une catastrophe.

Tâchons de n'être pas plus communistes au sens de Brejnev ou de Marchais que Mallarmé n'était symboliste au sens de Viellé-Griffin.

S'il a par ailleurs glorieusement tenu bon avec les cygnes et les étoiles, sachons en faire autant avec la révolution et le communisme.

C'est parce qu'on prend mesure exacte de leur puissance, donc de leur partage, que les mots peuvent être innocents.

8 février 1976

Joaillerie pour le sacre de toute soustraction d'existence.

Mallarmé et la lutte des classes. - Sonnet en ix et or. - La forclusion. - Le sujet comme retard. - Logique du parcours. - Tout est vrai, mais il faut passer outre.

1

L'hétérogène existe en sujet. Mallarmé le supporte par l'exception forcée. Il y a aussi que la raréfaction du décor, que mène l'insistance des termes évanouissants, entre en conflit avec la brutale intensité conclusive du poème.

Conflit : c'est le titre dialectique d'un texte en prose fort peu cité, paru d'abord sous un autre : « Cas de conscience ». Cas de conscience de l'intellectuel dans la lutte des classes. Eh oui ! Elle y est nommée en propres termes.

Mallarmé se trouve à la campagne. Devant sa retraite s'installe, annexe de l'industrialisation, une « cantine d'ouvriers de chemin de fer ». Quatre lignes équilibrent Germinal, pour la présentation de cette classe ouvrière du bâtiment, cette « escouade du labeur » violente, syndicaliste, mangée d'alcool et de colère. Traduction des invectives contre la propriété et l'exploitation. L'hostilité se tourne vers la villa qu'occupe le témoin : « Fumier ! accompagné de pieds dans la grille, se profère violemment » (*Conflit, O,* 357). Il est atteint, vexé. Son soliloque restrictif, qui cherchait d'abord à s'excepter de la haine ouvrière, se trouve rompu par un disparate : l'autre classe, inoubliablement querelleuse.

> Très raide, il me scrute avec animosité. Impossible de l'annuler, mentalement : de parfaire l'œuvre de la boisson, le coucher,

> d'avance, en la poussière et qu'il ne soit pas ce colosse tout à coup grossier et méchant. Sans que je cède même par un pugilat qui illustrerait, sur le gazon, la lutte des classes, à ses nouvelles provocations débordantes (*Conflit,* 357).

Dans l'ivrognerie patente de l'antagoniste, Mallarmé ne trouve nul secours. Bien plutôt voit-il son mutisme comme une louche complicité destructive. Il entre alors dans « un énervement d'états contradictoires, oiseux, faussés et la contagion jusqu'à moi, par du trouble, de quelque imbécile ébriété » (358).

De quel artifice structural peut bien relever la trouble ivresse du conflit de classe?

Le dimanche seul offre une controversable sortie. Après les discussions politiques (« Tristesse, dit Mallarmé, que ma production reste, à ceux-ci, par essence, comme les nuages au crépuscule ou des étoiles, vaine » (358) – l'étoile, cette fois, prise au rouet de l'antagonisme, trouve sa limite, et ne peut conclure qu'en vanité), abattus par l'alcool, les ouvriers s'endorment.

Tenté de reprendre sa rêverie au-delà des corps confondus, Mallarmé ne peut s'y résoudre. Un puissant respect, littéralement venu d'ailleurs, l'immobilise.

L'alcool-sommeil, ce « momentané suicide », il y déchiffre d'abord « la part du sacré dans l'existence », le substitut provisoire pour les ouvriers d'une interruption où nous devons reconnaître, à défaut de sa forme haute qui serait la révolte, une forme dérivée de cet accès au concept : l'annulation.

Puis « les constellations s'initient à briller ». Va-t-on une fois encore conclure sur leur froide désuétude? Non. L'expérience de l'antagonisme astreint l'intellectuel à lier son entreprise au concept de cette expérience. Ces ouvriers, vous les direz irréductiblement réels, dont Mallarmé déclare que, en sa « qualité, (il) doit comprendre le mystère et juger le devoir » (359).

Le corps ouvrier, la classe dans son détachement nocturne, fait une opacité plus forte que les étoiles. Plutôt que de faire obstacle à la péroraison poétique, elle en devient la substance, se raccordant aux siècles créateurs des peuples jusqu'à l'infini d'une idée sociale :

> Ces artisans de tâches élémentaires, il m'est loisible, les veillant, à côté d'un fleuve limpide continu, d'y regarder le peuple – une intelligence robuste de la condition humaine leur courbe l'échine

> journellement pour tirer, sans l'intermédiaire du blé, le miracle de vie qui assure la présence : d'autres ont fait les défrichements passés et des aqueducs ou livreront un terre-plein à telle machine, les mêmes, Louis-Pierre, Martin, Poitou et le Normand, quand ils ne dorment pas, ainsi s'invoquent-ils selon les mères ou la province; mais plutôt des naissances sombrèrent en l'anonymat et l'immense sommeil l'ouïe à la génératrice, les prostrant, cette fois, subit un accablement et un élargissement de tous les siècles et, autant cela possible – réduite aux proportions sociales, d'éternité (*Conflit,* 359-360).

Dans les limites du temps, quelle probité, outre la beauté de l'hommage, de plier sa tâche d'intellectuel à la rencontre hasardeuse et ténue du réel des classes, sans rien céder au populisme, par l'intérieur consentement à ce qu'il faille, là, saisir la source violente d'une autre espèce du concept!

2

Une deuxième mise à plat dont le garant syntaxique est la loi d'esplace :

> Ses purs ongles très haut dédiant leur onyx,
> L'Angoisse, ce minuit, soutient, lampadophore,
> Maint rêve vespéral brûlé par le Phénix
> Que ne recueille pas de cinéraire amphore
>
> Sur les crédences, au salon vide : nul ptyx,
> Aboli bibelot d'inanité sonore,
> (Car le Maître est allé puiser des pleurs au Styx
> Avec ce seul objet dont le Néant s'honore).
>
> Mais proche la croisée au nord vacante, un or
> Agonise selon peut-être le décor
> Des licornes ruant du feu contre une nixe,
>
> Elle, défunte nue en le miroir, encor
> Que, dans l'oubli fermé par le cadre, se fixe
> De scintillations sitôt le septuor (68/69).

Dans un salon vide, à minuit, ne règne que l'Angoisse, qui s'alimente à la disparition de la lumière. Telle une torche en forme de mains exhaussées qui ne supporterait qu'une flamme éteinte, cette angoisse du vide n'est guérissable par aucune trace du soleil couchant, pas même des cendres qu'on aurait pu recueillir dans une urne funéraire.

Le poète, maître des lieux, est parti vers le fleuve de la mort, en emportant avec lui un signifiant (le ptyx) qui ne renvoie à aucun objet existant.

Toutefois, près de la fenêtre ouverte au nord, brille très faiblement le cadre doré d'un miroir où sont sculptées des licornes pourchassant une nymphe.

Tout cela va disparaître, c'est comme si la nymphe se noyait dans l'eau du miroir, où cependant surgit le reflet des sept étoiles de la Grande Ourse.

Mallarmé était plutôt fier de ce poème, par lui qualifié de « sonnet nul se réfléchissant de toutes les façons » (*O,* 1490). Il pensait y avoir poussé à l'extrême l'autosuffisance, la mise en tout du rien. Voyez le titre de la première version : « Sonnet allégorique de lui-même. »

Le texte semble s'évider lui-même incessamment. La charge du manque, si l'on peut dire, est maximale.

a) Le « rêve vespéral », allusion, classique chez Mallarmé, au soleil couchant, déjà brûlé par le jour finissant – quoique appelé à renaître, d'où sa mise en métaphore par l'oiseau Phénix, qui toujours renaît de ses cendres –, n'a pas même laissé de trace : il y a manque de la trace de ce qui a disparu.

b) Le décor (un salon) est absolument vide.

- Le maître est « au Styx ». Le poète, sujet de la chaîne, occupe toujours la place du mort. Il se sacrifie pour que le texte advienne comme totalité close, strictement réglée par la loi : « Le droit à rien accomplir d'exceptionnel ou manquant aux agissements vulgaires, se paie, chez quiconque, de l'omission de lui et on dirait de sa mort comme un tel » (*L'Action restreinte, O,* 370).
- Il a emporté avec lui le « ptyx ». En a-t-on fait des gloses sur ce mot d'aucun dictionnaire! Mallarmé dit pourtant deux fois qu'il s'agit d'un signifiant pur, ininscriptible autrement que comme attribut du poète mort. « Aboli bibelot d'inanité sonore », objet nul réductible au vide sonore du signifiant; « seul objet dont le Néant s'honore », objet retiré de l'être, objet soustractif.

S'il est soustractif – moins un –, c'est que le ptyx est en excès sur le trésor du signifiant. Gardien de la possibilité du sens, il ne tombe pas dans cette possibilité. Le ptyx est le plus-un du signifiant, dont la dénotation, si longue que soit la chaîne, n'advient jamais.

Le maître est absent, sous l'emblème de ce parfait signifiant du manque, qui est aussi, c'est le tourment des copistes, le manque d'un signifiant, inattestable ailleurs que dans ce poème, où du reste il n'entre que pour désigner sa sortie.

c) Le cadre doré du miroir agonise, c'est à peine (« peut-être ») s'il est déchiffrable.

d) La nixe est défunte, ensevelie dans le miroir.

Outre ces effets d'absence, on dirait bien que le clivage traverse cette fois – comme l'atomistique nous en avait indiqué l'exigence – tous les éléments du poème.

Le vespéral fait partage entre le jour et la nuit. Le Phénix se divise selon le feu en cendres et renaissance. Minuit est l'heure mallarméenne par excellence : dernière du jour qui s'achève ? Première de celui qui vient ? Divisible, clivée. Heure intemporelle. C'est à minuit qu'*Igitur* doit accomplir son acte (jeter les dés) : « ce Minuit évoque son ombre finie et nulle par ces mots : J'étais l'heure qui doit me rendre pur » (*Igitur,* chapitre « Le Minuit », *O,* 435). La cinéraire amphore, du reste absente, serait, comme le tombeau – autre exemplaire dénotation mallarméenne – présence, mais de ce qui n'est plus. Le maître existe, garantie du lieu, mais il est mort. Le ptyx, clef du sens, n'en a pas. L'or du cadre ne se montre, comme le soleil couchant, que dans sa disparition. L'aléatoire nixe est pourchassée, mais défunte. Le miroir est à la fois l'eau de l'oubli et la fixation du septuor.

Voyons aussi que rien n'existe qu'en conte grec, mythologie nocturne, fabrication d'un rêve. Le Phénix, oiseau de légende. Le ptyx, frappe signifiante pour équivaloir au Phallus de Lacan. Le Styx, métaphore morte de la mort. Les licornes, relais médiéval du Phénix. La nixe, féminité pour le seul faune.

On n'en finirait pas d'énoncer l'annulation d'inexistence, le rien de rien dont cette incroyable machine fait matière.

Jusqu'aux sonorités qui font qu'on n'en croit pas ses oreilles. Est-il possible d'édifier un sonnet dans la fermeture de rimes en yx et ore (quatrains) puis, par inversion des sexes musicaux, en ixe et or (tercets) ?

Joaillerie pour le sacre de toute soustraction d'existence.

On nous lègue une seule exception de certitude, le septuor de scintillations qui vient soudain nous tirer de l'angoisse, amené dans le miroir de notre oubli par le « encor que » où s'enchaîne, salvateur, un sujet impeccablement retardé.

3

A vous qu'instruit déjà « A la nue accablante tu », je propose de vous mettre en chasse des termes évanouissants valant causalité. Ça nous avait rapporté gros d'en trouver deux, navire et sirène.

Or, nous tombons sur un os.

La nixe nous convient. Sa noyade alléguée la restitue au miroir. C'est une ~~nixe~~. Et ce judicieux terme évanouissant est ensuite annulé (encor que) pour que se fixe la constellation, qui fait, comme de coutume, point d'arrêt.

A s'en tenir aux tercets, l'affaire est simple.

Le présupposé du soleil couchant (le rêve vespéral), terme évanouissant « naturel » pour le couple jour/nuit (écriture/page), se métaphorise dans la pièce vide par la division du miroir : cadre doré avec licornes d'un côté, glace obscure de l'autre. L'agonie de l'or du cadre, horizon d'un couchant salonnard, induit la nixe comme divisibilité évanouissante : pourchassée par le feu des licornes du cadre, elle plonge dans la nuit du miroir. Sa révocation (« défunte ») ne laisserait nulle trace – n'engendrerait que « l'oubli fermé par le cadre » – si la constellation ne la relayait, au régime de l'annulation (encor que).

La connexion annulante est d'autant plus ferme, affirmative, qu'après tout, selon la légende, c'est la nymphe Callisto qui fut projetée au ciel pour y dessiner la Grande Ourse. Mourante à son propre évanouissement, elle renaît, éternelle et froide.

Qu'est-ce qu'une bonne métaphore du terme évanouissant en général ? Le ~~soleil~~ (couchant), cause absente de la nuit.

Qu'est-ce que le ~~soleil~~ (couchant) ? C'est ~~jour~~ + nuit.

Qu'est-ce que la ~~nixe~~ (défunte) ? La même chose, restreinte au salon (« l'action restreinte ») : ~~or~~ (agonise) + miroir (sombre).

Maintenant, quelle bonne métaphore, dans la nuit dont le manque du soleil fait tout, de l'Idée de ce manque (donc, du manque de ce manque) ? Les étoiles, dont la clarté révoque le terme évanouissant en en produisant le concept. Par l'étoile, le soleil manque bien deux fois. L'étoile suppose la nuit, donc l'évanouissement causal du ~~soleil~~, et cependant, faisant clarté, l'annule.

L'idée du ~~soleil~~ (couchant), que re-nomme la ~~nixe~~ (défunte), c'est, dans la nuit du miroir (dans « l'oubli fermé par le cadre »), le reflet du septuor d'étoiles. Nous tenons là le concept, le manque du manque, dont toute angoisse se lève, *parce qu'elle l'est.*

C'est de l'absence du soleil que se faisait l'angoisse. Le septuor naît de l'annulation de la trace supposée de cette absence : la nixe. Il saisit donc l'angoisse, non comme effet, mais comme essence.

Oui, mais : un seul terme évanouissant, alors, la nixe ? Et les quatrains ?

4

Il y a d'abord la rétroaction du poème sur ses conditions. Qu'y a-t-il eu avant le salon vide ?

Le couple inaugural est clairement celui du jour et de la nuit. Il est donné deux fois, à sa jointure évanouissante. Le « rêve vespéral », rouge illumination du soir, et le Phénix (le soleil), que son feu inhérent consume en promesse de renaître au lever.

C'est au cœur même de la nuit que le poème se propose de gager, par le concept-étoile du feu mort, la promesse solaire. Entre deux présences, seul le manque de l'absence du présent, valant idée, sauve le monde du hasard.

Entre deux imaginaires, seul le symbolique nous garde du réel.

Entre deux levées de masse, seule la politique du parti préserve la classe.

Prenez-y garde : énonçables au même point, les trois énoncés, le mallarméen, le lacanien, le maoïste, ne sont pas isomorphes.

Le salon vide et nuiteux garde-t-il trace de la promesse dorée ? Voilà qui commande l'inspection des lieux, au régime poétique de l'angoisse.

Il se produit quelque chose d'un peu étrange. On voit bien que successivement l'amphore (funéraire), le maître (au Styx), et le ptyx (inexistant) font le triple ban du non-être. La première contient les cendres, le second est mort, le troisième est ce mot qui ne dit mot.

Mais en outre, *aucun n'est là.*

Ces êtres fantomatiques seraient à coup sûr des termes évanouissants, puisqu'ils n'ont d'être que de désigner le non-être, s'il ne fallait avouer que s'évanouir, ils ne le peuvent, affectés qu'ils sont, dans le décor, d'une absence radicale, et sans effet (à la différence du supposé navire, qui s'inférait de l'écume visible, ou du miroir divisible, que l'on peut distinguer).

Faut-il dire que ces termes sont annulés ? Non plus, car pour l'annulation d'un terme hypothétique, il faut que son évanouissement soit cause d'une trace à propos de quoi on fait advenir, en exception, un autre terme, comme la sirène après le navire, ou le septuor d'étoiles après la nixe.

L'amphore, le maître et le ptyx ont tous les attributs du terme évanouissant, sauf l'évanouissement, d'où devrait s'avérer une trace du manque. Ils manquent sans trace. De ce fait, ils sont insubstituables.

Ici, une nouvelle espèce de l'absence : celle qui n'opère dans aucune représentation, et sur quoi le concept, manque du manque, est sans prise. De ces termes il faut dire, reprenant Lacan, qu'ils sont forclos.

Je dois désigner trois opérations sur l'absence :
- l'évanouissement, ayant valeur causale;
- l'annulation, ayant valeur conceptuelle;
- la forclusion, de valeur nulle.

C'est au génie de Mallarmé qu'on doit, eu égard au ptyx, de poser que le pur signifiant du manque ne tolère d'être évoqué que frappé de forclusion. Ce n'est pas qu'il disparaisse : il *n'est pas là*.

Inaltérable support du « il n'y a pas », il fait tangence au réel, dont se dit seulement « il y a ».

C'est pourquoi le mot lui-même a dû être emporté dans les rivages de la mort.

Il y a de l'inconceptualisable. Voilà ce que disent, bâtis par forclusions, les quatrains de ce sonnet. Qu'est-ce que cet inconceptualisable ? Le pur fait qu'il y ait du concept – réalité à quoi se dévouent les tercets. Ce qui fait qu'il y a du concept, c'est le maître, la mort et le pur signifiant : le poète, l'amphore et le ptyx.

Ce que vous n'arriverez jamais à déduire : ce triangle du sujet, de la mort et du langage. Car de là se fait toute déduction.

Déduire, c'est substituer. Les « règles de substitution » sont au fondement de la logique mathématique. L'amphore, le maître et le ptyx sont insubstituables, tenus pour jamais dans le « il n'y a pas », corrélat symbolique du « il y a » du réel. Trinité du symbolique comme tel.

Est-ce vrai ? Je veux dire, qu'il y ait de l'inconceptualisable ? Mao semblait n'y pas croire. Il disait : « Nous parviendrons à connaître tout ce que nous ne connaissions pas auparavant. »

A cet égard, l'axiome marxiste : « On a raison de se révolter » est ambigu. Veut-il indiquer que la révolte a sa raison, son concept ? Je ne le pense pas. La révolte est fondatrice de rationalité et elle concentre mille raisons de se révolter. Comme subjectivation populaire, toutefois, ni elle ne se résout dans ses raisons (qui sont de structure ou d'événement), ni elle ne s'abolit intégralement dans la positivité de son avenir politique. Il y a là une fortune historique, un hasard illuminant, qui n'est pas celui du langage et de la mort, mais celui du courage et de la justice.

De la révolte, l'État ne peut dire que « il n'y a pas ». Le politique révolutionnaire quant à lui s'en tient au « il y a ». Heur exquis pour griser le révolutionnaire, la révolte est le ptyx de l'État.

5

Nous voici presque au bout de nos peines. Notons × la forclusion, / l'évanouissement. L'annulation se ponctue de « mais » et de « encore que ». Nous avons le schéma de construction que voici :

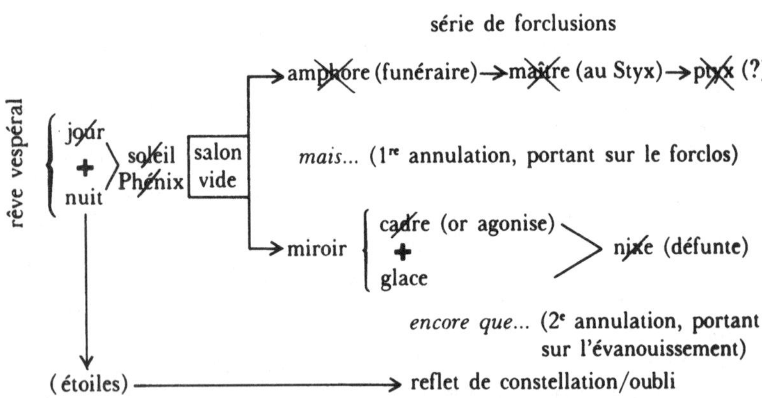

Où donc, cette fois, la fulguration du sujet ? Les deux annulations n'ont pas le statut de coup de force que nous leur reconnaissions ailleurs (et qu'on discerne dans la majorité des poèmes de Mallarmé : exercez-vous-y !).

Le « mais » du premier tercet ne s'oppose qu'au nul de la forclusion. Il ouvre sur le cadre doré une ligne de totalisation, sans en rompre une autre, puisque l'amphore, le maître et le ptyx ne donnaient consistance qu'au défaut radical d'exister, au non-lieu.

Le « encore que » éternise Callisto-la-nymphe plutôt qu'il ne la brise. Cette défunte nue est une nouvelle Hérodiade :

> ... O miroir!
> Eau froide par l'ennui dans ton cadre gelée (*O,* 45)

que l'exception stellaire arrête au bord du rien.

Ce poème est plus subtilement structural que beaucoup d'autres. L'hétérogène, hormis les forclusions, qui n'ont d'effet que d'intensifier le vide, y est quasiment illisible. Sous le « encore que » ne glisse, suturé par une légende (Callisto) qui fait pont de la nymphe à l'étoile, qu'un sujet de force amoindrie, presque rabattu – enfin! – sur la surface étale des opérations métonymiques.

Excepté ce singulier retard perceptif qui ne sauve le jour dans la nuit qu'au dernier instant, quand d'évidence le reflet du ciel sur le miroir s'y tenait dès le début.

Le détour constructif par l'or agonisant, l'engendrement du terme évanouissant révocable (la nixe), ne servent qu'à différer le temps de conclure.

L'écume, dans « à la nue accablante... », nous était tracée dès le début. Dès lors, le saut d'hypothèse, le « ou cela que » du sujet, s'y étalait sans échappatoire. La ruse ici, justifiant que Mallarmé s'y complaise, va à postposer la trace stellaire, comme si elle pouvait *résulter* de la nixe, alors qu'elle lui est consistante, coexistante.

Quelle est la fonction de l'angoisse? De diviser la nuit. L'opposition jour/nuit est par elle-même une métaphore antidialectique, une pure différence forte. Jour et nuit se succèdent sans délivrer le mouvement d'unité des contraires. Ce sont des entités alternantes disjointes : métaphysiques, comme est leur invocation dans la dévastatrice mythologie fusionnante, la plus radicale tentative de déni de la différence des sexes, qu'est le *Tristan* de Wagner.

Saisir la succession de deux termes en différence forte depuis l'évanouissement du terme causal qui les articule, le soleil (couchant), voilà le tout premier pas dialectique. Si cependant la nuit restreinte où l'on opère – celle du salon vide – est indivisible, ce pas n'est qu'apparent. Il importe de sauver la trace du jour comme scission interne du vide nocturne. Voilà pourquoi l'angoisse est

« lampadophore », porteuse de lumière. Ce n'est pas tant sa réalité que son *devoir*. Son devoir dialectique. Devoir qui exige qu'au point de l'angoisse vienne l'autre figure subjectivante, celle qui rompt l'ordre des choses, tolère sa scission : le courage.

L'énergie du poème est celle qu'Hölderlin nomme « le courage du poète », auquel il prescrit :

> Tous les vivants ne sont-ils pas de ta famille ?
> Et toi pour la servir par la Parque nourri ?
> Alors va ! avance sans armes
> Le long de la vie, ne crains rien.
>
> Que tout te soit béni de ce qu'il adviendra,
> Et tourné à la joie ! Ou quelle peine, ô cœur,
> Crois-tu qui pourrait te blesser,
> Où tu dois aller quelle malencontre ?
> (« *Courage du poète* », *O,* 788).

Pour Mallarmé toutefois, nul advenir temporel du nouveau. Le courage, pour la dialectique structurale, est sans historicité. De là qu'il se distingue très malaisément de l'angoisse.

Pour un marxiste agissant, l'angoisse de la nuit des sociétés impérialistes, l'angoisse du phénix cendreux de Mai 68, ou de la Révolution culturelle – ne peut-on demander si l'amphore même subsiste ? Le dernier Maître est si vieux ! Quant au « communisme », ce ptyx, qui donc le détient, pour quel usage ? –, c'est aussi le devoir de diviser l'obscur, de tenir la promesse ouvrière jusqu'au plus épais de son déni.

Nous sommes lampadophores. Comme le poème fait du salon désert, nous inspectons le lieu politique pour y discerner le piquetage d'antagonisme qui va relayer la promesse, organiser l'avenir.

Où donc la différence ? En ceci que, sectateur structural des différences faibles, récusant le versant de force historique des scissions, Mallarmé ne peut livrer l'angoisse qu'à une logique du parcours.

Il y a extinction du temps par l'espace. La solution du problème lampadophore (ici, le reflet de la Grande Ourse), il faut qu'elle soit là dès le début. Seul l'œil mort du poète tisse d'un objet à un autre les liens subtils d'où naît, perspective truquée, l'illusion d'une surprise.

Voyez ce qu'écrit Mallarmé à Cazalis pour guider l'éventuelle illustration du sonnet (il s'agit de la première version, celle de 1867) :

> Par exemple une fenêtre nocturne ouverte, les deux volets attachés : une chambre avec personne dedans, malgré l'air stable que présentent les volets attachés, et dans une nuit faite d'absence et d'interrogation, sans meuble, sinon l'ébauche plausible de vagues consoles, un cadre belliqueux et agonisant, du miroir appendu au fond, avec sa réflexion stellaire et incompréhensible, de la Grande Ourse, qui relie au ciel seul ce logis abandonné du monde (*O,* 1490).

La mise en tout préexiste aux opérations, et le poème n'institue comme recours que ce qu'il présuppose de façon latente.

A la logique du parcours, sur quoi vient buter la dialectique structurale, et qui n'annonce le nouveau que dans l'opération rétroactive de sa mise en scène, nous opposons celle des tendances, des courants, des avant-gardes, où ce qui n'est qu'à sa naissance, quoique placé et assujetti, enchaîne la plus terrible force d'avenir.

Le sujet mallarméen livré à l'espace n'excède pas l'angoisse. Il en formule, prélevée sur le lieu, la loi d'exception.

Ce qui fait ici sujet de l'angoisse n'est que le retard de la perception. Initiale, la constellation l'asservirait. Conclusive, elle le sauve. Rien de nouveau n'advient, sinon par position dans le langage.

6

Nous n'avons rien à redire aux opérations mallarméennes. L'effet de chaîne y est porté à son comble par un usage inouï des consécutions métonymiques. Le terme évanouissant est centre de gravité de tout le mécanisme des poèmes. La causalité du manque y est redoublée, manque du manque, dans son concept. Ainsi s'introduit un nouvel opérateur : l'annulation. Le clivage affecte tous les termes d'un esplace poétique donné. Les termes forclos portent théorie de l'inconceptualisable.

Toute la dialectique structurale est là présente, agissante, déposée dans la merveille vibratoire du langage, soumise à la frappe unificatrice du vers. Lacan n'y ajoutera pas.

Dialectique, oui ! Car l'autre versant (l'historique), asservi, voué à l'éclair, délivre en force le sujet des mailles de ce qui le constitue *sur place*.

Précieux legs, que celui de cette articulation de l'effet de sujet sous les signifiants de l'exception; que cet usage rusé des signifiants-forces de la poésie pour nous laisser béants sur un temps de conclure. Et que, enfin, ce retard du parcours, par quoi le sujet de l'angoisse jette les dés.

L'exception dans le signifiant, le mot qui brille, le retard : Lacan suivra très loin ces pistes.

Non, je n'ai rien à redire, sinon qu'un ordre des choses ne me rallie pas, qui dévoue la pensée à la seule inspection de ce qui la subordonne au placement d'une absence, et ne fait salut pour le sujet que du déjà-là d'une étoile.

Que tout soit vrai chez cet auteur célèbre et fatalement inconnu nous engage à scruter la bienfaisante désaccentuation dont il faut l'affecter.

Elle nous conduira à Lacan, et, je l'espère, à quelque assurance du marxisme quant à ses pouvoirs lampadophores sur la théorie du sujet, dont dépend qu'il puisse, et lui seul, porter la lumière du courage dans l'aventure du siècle, où l'on prétend qu'il n'a suscité que l'angoisse.

III

Manque et destruction

10 janvier 1977

L'*Un* nouveau interdit l'un *nouveau*, et le suppose.

L'amphibologie de Lacan. - Celle du marxisme. - Deux sexes, deux classes.

Entrons, sans plus attendre, dans l'ambiguïté de Lacan : « – quand un fait deux, il n'y a jamais de retour. Ça ne revient pas à faire de nouveau un, même un nouveau. L'*Aufhebung* est un de ces jolis rêves de philosophie » (S. *XX*. 90).

Le démêlé avec Hegel, venant de qui, pour nous marxistes français, est le Hegel d'aujourd'hui – celui-là seul qu'il nous importe de diviser –, fait retentir d'une seule phrase l'écart de deux siècles dans l'histoire de la dialectique.

Lacan parle d'histoire, ici, et, comme il lui convient, d'histoire d'amours. Il s'agit d'élucider ce qui d'absolument neuf a fait événement au XIIIe siècle sous le nom d'amour courtois. Il répond que là, quelque chose se scinde, dont aucune résorption supérieure n'altérera le vif.

Nous voici aux prises. Lacan, théoricien de la scission vraie, dont la maxime maoïste « Un se divise en deux » voulait préserver la force d'irréparable, contre ces réparateurs de pneus crevés que sont les révisionnistes, à qui convient la sirupeuse conviction que « deux fusionnent en un ».

Quant à la stricte logique dialectique, Lacan surmonte Mallarmé, fixé à l'étoile, en ce point précis qui lui fait reconnaître :

- la nouveauté du réel, attestée par la déchirure sans lien des discours ;
- la précarité de l'Un, que le nouveau, dont l'essence est la division, oblitère.

Ce faisant, la réconciliation hégélienne, où tout est machiné en sorte que la douleur du temps ne soit que la présence du concept (« *die Zeit ist der Begriff da* », « le temps est le là du concept », le la du diapason), se trouve remise au seul imaginaire – « joli rêve de philosophie ».

Mais la subtilité, qu'éduque sans conteste l'expérience de l'analyste, tient à l'amphibologie syntaxique, dont Lacan usera sans relâche – contrairement, je l'ai soutenu, à l'essentielle univocité mallarméenne – comme d'un opérateur par quoi la phrase, n'ayant ni envers ni endroit, tient ensemble, et réversiblement, les deux faces d'une identique lame.

Quelles faces ? Annonçons la couleur : celles de la dialectique, versant structural et versant historique. Côté place (le symbolique, dans la terminologie lacanienne) et côté force (le réel).

Voyez notre phrase en exergue : « Ça ne revient pas à faire de nouveau un, même un nouveau. » Veut-il dire, le rusé stratège des « lalangues », comme il dit, que la division de l'un ne fait nulle nouveauté ? L'accent du négatif, alors, sur nouveau : pas même un *nouveau*. Nous sommes dans la logique itérative, où ce qui se clive s'absout sans retour de sa forme unifiée, sans qu'on puisse dire cependant qu'advient autre chose que la Loi du clivage

Veut-il dire plutôt que de la division de l'un sort une nouveauté affirmative dont il importe seulement de voir qu'elle n'est plus dans la forme de l'un telle qu'antérieurement assignable ? L'accent du négatif, dès lors, sur l'un : pas même *un* nouveau. Du nouveau, donc, au-delà de la loi signifiante d'où s'avérait toute forme précédente de l'un. Et, par conséquent, un désastre irréversible de cette loi elle-même, du symbolique mis à mal par le réel, l'un insaisissable autrement que dans le procès de sa destruction.

Toute la géniale éclaircie sur le sujet ouverte par Lacan s'attache à ce qu'il dit, phrase après phrase, autant que séminaire après séminaire, les deux choses à la fois.

Tout comme nous. Car nous devons bien admettre que, autant qu'il se divise en prolétariat et bourgeoisie, le champ de la politique ne fait advenir que sa loi itérative, le point d'où s'éclaire moins sa nouveauté que sa permanence d'époque. Surtout quand on admet, avec Mao, que cette division demeure intacte sous ce qui a nom « socialisme », et durera, selon ses propres termes, « pour une très longue période historique ». Mais nous admettons tout autant qu'inducteur politique de la non-politique (du communisme), le prolétariat fait fracture de l'un qu'il divise jusqu'à ne pouvoir, tel quel, en revêtir la forme, même à s'y inscrire comme *un* des termes de la contradiction.

Pour Lacan, la théorie analytique tient cette équivoque dans l'instruction du désir d'où s'appréhende le sujet. Pour nous, le marxisme la tient dans la pratique politique dont le point subjectif est le parti.

Lacan, théoricien involontaire du parti politique ? Les marxistes, praticiens inéclairés du désir ?

Fausse fenêtre. Le vrai est qu'il n'existe qu'une théorie du sujet. Lacan a, sur l'état actuel du marxisme, une avance dont il nous faut faire usage, pour que s'améliorent nos affaires marxistes.

Pourquoi de Marx-Lénine-Mao et de Freud-Lacan, cette théorie indivise et masquée ? Faut-il arpenter le pont-aux-ânes – horreur ! – du freudo-marxisme ?

Non, car ce n'est pas de la conciliation des doctrines qu'il s'agit, fût-ce une seule seconde. Tout se soutient du réel, mais le réel qui est le nôtre, à son tour, ne se soutient que de ceci :

- il y a deux sexes;
- il y a deux classes.

Débrouillez-vous avec ça, sujets de toute expérience !

7 février 1977

Du côté de chez Vrai.

Les philosophies au tableau noir. - Quatre coins de la vérité : cohérence, répétition, totalité, torsion. - Du par-être.

1

On croit toujours qu'une bonne polémique exige une zoologie des déviations. Le marxisme d'État, lequel est en général au marxisme ce que, dans l'ordre de la prose, un arrêt du tribunal administratif est aux *Illuminations* de Rimbaud, porte à son comble le maniement maniaque des typologies. Il y a la gauche en apparence qui est de droite en réalité, le révisionnisme qui symétrise le dogmatisme, l'anarchisme petit-bourgeois qui fait pendant au bureaucratisme moyen-bourgeois, l'économisme dont le revers est le volontarisme...

Les Chinois disent : « coller des étiquettes ». Peut-on s'en passer ? J'en doute. Il faut savoir, parfois, simplifier le monde, et de quelle mémoire obscurcie de singularités innombrables ne serions-nous pas souffrants, s'il nous était interdit de numéroter les fioles à poison ? Reste que ni la politique, ni le Parti, n'ont pour vocation ce que Mallarmé nommait les « atlas, herbiers et rituels » (*O,* 56).

Pour ce qui est de la philosophie, la combinatoire – simple – se fait de quatre notions, prises deux à deux : Idéalisme et Matérialisme, puis Dialectique et Métaphysique.

D'où s'infère qu'il y a quatre types philosophiques :

1. L'idéalisme métaphysique;
2. L'idéalisme dialectique;

3. Le matérialisme métaphysique (dit aussi « mécaniste »);
4. Le matérialisme dialectique.

Nous savons de reste que pour un marxiste correctement calibré, c'est mal d'être idéaliste ou métaphysicien, honorable d'être matérialiste ou dialecticien.

Nous disposons donc d'une injure grave (espèce d'idéaliste métaphysique), de deux injures tempérées (dialecticiens idéalistes et matérialistes mécanistes : vous êtes sur le bon chemin, mais à cloche-pied), d'un éloge (dialecticien matérialiste : excellent, reçu au concours, prix Staline de la paix des concepts).

Que veulent dire les termes primitifs dont nous composons, nous marxistes, nos invectives graduées ?

Est matérialiste quiconque reconnaît le primat de l'être sur la pensée (l'être n'a pas besoin de ma pensée pour être). Idéaliste, qui pose le contraire.

Est dialecticien quiconque fait de la contradiction la loi de l'être, métaphysicien, du principe d'identité.

On ne chicanera pas aujourd'hui ces robustes distinctions. Sinon par un tableau où l'on réfère la typologie complète à une seule contradiction (celle de la pensée et de l'être-en-soi) et où, par la perversion qu'indique tout supplément, on distingue cinq types philosophiques – ce qu'à vrai dire Lénine fait déjà, dans

TYPE	PENSÉE	ÊTRE-EN-SOI
idéalisme métaphysique subjectif 1		
idéalisme métaphysique objectif 2		
idéalisme dialectique 3		
matérialisme métaphysique 4		
dialectique matérialiste 5		

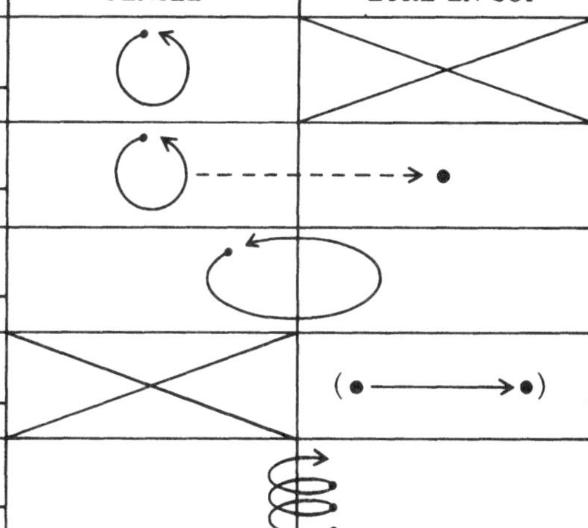

Matérialisme et Empirio-criticisme, en séparant l'idéalisme « franc et ouvert » (Berkeley) du relativisme kantien.

C'est à la trajectoire du processus de connaissance que nous attachons ici les distinctions.

Tableau qu'il faut dire de topologie philosophique. Pourquoi ? Parce qu'il s'ordonne à la position de l'extérieur et de l'intérieur, à la question du bord de la pensée, à une logistique des frontières. Et que c'est de ce poste qu'il instruit la question de la vérité, dont on demande ici les titres quant à son *passage en douane.*

La thèse 1, celle, disons, de l'évêque Berkeley, a toujours fasciné par son allure radicale. Elle pose que la pensée n'a pas d'extérieur sensible. Si loin que vous alliez, vous n'êtes pas plus loin que ce héros quelque peu réactionnaire, qui faisait voyage du tour de sa chambre. S'expatrier est l'impossible propre de la pensée, qui n'a jamais affaire qu'aux images d'images qui la peuplent. La vérité, nom d'un accord de la pensée avec elle-même, d'une adéquation immanente, est identique à ce qui, d'ordinaire, fixe le statut formel de son inscription : la cohérence. « Vérité et cohérence sont réciprocables » : à chaque fois que vous lisez cet aphorisme, ou l'un de ses dérivés – et ils pullulent – posez que vous fréquentez chez l'évêque.

Topologie qui scelle sa fermeture par la forclusion du réel, lequel, hallucinatoire, revient, en forme de crosse, dans l'errance divine de la pensée close.

Oui, la palme résolument moderne de l'idéalisme métaphysique n'ira pas à qui ânonne « *esse est percipi* » mais à qui, s'établissant du droit des formes, posera en critère du vrai, renonçant l'adéquation qui cohère à l'être, la cohérence, qui adéquate à soi-même.

En position 2 et 3 vient le partage des idéalismes raisonnables. On y reconnaît l'extérieur comme tel, la topologie dispose un bord de la pensée.

Toutefois, le procès de franchissement, le principe moteur du connaître suivent la loi de l'idée. Le trajet vient du lieu mental. Comment passe-t-il, ou non, dans son extérieur objectif ? Deux voies.

a) Celle de Kant, en position 2 du tableau, exclut l'être de la connaissance. Requis dans sa pure mention par le fait même de l'expérience, l'en-soi lui demeure inconnaissable, terme vide qui ne fonde l'unité du connaître qu'autant qu'il s'absente de son opération.

L'être-en-soi est pour Kant l'inexistant placé dont procède qu'il y ait force de loi pour le sujet transcendantal.

D'où le retour à la cohérence comme garante de la vérité.

Qu'est-ce que, sortant de l'évêché, Kant gagne à reconnaître qu'il y a de l'extérieur, si la législation constituante de l'intérieur suffit à gager l'expérience ? Il y gagne d'ouvrir à la morale et à la religion un territoire en excès sur la délimitation du connaître, premièrement. Et, deuxièmement, une productivité minimale, dès lors qu'institué par le vide, donc en excentrement de la place d'être qu'il manque, le jugement vrai trouve la force de lier entre eux des termes qui *ne sont pas* la répétition analytique l'un de l'autre. Le jugement « synthétique a priori » nomme cette capacité topologique d'engendrer le nouveau dans un parcours où l'extérieur réel, quoique non traversable, dicte de loin à l'intérieur subjectif l'étrangeté d'une production sur soi-même.

b) La voie de Hegel, en position 3, déclare que l'intérieur produit sa propre extériorité : topologie expansive, où le passer-hors-de-soi fait tout l'acte d'un lieu. On pourrait dire que tous les ensembles hégéliens sont ouverts, s'il n'était nécessaire, pour en poser la frontière malléable, de refermer le tout, et de programmer de très loin l'ouverture transgressive comme retour-sur-soi, en sorte que l'extériorisation locale ne soit jamais que l'effectuation d'une intériorisation globale.

Si bien que la vérité hégélienne n'existe qu'intégralement. C'est ce que Lacan inverse quand il fait du mi-dire une condition absolue de l'énonciation vraie.

Notons que, avant d'en venir là, il a hésité, le docteur du clivage, et même caressé, comme nous tous, la chimère hégélienne de l'intégrale, la balançant au plus près de la dialectique où le vrai circule comme son propre faux.

> (...) tant que la vérité ne sera pas entièrement révélée, c'est-à-dire selon toute probabilité jusqu'à la fin des siècles, il sera de sa nature de se propager sous forme d'erreur. (...)
> En d'autres termes, dans le discours c'est la contradiction qui fait le départ entre la vérité et l'erreur.
> D'où la conception hégélienne du savoir absolu. Le savoir absolu est ce moment où la totalité du discours se ferme sur elle-même dans une non-contradiction parfaite jusques et y compris en ceci qu'il se pose, s'explique et se justifie. D'ici que nous soyons arrivés à cet idéal! (...)
> Nous voici donc amenés, en apparence, à un pyrrhonisme

> historique qui suspend la valeur de vérité de tout ce que la voix humaine peut émettre, la suspend à l'attente d'une totalisation future.
> Est-il impensable qu'elle soit réalisée ? Après tout, le progrès du système des sciences physiques ne peut-il être conçu comme le progrès d'un seul système symbolique, auquel les choses donnent aliment et matière ? (...)
> Ce système symbolique des sciences va vers la *langue bien faite* qu'on peut dire être sa langue propre, une langue privée de toute référence à une voix (*S* I, 289 *ss.*).

Qui ne mesure en ce point l'honnêteté de Lacan, le soin donné au rendu de la trajectoire ? Prenons une leçon d'éthique, quant à la logique des contradictions. Nul ne tient sérieusement pour la dialectique, qui n'évoque la part d'ombre où rêver sa coalescence. Est-il si réjouissant que l'erreur soit l'agent commercial de la vérité ? Méfions-nous des gens trop pressés de consentir au mi-di(t). Ils penchent lâchement pour le mauvais côté.

J'aime qu'on abdique le Tout seulement contraint et forcé.

Hegel est peu porté, quant à lui, sur l'abdication. Point de vérités à ses yeux, fussent-elles absolument spéciales, qui ne s'énoncent comme garanties par l'intégrale du vrai.

De quoi s'agit-il ? Du statut topologique de la vérité, s'affectant, comme en mathématiques, du très difficile appareillage qui fait passer de l'étude globale à l'étude locale.

On sait assez tôt dans les écoles que donner le profil d'une fonction ne fait pas maîtrise automatique pour ce qui se passe de cafouillant ou baveux aux alentours de telle valeur particulière.

La vérité est une fonction, une variété, une surface, un espace. C'est de quoi toute la philosophie, qui voudrait bien qu'elle ne soit qu'un code commercial, s'embarrasse au plus haut point.

La marxiste ne faisant pas exception. Car cette histoire du « primat de la pratique », pour ne rien dire de celle, encore plus obscure, du « caractère de classe de la vérité », tout cela cherche à faire partage, au regard du réel – de l'événement –, de ce qui vaut structure générale, et de ce qui vaut singularité tendancielle.

L'énoncé topologique le plus abscons de notre vulgate est celui qui déclare que « l'universel n'existe que dans le spécifique ». Là, nous faisons jointure, au plus bref, du local et du global. Qu'en est-il de la portée universelle d'une révolution particulière ? De quelle variété mondiale, français, russe et chinois quant à leur localisation, constituent donc le groupe fondamental ces éléments nommés « Commune », « Octobre », « Révolution culturelle » ? Il faut, pour répondre, forcer toute une topologie de l'histoire, avec orientation, points singuliers, rebroussements, nœuds, et tout l'attirail.

Hegel, en tout cas, s'il fait passage et fonction des franchissements locaux, ne prend garantie de la vérité que du Tout.

En quoi il ne garantit rien du tout.

La position 4 de notre tableau ne s'embarrasse pas de ces sornettes. Pour Lucrèce ou La Mettrie, le temps subjectif de la connaissance est nul. Qu'est-ce à dire ? Qu'une région du mécanisme général peut se « nommer » connaissance, comme on nomme une vache ou les épinards. Qu'est-ce qui la distingue, cette région de la réalité ? Indubitablement qu'elle transfère, qu'elle transporte, d'un point à un autre, soit du réel à son « image », un dispositif matériel. Connaître, c'est se trouver occupé, par effet physique, d'une re-production de quelque chose. La garantie de la vérité s'attache au mécanisme correct du transport. Un rêve, une hallucination ne sont que des pannes de courant dans le camion frigorifique des images, ou des empreintes. C'est pourriture qui nous parvient.

Le critère matérialiste de la vérité tient en un mot : répétition. C'est pour autant que ce qui marque répète à distance ce qui est que je sors du songe hébété des atomes.

La position 5, celle de la dialectique matérialiste, admet – admission payée d'un prix que j'évaluerai plus tard – qu'il faut distinguer la pensée de l'être sensible. C'est là qu'elle objecte à la radicalité mécaniste. Elle en retient – contre Hegel – que le déjà-là du procès de connaissance se prend dans l'être, non dans l'idée. Quant au parcours, elle y dispose le décalage spiralé du nouveau, excluant par là l'intégrale idéaliste : ce n'est pas du Tout que procède une garantie quelconque.

Toute vérité est nouvelle, quoique la spirale soit aussi répétition. Qu'est-ce qui met la rupture novatrice dans la flexion circulaire ? Un certain coefficient de torsion.

Là gît l'essence subjective du vrai : qu'il est tordu. « Le vrai, alors, bien sûr, c'est cela. A ceci près que ça ne s'atteint jamais que par des voies tordues » (*S* XX, 87-88).

2

L'inventaire nous donne quatre noms philosophiques de la vérité : cohérence, répétition, totalité, torsion.

Il n'y en a pas d'autres. L'« adéquation » d'Aristote et de saint Thomas n'a jamais été qu'une commodité de dictionnaire. Dire qu'il y a vérité quand l'esprit s'accorde à la chose ne dispense personne de chercher la loi effective de l'accord en question. Aristote et saint Thomas ont là-dessus leurs solutions propres, distribuées, comme toutes les autres, dans le système : cohérence, totalité, répétition, torsion.

Lacan ne manque jamais de tonner contre l'adéquation : « Ainsi c'est d'ailleurs que de la Réalité qu'elle concerne que la Vérité tire sa garantie : c'est de la Parole. Comme c'est d'elle qu'elle reçoit cette marque qui l'institue dans une structure de fiction » (E. 808).

Certes. Mais que la réalité ne gage nulle vérité est le point de départ de toute philosophie. L'adéquation n'égare personne, ni ne passe chez quiconque pour l'éclair sur l'énigme du vrai.

Cette énigme se lit sur le diagramme de la vérité :

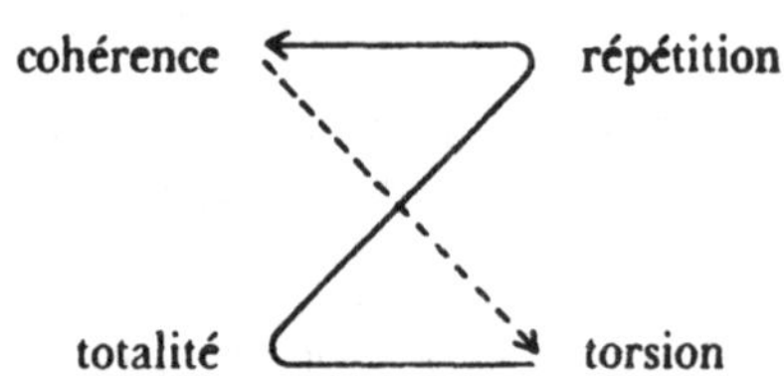

Visant le tout, le procès-sujet de la vérité répète sa différence, sous une loi nouvelle dont ce n'est qu'en torsion de la règle initiale qu'on situe la cohérence cachée.

Lacan, là-dessus, a tout dit, fût-ce dans un déboîtage insidieux.

Ce qu'il n'a pas dit, je vous le laisse en exercice (difficile). Il s'agit de démontrer que, en ce qui concerne le marxisme, le schéma de la vérité devient :

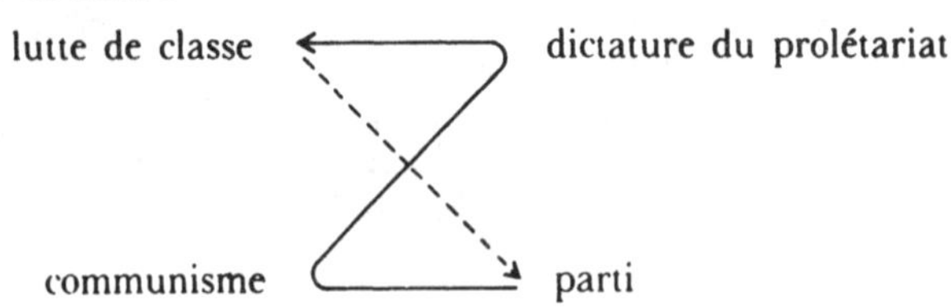

Ceux qui, à ce stade, résolvent le problème, peuvent passer au dernier chapitre : ils sont mûrs pour l'éthique du marxisme, à la condition supplémentaire expresse d'être engagés dans la torsion partisane, ici et maintenant.

« Torsion », si le mot n'est pas du marxisme courant, il s'en infère, par combinaison de la notion du cercle et de celle du bond. La torsion du vrai désigne une circularité sans unité de plan, une courbe discontinue. Voyez Mao : il y a cercle, puisque le point de départ de la vérité est la pratique, son point d'arrivée tout autant, et la théorie, médiation en courbure de p_1 vers p_2. Il y a torsion par le double décrochage qui fonde, partie intégrante de la vérité comme parcours, la nouveauté pratique, l'indice local de p comme division en p_1 et p_2, qui n'est pas division temporelle, mais division cognitive : loi de placement.

Pourquoi *double* décrochage ? Parce qu'il faut deux discontinuités pour garantir la circularité, fût-elle rompue.

D'où les « deux bonds » du connaître : de la connaissance sensible à la rationnelle (bond dans l'identité pratique du parcours) et de la rationnelle à la révolutionnaire (bond où p se divise). Lisez *De la pratique*.

On reconnaîtra que du sensible au rationnel, on fait mouvement en rupture sur l'axe de vérité : totalité → répétition. Tandis que de la rationnelle à la révolutionnaire, on fait mouvement sur l'horizontale : répétition → cohérence.

Ce qui, justement, interrompt la répétition, puisque la cohérence aperçue est nouvelle.

Dans son langage de pédagogue, Mao le marxiste énonce deux thèses qui sont essentielles quant au vrai :

1. Toute rationalité fibre le Tout par séries répétitives.

2. Toute cohérence aperçue interrompt une répétition.

On va loin, avec ça. Mais j'imagine l'objection, je la cite : « Vous noyez le poisson ! Après tout ça, reste-t-il possible de traiter Lacan d'idéaliste ? Avouez pourtant qu'il est coupable. Versons au dossier une de ses déclarations, accablante :

> Car ce n'est pas encore assez que de dire que le concept est la chose même, ce qu'un enfant peut démontrer contre l'école. C'est le monde des mots qui crée le monde des choses, d'abord confondues dans l'*hic et nunc* du tout en devenir, en donnant son être concret à leur essence, et sa place partout à ce qui est de toujours : « κτημα ες αει » (*E*, 276).

« Reconnaissez-vous, poursuivra mon procureur marxiste, le primat de la pensée sur l'être-en-soi, du sujet sur l'objet, axiomes idéalistes assignés par Lacan à leur forme moderne, celle où c'est de l'antériorité du langage sur la chose qu'il s'agit ? »

Si je demande à ce contestataire sagace : « Y a-t-il primat du capitalisme sur le prolétariat ? » je ne suis pas sûr qu'il s'en tire à meilleur compte. Il nous sera utile de méditer sur ce point une thèse cruciale de Lacan : « Le sujet est en exclusion interne à son objet » (*E,* 861). Difficile, dans cette exclusion interne, de repérer un primat.

Une torsion, ça oui.

Comme Marx, et comme Freud, Lacan a la vive conscience d'opérer une révolution (copernicienne). Ce n'est pas celle d'un renversement. Plutôt d'une mise en biais : ce qu'on voyait droit, il faut le voir tordu. Ce qu'on croyait être en face, c'est, comme il le dit excellemment, de l'être-à-côté, de l'être-para, du par-être :

> C'est au point même d'où jaillissent les paradoxes de tout ce qui arrive à se formuler comme effet d'écrit que l'être se présente, se présente toujours, de par-être. Il faudrait apprendre à conjuguer comme il se doit – je par-suis, tu par-es, il par-est, nous par-sommes, et ainsi de suite (*S* XX, 44).

Convenons d'appeler dogmatique tout marxisme qui prétend restaurer de face, sans aléa, la ligne.

La dire juste, cette ligne, n'est que paravent pour la dire droite, ligne de vérité dont, à la lire dans la lourde main de l'histoire, on reconnaît les pliures.

« Par-soyons », voilà notre cri de guerre.

Et mieux encore : « Nous ne sommes rien, par-soyons le Tout ».

14 février 1977

Il n'y a pas de rapports de classe.

Le Christ, Marx et Freud, (re)fondés par saint Paul, Lénine et Lacan. – La révolution comme l'impossible propre du marxisme. – Exercice de torsion. – « Détruire, dit-il ».

1

Je vous ai parlé de la périodisation. Je vous ai dit : la dialectique matérialiste défait le cercle de l'hégélienne par des ruptures où tout phénomène vient s'inscrire deux fois (au moins).

Le double sceau est le prix d'Histoire pour toute nouveauté.

Bien entendu, le marxisme est un phénomène : périodisé. Il commence donc deux fois : avec Marx, avec Lénine. « Marxisme-léninisme » fait un nom du double sceau – du double nom. L'Un doctrinal du Deux historique.

Le christianisme aussi commence deux fois : avec le Christ et avec saint Paul. Et notez bien que la certitude du premier commencement s'attache à la vérité du second. Sans l'activité militante fondatrice de saint Paul, sans l'idée – contre Pierre – d'universaliser le message, de sortir de la Loi, d'excéder l'univers juif, qu'en serait-il advenu de cette puissance millénaire, d'où seule est lisible comme commencement l'histoire embrouillée de ce maître de secte liquidé par l'establishment palestinien qu'alors confortait la neutralité de l'État romain ? Le temps politique de l'Église universelle, dont saint Paul est le Lénine atrabilaire et génial, fonde rétroactivement l'Incarnation comme fait. Entendons : comme fait du discours de cet appareil militant, conquérant.

Faut-il soutenir que l'organisation seule peut faire d'un événement une origine ? Oui, dès lors qu'un appareillage est requis pour support historique d'un sujet politique, et qu'il n'est d'origine que pour une politique déterminée.

Mais l'événement, dès qu'ainsi assigné, prend une valeur inépuisable d'anticipation critique sur cela même dont la rétroaction le fixe comme origine, comme scansion, ou comme bord.

Voyez le suspens de rétroaction et d'anticipation qui lie la Troisième Internationale à la révolution d'Octobre : là, le marxisme advient véritablement, en particulier – anticipation – comme capable d'hérésies, et, rétroaction, capable d'épopée fondatrice. Ce n'est que du léninisme victorieux que date l'existence du marxisme comme désignation discursive originaire d'un sujet politique nouveau.

Car il n'est pas question de sujet quand fait encore défaut la langue où prononcer sur l'hérétique, et référer l'épique.

Dira-t-on que c'est de Lacan que date, en toute rigueur, le freudisme comme théorie du sujet ? Voire le freudisme comme épopée ? Pour les hérésies, elles vinrent de bonne heure. Soutiendrons-nous que, avant Lacan, il n'y avait que doctrine ouverte, prétention scientifique pas plus aboutie, en matière de « psychologie », ni plus médiocre, que celle dont, via *le Capital*, on peut créditer Marx en matière d'économie ?

Sans aucun doute. Il a fallu trancher entre le Je et le Moi pour isoler enfin le processus dont « inconscient » est le nom, tout comme il ne se disait qu'objectivités floues avant que Lénine fasse énergiquement révélation de ce qu'en matière de marxisme « la politique est le concentré de l'économie », et l'activité partisane le concentré de la politique.

Ce n'est pas pour rien que Lacan fait la guerre à toute rechute de la psychanalyse dans l'énergétique des pulsions, nous dirons dans l'économisme.

Le « primat du signifiant », en dernier ressort, c'est quoi ? C'est le primat de l'éthique, de l'éthique du bien-dire. Et Lénine, c'est le primat de la politique, laquelle est un art – « L'insurrection est un art » – beaucoup plus qu'une science.

Lacan est le Lénine de la psychanalyse. Il le dit, à juste titre, dans un passage qui n'a pas encore fait couler beaucoup d'encre :

> Marx et Lénine, Freud et Lacan ne sont pas couplés dans l'être. C'est par la lettre qu'ils ont trouvée dans l'Autre que, comme

> êtres de savoir, ils procèdent deux par deux, dans un Autre supposé. Le nouveau de leur savoir, c'est que n'en est pas supposé que l'Autre en sache rien – non pas bien sûr l'être qui y a fait lettre – car c'est bien de l'Autre qu'il a fait lettre à ses dépens, au prix de son être, mon Dieu, pour chacun pas de rien du tout, mais non plus pas très beaucoup, pour dire la vérité (*S* XX, 89-90).

Où l'on voit que le binôme des noms s'accorde universellement au double sceau de l'origine.

Le problème de l'heure serait : où donc, à venir et faisant trois, le Mao de la psychanalyse ?

Mais ce Lénine-là est bien vivant : il peut cumuler les nombres, roi se succédant à lui-même.

2

Le matérialisme de Lacan, pour ce qui nous occupe, et qui est la vérité, je le lis dans sa droiture à tenir sur la torsion, d'où s'avère qu'indexée sur le Tout, une cohérence aperçue interrompt la répétition qui le fibre.

La torsion du vrai, qui est la topologie de sa cohérence, le césure de sa répétition et la faille de son tout, illustrons-la de notre pont-aux-ânes : le « rapport » prolétariat/bourgeoisie.

Je dis « rapport », et non rapport, pour la raison que, si le réel de la psychanalyse est l'impossibilité du sexuel comme rapport, le réel du marxisme s'énonce : « Il n'y a pas rapports de classe ».

Qu'est-ce que ça veut dire, qu'il n'y a pas de rapports de classe ? Ça se dit, autrement : antagonisme.

L'antagonisme bourgeoisie/prolétariat désigne le rapport des classes comme impossible, cernant ainsi le réel du marxisme. Ce qui ne veut pas dire son objet, car l'objet du marxisme, nous l'avons dit et répété, n'est autre que son sujet, le sujet politique.

Le réel est ce que le sujet rencontre, comme son hasard, sa cause et sa consistance. On reviendra sur ce triplet : hasard, cause, consistance. Pour le sujet dont le marxisme fait théorie, ce réel est l'antagonisme bourgeoisie/prolétariat comme rapport impossible dans le peuple. Le tour que prend ce non-rapport vaut pour toute politique marxiste, dans le registre du hasard (saisir l'occasion aux cheveux), de la cause (c'est de ce non-rapport que naît la politique comme telle, la politique de masse), et de la consistance (la maintenance de l'antagonisme fait le souffle durable du marxisme, ainsi que le principe d'unité de ses étapes).

Nous adoptons donc, telle quelle, la maxime de Lacan : le réel, c'est l'impossible ? Oui, sans problème aucun. Le réel du marxisme, c'est la révolution. Que nomme la révolution ? La seule forme d'existence historique du rapport de classe, de l'antagonisme, laquelle s'avère *la destruction de ce qui n'était pas*.

La révolution est l'existentiel de l'antagonisme. Elle est donc le nom de l'impossible propre du marxisme.

Est-ce à dire que les révolutions n'existent pas ? Tout au contraire ! D'être réelles leur vaut, précisément, d'exister, et c'est tout. Le statut marxiste des révolutions est l'avoir-eu-lieu, réel d'où se prononce au présent un sujet politique. Rien n'a eu lieu que la révolution. C'est un événement impossible, comme tous les vrais événements, et dont, en conséquence, le marxisme assure la garantie subjective par la rétroaction de son concept.

« Commune de Paris », « Octobre 17 », « Révolution culturelle » ne sont pas des configurations empiriques dont un quelconque historien « marxiste » proposerait le récit. Ce sont des concepts du marxisme, par quoi nous parvenons à penser le rapport du sujet politique au réel, c'est-à-dire à l'impossibilité existante des révolutions.

Ces concepts sont autrement cruciaux et fondateurs que ceux où l'on s'égare d'imaginer qu'ils sont pour Marx primitifs, comme « mode de production », « travail productif », et autre « plus-value ».

Car le marxisme, saisi ailleurs que dans son opération effective, laquelle est tout entière de politique dans les masses, ne vaut pas une heure de peine. Pas plus, du reste, que ne la vaudrait, cette heure, un freudisme réduit à la morne doctrine de la détermination sexuelle, accommodée à quelque thérapie du renforcement du Moi.

Ceux qui s'imaginent, en ces temps de programme commun de la gauche, que peut subsister quoi que ce soit du marxisme pour qui prétend économiser l'impossible révolution, ceux-là sont bons pour le radio-crochet absolutoire des académies.

Le marxisme est le propos expérimenté de soutenir l'advenue subjective d'une politique. Quelle expérience ? J'approuve la définition que Lacan donne de la praxis : « Qu'est-ce qu'une praxis ? (...) C'est le terme le plus large pour désigner une action concertée par l'homme, quelle qu'elle soit, qui le met en mesure de traiter le réel par le symbolique » (*S* XI, 11).

Le marxisme vise à changer le réel des révolutions par la prise symbolique dont il assure le sujet politique d'un tel réel – sujet auquel, on le sait, il réserve le nom de « prolétariat », ce qui est ni plus approprié, ni moins, que le mot (douteux) d' « inconscient ».

C'est aussi là que le marxisme doit ordonner sa torsion.

3

« Bourgeoisie » et « prolétariat » : au regard d'une topologie d'où l'on puisse penser le couple extérieur/intérieur, quel est le site des deux termes ?

L'économisme, qui aime les distinctions, pose l'extériorité : bourgeois, qui possède les moyens de production. Prolétaire, qui en est séparé, et ne dispose que de sa force de travail, qu'il vend.

Voilà qui n'est pas faux !

La conséquence, on la connaît. Cette extériorité topologique se change en intériorité fonctionnelle. C'est la revanche du lieu, nous avons vu cela à propos de Hegel. Si le prolétariat n'est que cette extériorité productive (exploitée), mieux vaut – avec Marx – le nommer « force de travail », ou même « capital variable ». Car il n'est rien d'autre qu'une pièce du capital. Vous n'avez distingué que sous l'empire d'un ensemble structuré, où cette « distinction » n'est en vérité qu'une loi de composition, celle du cycle de la reproduction élargie. Ce que vous avez, c'est : *das Kapital.* La classe ouvrière y est même le capital par excellence, puisque seul principe actif de sa régénération. Vous pouvez supprimer les capitalistes, tout en maintenant la loi du capital. C'est ce que réalisent fort bien les fonctionnaires russes. Les ouvriers, en revanche, vous ne pouvez les soustraire à la configuration d'ensemble. D'où s'infère que leur distinction initiale d'avec la bourgeoisie, sur le strict plan de l'exploitation, de l'extorsion de plus-value, se ramène à ces énoncés d'inclusion : le monde bourgeois esplace la classe, le capital est le lieu du prolétariat.

Paradoxalement, pour en venir à ce que le prolétariat soit – ou puisse être – le horlieu de l'esplace bourgeois, *il faut penser d'abord l'intériorité de la bourgeoisie à la classe ouvrière.*

C'est là que la vérité est en instance de torsion, quand la cohérence de l'économiste ne nous donnait que la répétition du capital comme lieu-tout.

Le « prolétariat » s'indique au commencement comme une figure particulière de la bourgeoisie, la figure scindée de sa politique. Ce qui a commencé le marxisme n'a rien été d'autre que les insurrections ouvrières et populaires des années 1830-1850, elles-mêmes greffées sur le mouvement démocratique bourgeois en Europe. Un désordre d'exception. Tout comme la psychanalyse n'a commencé qu'à l'écoute de ce désordre singulier de la parole : l'hystérique fin-de-siècle. Le symptôme historique d'où débusquer le sujet se lit primitivement dans le désordre politique bourgeois. Qu'est-ce que ce désordre? La scission qu'opère dans le sujet son asssignation à un ordre hétéronome. C'est l'expulsion, l'épuration, par la venue subjective prolétarienne, quel qu'en soit le degré de consistance, de l'infection intérieure qui, d'abord, la constitue.

Autant dire que c'est l'émergence d'organismes pratiques bizarres dans le champ, désormais confus, de la politique bourgeoise, qui est le par-être du prolétariat.

Qu'est-ce que le prolétariat? Tout ce qui est historiquement en train de guérir d'une maladie politique mortelle. C'est un corps survivant, né dans la pourriture. Jamais guéri, notez bien, toujours en train de guérir.

Symptôme de santé, lisible de partout ailleurs que du marxisme comme symptôme de maladie incurable, la politique du prolétariat est bien en exclusion interne à la politique bourgeoise, c'est-à-dire à son objet.

La bourgeoisie fait-elle sujet? Je l'affirmais ici même, en avril 1975. Contredisons-nous, c'est un truc du par-être. La bourgeoisie ne fait plus sujet depuis longtemps, elle fait lieu.

Il n'y a qu'un sujet politique, pour une historisation donnée. Remarque majeure. On s'embrouille, à l'ignorer, dans une vision de la politique comme duel subjectif, ce qu'elle n'est pas. Il y a un lieu, et un sujet. La dissymétrie est de structure.

Le prolétariat existe partout où se fait du horlieu politique. C'est donc en s'épurant qu'il existe. Il n'a pas d'antériorité à son organisation de survie politique. Expulser de la politique bourgeoise en comprimant l'organisme-support ou faire exister la politique prolétarienne, c'est, en apparence, tout un.

Est-ce que cela permet de gager l'existence d'*un* sujet politique? Non, nous ne convenons pas qu'y suffise la multiplicité des révoltes.

le horlieu de pure subjectivation, la donnée éruptive de la concentration politique populaire.

La torsion est plus radicale. Ce n'est pas seulement comme lieu-hors-lieu d'expulsion de soi, politique hétéronome, que le prolétariat advient en sujet dans le monde. Dans la seule continuité d'épuration, on peut toujours le prendre pour une carte inaperçue de la bourgeoisie elle-même, un retour de sa compétence subjective, un chausse-trappe du lieu. C'est à quoi nous éduque l'apparition en URSS d'une *nouvelle* bourgeoisie bureaucratique d'état.

La mesure de sujet exige que la stricte logique du horlieu, régie, de façon toute mallarméenne, par la causalité du manque, s'excède dans la *destruction du lieu*.

Ce n'est pas une place vide, fût-ce celle du pouvoir, qui machine l'émergence, dans le désordre politique, du sujet de son occupation.

« Détruire, dit-il » : c'est l'énoncé prolétarien nécessaire. Et prolongé. Cet énoncé barbare interdit d'imaginer le sujet politique dans la modalité structurale de l'héritage, de la transmission, de la corruption, du renversement. Mais aussi dans celle de la coupure purifiante, du monde cassé en deux.

La destruction est torsion. Interne au lieu, elle en ravage les places, dans une durée laborieuse.

De quelle intériorité relève ce qui n'existe qu'à détruire la règle de délimitation par quoi l'extérieur faisait bord ?

Et, cependant, le prolétariat surgit bien *à sa place*.

Il faut ici produire une topologie de la destruction. Celle du manque (ou du trou) ne peut à elle seule combler la pensée des ruines.

Tout notre débat avec Lacan tient dans la division, par lui restreinte, du procès du manque d'avec celui de la destruction.

Manque et destruction : voilà qui nous focalise, d'autant que cette dialectique est transversale à celle, régissant tout le matérialisme, de l'algèbre et de la topologie.

21 février 1977

Tout sujet croise un manque à être et une destruction.

Lacan-Hegel. - Le sujet de la chaîne. - Le s'effet communiste. - Ontologie. - Les quatre axiomes de Lacan. - La destruction comme maîtrise de la perte.

1

Lacan, je l'ai dit, est notre Hegel, soit la dialectique (idéaliste) de notre temps. Qu'elle soit de notre temps, cette dialectique, exige qu'on affecte de l'opposer aux machines hégéliennes, et Lacan ne se dérobe pas à ce devoir.

Provoqué par Jacques-Alain Miller, le 27 mai 1964, à ce qu'il faille dire « Lacan contre Hegel », il approuve avec délectation, mais aussi la politesse prudente de nier qu'il puisse s'agir – du tout! – d'un « débat philosophique » (*S* XI, 195).

C'est que dix ans plus tôt – qu'on lise la table des *Écrits* : Hegel s'y taille la part du lion, derrière Freud, qui, hors concours, n'y figure pas, mais avant tout autre – il s'agissait de désigner ce qu'il « restait de prophétique dans l'exigence, où se mesure le génie de Hegel, de l'identité foncière du particulier à l'universel » – soit dans la torsion dialectique elle-même –, et d'y inscrire le label rétrospectif de la psychanalyse, laquelle apporte à cette torsion « son paradigme, en livrant la structure où cette identité se réalise comme disjoignante du sujet, et sans en appeler à demain » (*E*, 292). Opération, sur Hegel, de double sceau de la modernité dialectique. De double saut, par conséquent.

Tout comme Hegel pour Marx, Lacan est pour nous essentiel et divisible. Le primat de la structure, qui fait du symbolique l'algèbre générale du sujet, et de lalangue, son horizon transcendantal, se contrappose chez lui, et de plus en plus, d'une obsession topologique, où ce qui fait mouvance, et progrès, tient au primat du réel.

Il y a en gros deux Lacan successifs, celui du manque à être et celui de l'ontologie du trou, du *topos* nodal, donc de l'être du manque.

Du primat du symbolique à la consistance du réel.

La matrice rationnelle liée à l'effet du manque, par où Lacan poursuit l'effort de Mallarmé, vous la trouverez concentrée dans les articles où Jacques-Alain Miller, pas à pas, institue en clair la logique du signifiant, puis la théorie de lalangue. Les conclusions de Miller rassemblent le formalisme de la dialectique structurale, sous le thème de l'entité évanouissante, de la totalité inconsistante :

> C'est seulement lorsque la marque disparaît que sa place apparaît, et donc la marque comme telle. Est-ce assez pour nous justifier de dire qu'elle n'atteint son être que dans sa disparition – qu'elle ne se saisit que sur le bord de son manque – fulgurante ? (...) l'être de la marque, tout comme celui du manque, « n'existe » que dans l'entre-deux, incorporel, insaisissable, ou dans la différence de l'un à l'autre, dans le mouvement, dans le passage, et c'est toujours trop tôt ou trop tard (...). Ce processus – cette entité – se présente comme intotalisable – ou : comme une totalité contradictoire, ce qui revient à dire : une totalité avec sa contradiction, ou avec son élément inintégrable, multiplicité irréductible à l'unité. (...) La marque (...) ne consiste pas (elle est inconsistante), elle persiste, elle insiste, c'est un processus (« Matrice », *Ornicar ?* n° 4).

Le sujet s'y avère dans l'éclipse du marquage, pris dans le battement, la fulgurance-de-bord de ce qui l'articule.

Ainsi le prolétariat, aux rets de la loi politique du monde bourgeois, n'est – comme dit Lacan de l'objet du phantasme – qu'une « indicible vacillation » (*E*, 656). Quiconque veut en déclarer la substance est un escroc.

Du prolétariat, nous n'avons jamais, sinon le corps (le parti), que les traces : faits historiques populaires dont l'évidence nominale nous foudroie d'incertitude.

De là qu'il fait sujet.

Prescrit par la perte de son objet – ainsi suturé au réel par le manque à être –, le désir divise le sujet, étant inextensible au

« rien » dont il procède. Le seul mode d'existence d'une telle division est la loi d'alternance que, chez Lacan, nulle étoile ne vient sceller.

Le sujet suit de part en part le sort du terme évanouissant, ayant statut d'intervalle entre les deux signifiants, S_1 et S_2, qui le présentent l'un à l'autre. Tout comme le prolétariat n'est que ce qu'une révolution (nommée) présente à une autre révolution (nommable). Tout comme le bateau naufragé (S_1) présente le sujet de l'écriture à la sirène (S_2) sans que rien ne stabilise cette présentation, pas même le rêve mallarméen d'un chiffre de l'univers, détenu dans le Livre à quoi cet univers devrait logiquement aboutir.

Pour Lacan, le sujet aboutit à rien, ce qui n'est pas peu, mais ne fait nul sens d'avoir à glisser sur l'absence, puisque « le désir est la métonymie du manque à être » (*E*, 640).

C'est par ce biais que Lacan s'ouvre un accès, qui nous convient, à l'ontologie : l'inconscient est cet être qui subvertit l'opposition métaphysique de l'être et du non-être. Car il est l'effet du manque à être (effet qui a nom : transfert).

En quoi, nous le verrons, il s'apparente à la politique prolétarienne selon le marxiste, laquelle *est ce qu'elle se fait (s'effet) ne pas être* (s'effet qui a nom « communisme »).

J.-A. Miller, toujours lui, persécute Lacan de la question : « Quelle est votre ontologie ? L'inconscient, qu'est-ce que c'est ? »

A quelle épreuve ne croit-on pas soumettre les marxistes quand on leur jette à brûle-pourpoint – cela arrive mille fois, en sorte que nous portons des pourpoints incombustibles : « Votre prolétariat, où est-il ? N'est-ce pas un signifiant imaginaire ? »

Malheur à qui croit devoir suivre son tourmenteur loquace sur le terrain d'existence où il l'a provoqué. Soit qu'il cherche du côté des ouvriers et de l'exploitation d'usine, soit qu'il évoque des États existants, il en aura toujours, ou trop, ou trop peu. A ce qui donne force de nom au procès d'un sujet politique, c'est en vain que vous voudrez procurer le certificat d'existence d'une collection empirique (fût-elle une classe sociale) ou le non-être idéal d'un projet de société (fut-il « socialiste »).

Ni les pulsions sexuelles ni l'Association internationale de psychanalyse n'ont jamais prouvé que l'inconscient existe. N'attendons pas davantage, quant au prolétariat, de la grève d'usine ou de l'État chinois.

Lacan, mis à la question, suit aussitôt les bons conseils de la ruse oblique. Il disperse sa réponse, annonçant, d'abord, que « comme tout le monde », il a son ontologie (*S* XI, 69), mais que, quant à ce qu'il professe, ça n'est pas destiné à « recouvrir le champ entier de l'expérience » *(Id.)*.

Le 19 février 1964, on dirait qu'il en rajoute sur la modestie : Non, « la psychanalyse n'est ni une *Weltanschaüng,* ni une philosophie qui prétend donner la clef de l'univers. Elle est commandée par une visée particulière, qui est historiquement définie par l'élaboration de la notion de sujet » (*S* XI, 73).

Oui, mais c'est la botte, ce sujet (la nôtre, de modestie douteuse comparable, étant l'effectuation politique), car son concept remanie rien moins que l'idée de toute science possible – comme le nôtre, de toute aperception pratique du lien social. Jusqu'à Freud, fondée sur le trajet qui va de la perception à la science, l'épistémologie se fourvoie, car elle « évite l'abîme de la castration » *(Id.)*. Comprenons que vous n'avez pas d'accès à l'idée droite de la vérité si vous contournez l'effet de manque : ce serait se donner la cohérence sans la torsion, ce qui vous précipite répétitivement dans le mirage du tout.

Ontologie ou pas, la psychanalyse selon Lacan impose une rectification générale à la philosophie, touchant à rien moins que le biais par quoi la vérité s'adosse au réel.

Aussi bien, deux mois plus tard, notre rusé s'affaire, malgré son « refus de suivre la première question de Miller sur le sujet d'une ontologie de l'inconscient » (*S* XI, 122), à, dit-il, lâcher « un petit bout de la corde » *(Id.)*. Quel bout de quelle corde ? Celui de celle qui fait esquive de l'opposition être/non-être :

> A cet endroit, il faut définir la cause inconsciente, ni comme un étant, ni comme un όυκ ὄν, un non-étant, – comme le fait, je crois Henri Ey –, un non-étant de la possibilité. Elle est un μη ὄν, de l'interdiction qui porte à l'être un étant malgré son non-avènement, elle est une fonction de l'impossible sur quoi se fonde une certitude (*S* XI, 117).

Cette « interdiction qui porte à l'être un étant malgré son non-avènement » nous dit la prématuration causale du sujet, le trop-tôt/trop-tard de sa fortune. Qui ne sait, en politique, la vanité de la cumulation linéaire ? De la prévision exacte ?

Ni étant, ni non-étant, la cause politique, qui défaille toujours d'être annoncée comme juste cause, est le réel, aboli et fulgurant, dont l'histoire se troue pour que s'y arrime, corps divisé, le sujet prolétarien.

Son nom ? « Les masses. » Réel dont le sujet partisan fait rétroactivement rencontre dans toute coupure de l'historisation.

Les masses ne sont pas la substance de l'histoire, mais *l'interdiction de répéter,* qui porte à l'être l'aléatoire sujet dont le marxisme fait discours.

2

Le « premier Lacan », pour ce qui m'importe ici et qui ne touche pas à la psychanalyse, se ramène à quatre thèses, dont le système couvre les quatre noms de la vérité (cohérence, répétition, tout, torsion).

Ce dispositif axiomatique structure à mes yeux l'essentiel des *Écrits,* et les *Séminaires* jusqu'à la fin des années soixante.

Avec les années soixante-dix, qu'on peut marquer du primat du nœud sur la chaîne, ou de la consistance sur la causalité, c'est le versant historique qui prend le dessus sur le structural.

La psychanalyse, à mon avis, y fait naufrage, et l'éthique règne, absolument. Mais ce n'est qu'un avis d'amateur éloigné.

Les quatre thèses constitutives de la première doctrine, je les prélève comme ceci :

1. *Thèse de la place vide, au principe de la répétition.*

> Plutôt que de rien du réel, qu'on se croit en devoir d'y supposer, c'est justement de *ce qui n'était pas* que ce qui se répète procède (*E,* 43).

2. *Thèse du terme évanouissant, au principe de la torsion.*

> Là où c'était à l'instant même, là où c'était pour un peu, entre cette extinction qui luit encore et cette éclosion qui achoppe, Je veux venir à l'être de disparaître de mon dit.
> Énonciation qui se dénonce, énoncé qui se renonce, ignorance qui se dissipe, occasion qui se perd, qu'est-ce qui reste ici sinon la trace de ce qu'il faut bien qui soit pour choir de l'être ? (*E,* 801).

3. *Thèse de la fixation imaginaire, au principe du tout.*

> Cependant, une fois définie comme image mise en fonction dans la structure signifiante, la notion de fantasme inconscient ne fait plus de difficulté.
> Disons que le fantasme, dans son usage fondamental, est ce par quoi le sujet se soutient au niveau de son désir évanouissant, évanouissant pour autant que la satisfaction même de la demande lui dérobe son objet (*E,* 637).

4. *Thèse du Phallus, au principe de la cohérence.*

> Car le Phallus est un signifiant, un signifiant dont la fonction dans l'économie intrasubjective de l'analyse, soulève peut-être le voile de celle qu'il tenait dans les mystères. Car c'est le signifiant destiné à désigner dans leur ensemble les effets de signifié, en tant que le signifiant les conditionne par sa présence de signifiant.
>
> Ce signifiant sera donc le signifiant pour quoi tous les autres signifiants représentent le sujet : c'est dire que faute de ce signifiant, tous les autres ne représenteraient rien. Puisque rien n'est représenté que pour.
> Or la batterie des signifiants, en tant qu'elle est, étant par là même complète, ce signifiant ne peut être qu'un trait qui se trace de son cercle sans pouvoir y être compté. Symbolisable par l'inhérence d'un (– 1) à l'ensemble des signifiants.
> Il est comme tel imprononçable, mais non pas son opération, car elle est ce qui se produit chaque fois qu'un nom propre est prononcé. Son énoncé s'égale à sa signification (*E,* 819).

Ainsi, du quadrangle de la vérité, Lacan extrait, quant à la doctrine algébrique du sujet, le parcours :

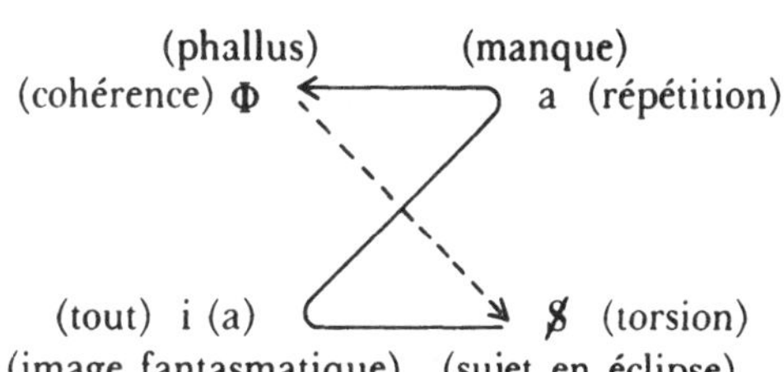

Dans ce parcours, le sujet est ordonné à l'ignorance de la perte qui le constitue. De là qu'il n'y a de vérité que mutilée, et de sujet qu'assujetti.

Les opérations de l'esplace sont des substitutions (métaphores et métonymies). Il est donc impossible de reconnaître la perte comme telle. Le sujet glisse entre les représentants partiels successifs de ce dont le défaut radical l'institue comme désir articulé.

Inutile de dire que la politique n'a que l'intérêt très médiocre d'un aveuglement qui fait tapage de ses fausses clartés substitutives : « Ce qui est social est toujours une plaie » (*Scilicet,* n° 6-7, 19). Et mieux encore, à la question d'un bel optimisme frontal : « Les implications politiques de vos recherches psychanalytiques ? » – question véritablement américaine, posée à Lacan, durant l'hiver 1975, à l'université de Yale –, il répond : « En tout cas, qu'il n'y a pas de progrès. Ce qu'on gagne d'un côté, on le perd de l'autre. Comme on ne sait pas ce qu'on a perdu, on croit qu'on a gagné. Mes " tortillons " supposent que c'est borné » (*Scilicet,* n° 6-7, 37).

Balancement, en mi-dire inéclairci, du gain et de la perte : tel est le solde de toute conception structurale du sujet politique.

S'il est possible d'en dire plus, c'est pour autant seulement que s'effectue une *maîtrise de la perte.*

L'objection étant qu'il ne peut s'agir d'un savoir, encore bien moins d'une mémoire.

Qu'est-ce donc que la maîtrise de la perte ? L'enseignement du marxisme est que c'est la destruction.

Le réel détruit n'est pas réductible à sa disparition dans le trou du manque. Il y tombe assurément, et parfois sans reste, mais divisé dès lors entre son effet causal de pur manque et ce que nous nommerons provisoirement l'effet second, dont le ressort est de déléguer une virtualité d'*excès* sur le placement répétitif mis en branle par le manque à être.

La destruction divise l'effet du manque en sa part d'oubli – d'automatisme – et sa part d'interruption possible, d'excès sur la place, de surchauffe des automatismes.

Par ce mince écart se dit une autre maîtrise, et une balance dissymétrique de la perte et du gain.

Contrairement à l'opinion commune, qui voit la persévérance dans l'être comme fondement de tout conservatisme, c'est bien – Lacan – de ce qui fait défaut que s'assure la conservation. Mais il y faut ajouter que, de ce qui vient à être détruit, s'assure à tout le moins la précarité de la conservation et la part, inhérente à toute répétition, de ce qui insiste à l'interrompre.

Tout sujet est au croisement d'un manque à être et d'une destruction, d'une répétition et d'une interruption, d'un placement et d'un excès.

18 avril 1977

Antécédence du sujet à soi-même.

Destruction. - Le plus-de-réel et l'interruption du répétable. - Cure et rééducation. - Deux assignations subjectives de la force : angoisse et surmoi.

1

La destruction est cette figure d'enracinement du sujet où la perte ne fait pas seulement, du manque, cause, mais consistance d'un excès.

Par elle le sujet s'accroche à ce qui, du manque même, survit au manquement, et qui n'est pas la fermeture répétitive de l'effet à toute présence de la cause.

Si donc le concept structural de la contradiction (le clivage) indique bien pour ressort le manque, et pour horizon la loi, son concept historique se forge de la destruction, dont l'espace d'exercice est la non-loi.

Il est assuré qu'un pôle de la contradiction, celui qui fait loi de l'esplace, le génie malfaisant du lieu, joue de son absence comme de ce qui, fondant le répétable, garantit la pérennité conservatrice du monde.

Telle est la définition d'une classe dominante, qui n'est donc jamais présentifiable autrement que dans ce qui, du sujet antagoniste, est asservi à la répétition.

Il convient du reste plutôt de nommer cette absence « société », la société impérialiste française, par exemple, afin d'éviter le piège de sa subjectivation.

Quant au sujet « privé » c'est en effet à la loi du désir, et plus spécifiquement au couple perversion/névrose, qu'il faut assigner l'effet sans merci de son identité vacillante. Névrose et perversion : telle est la société que chacun se fait à lui-même, et qui est *l'élément* subjectif primordial.

Mais qu'un autre pôle de la contradiction dont se fait un sujet puisse être registré comme destructeur invite à ne pas réduire la dialectique subjective au versant du répétable socialisé (ou névrotique).

Demeure vrai toutefois que *le social est la névrose de la politique.*

C'est ce qu'incarne « à cru » le syndicalisme, avec sa compulsion plaintive, son allégeance pleurnicheuse à l'État, son astreinte à toutes les répétitions impérialistes.

Le syndicat fait logique du seul manque, donc de la loi : sa revendication est par essence « légitime ».

La politique, quoique structurée identiquement, s'enlève dans l'autodestruction de sa légitimité.

C'est à ce qui sur le sol esplacé du répétable ne s'inscrit, destructif, qu'en excès sur ce qui l'astreint, qu'il faut réserver le nom complet du sujet.

D'être « métonymie du manque à être » ne l'identifie qu'à demi, l'autre moitié étant ce par quoi il fait *être le manque,* destruction irréductible à tout acte de pure substitution.

Ainsi le sujet, produit placé de la loi du manque, fait advenir dans son champ un plus-de-réel par quoi le manque, dans les tracés de la destruction, vient à manquer.

C'est en vérité à ce « plus » que je donne le nom de force.

Il faut que je rectifie là-dessus. Dans mon fascicule « théorie de la contradiction », qui a deux ans d'âge, la force n'est pas vraiment dialectisée. Elle complémente, voire complimente, la place, en tant que « force placée ». Elle n'est au fond que le qualitatif du processus, dont on attend qu'il fasse seuil, ou période, pour tel renversement du système des places.

Je dirais aujourd'hui qu'il est encore vain, quoique bien orienté, et pédagogique, de vouloir « remplir » la structure de qualitatif.

Ce n'est pas du seul fait de leur hétérogénéité qualitative que les deux termes d'une contradiction font « rapport de forces » A s'en tenir là, on revient au duel.

Le terme conservateur est identifiable à la loi du manque, et se subordonne l'autre dans le répétable. La force n'est que ce qui, concentrant sur soi-même hors-lieu un terme assigné à répétition, coince la répétition, enclenchant ainsi de quoi détruire sa loi.

Là où la cohérence ancienne prescrivait un déplacement, advient, par une épuration qui excède la place, une interruption. Telle est l'histoire de la force.

De ce point de vue, tout comme il n'y a qu'un sujet, il n'y a qu'une force, dont l'existence fait toujours événement.

Cet événement, trace du sujet, croise le manque et la destruction.

Ainsi d'une révolution, qui croise la courbe ascendante du prix du blé, ou des morts à la guerre, et la foule insurrectionnelle contre la Bastille, ou l'ordre politique bolchevique.

Le support-sujet est inéluctablement divisé en la part de lui-même qui se répète (puisqu'il est placé) et celle qui, interruptrice, fait coincement, et dispose du non-répétable.

Vous avez donc quelque chose de plus serré que la simple distinction place/force. Vous n'avez pas deux concepts pour un processus, mais plutôt deux processus (répétition/interruption, manque/destruction) pour un concept (celui de sujet).

La force est ce qui, sur la base du répétable, et se divisant d'avec lui, advient comme non-répétable.

Vous comparerez avec soin, pour éclairer ce carrefour, le but de la cure psychanalytique et celui de la rééducation politique, quels que soient les échecs, patents, universels, de l'une comme de l'autre. C'est l'intention qui compte...

N'auront pas même notre oreille ceux qui arguent qu'un divan, c'est tout de même moins grave qu'un camp. Je leur dis sans faiblir : c'est à voir. L'axiome des nouveaux philosophes : « Un camp est un camp » est tout aussi faux que celui que voulaient promouvoir, par l'excommunication de Lacan, les thérapeutes de Chicago : « Un divan est un divan. »

Le vrai est que la cure n'a pas d'autre objectif réel que de réajuster le sujet à sa propre répétition. De là l'extrême modération dont Lacan fait preuve quant à ses pouvoirs : « Une analyse n'a pas à être poussée trop loin. Quand l'analysant pense qu'il est heureux de vivre, c'en est assez » (*Scilicet,* n° 6-7, 15).

La rééducation se propose de provoquer quoi ? Un basculement radical de la position subjective, soit l'interruption des répétitions induites par la position (de classe) antérieure. Le « bonheur de vivre » lui est à coup sûr indifférent.

La cure ne prétend pas excéder la loi du manque. Bien plutôt le travail de la vérité vise-t-il, par le ponçage des symptômes, lesquels sont, dit Lacan, « ce que beaucoup de personnes ont de plus réel »

(Id.), à recréer dans l'oubli la dépendance de la cause. Car « toute intégration symbolique réussie comporte une sorte d'oubli normal » (*S* I, 216), et : « L'intégration dans l'histoire comporte évidemment l'oubli d'un monde entier d'ombres qui ne sont pas portées à l'existence symbolique. Et si cette existence symbolique est réussie et pleinement assumée par le sujet, elle ne laisse aucun poids derrière elle » *(Id.)*.

Le but de la cure est l'exercice un peu mieux huilé de l'efficace de la perte.

La rééducation – ou révolutionnarisation – mérite entièrement le procès humaniste qui lui est intenté de vouloir « changer les personnes », « laver les cerveaux », détruire la personnalité » – ou, comme dit Mao, « changer l'homme dans ce qu'il a de plus profond ». C'est le but avoué de la révolution culturelle. Il présuppose la conviction que le vieil homme peut mourir.

Voyez l'envers de ces accusations : elles prêchent en réalité pour l'ignorance éternelle de la perte d'où je m'initie. Elles ne défendent que le droit de répétition.

Le paradoxe de cette défensive est flagrant. Lacan, à qui lui demande ce qu'attend celui qui vient en analyse, répond qu'il s'agit pour lui d'être débarrassé d'un symptôme. « Un symptôme, c'est curable » (*Scilicet*, n° 6-7, 32). Mais le symptôme ? « Ce qui est appelé un symptôme névrotique est simplement quelque chose qui leur permet de vivre » (*Id.*, 15).

Faut-il donc être délivré de ce qu'on a de plus réel ? De ce qui vous permet de vivre ?

Vivre avec sa vérité fait symptôme, car ce qui devrait être en moins est en trop.

Au regard de quoi la cure ne vise pas réellement à aligner le tout sur le vrai. Cet excès de restitution à la rigueur du vrai ouvre le risque de la psychose : « Dieu merci, nous ne les rendons pas assez normaux (les analysants) pour qu'ils finissent psychotiques. C'est le point où nous avons à être très prudents » *(Ibid.)*.

Il s'agit bien plutôt de renvoyer le réel à l'oubli de son oubli, d'où sa force causale s'épure dans le manque : alignement du vrai sur le tout. Pour ce travail, il faut de la modération.

La révolutionnarisation convoque, elle, l'histoire, en vain, comme il se doit, et souvent la trique, pour « casser le morceau » du vrai dans l'intégral de sa schize. C'est l'ambition de faire symptôme du Tout ancien, et vérité totale du symptôme – de la crise.

Nous voici aux parages de l'éthique, et de la plus sévère. Peut-on donner sens à quelque résistance que ce soit, si ce n'est que du répétable et des droits obscurs du manque à être que procède l'identité du sujet ?

Mais peut-on à l'inverse, mesurer à son prix la destruction dont se paie toute maîtrise de la perte, et tout espace de nouveauté ?

La cure, la révolutionnarisation ... Comme toujours, les faits ne tranchent rien. Entre les rescapés des divans et ceux que la politique à marche forcée, style Gauche prolétarienne, y menait, le débat occidental des années soixante-dix n'a pas fait luire beaucoup d'or.

Tenons la prise, plutôt, d'un biface subjectif, dont l'articulation nous donnera de la peine, pour y jointer la destruction fécondante, et le bonheur d'y manquer.

2

Si Lacan est dialecticien, il doit apercevoir ce qu'il n'aperçoit pas. Je veux dire que, si loin qu'il pousse le primat structural de la loi du manque, on ne lui reconnaîtra pas d'être notre Hegel à moindre compte que de pointer l'autre versant, celui de la destruction, du plus-de-réel, de la force.

« Force » est un mot qui lui déplaît fort, occupé qu'il est à abattre la morgue des économistes américains. L' « énergie psychique », la quantité, le flux : *ignorantiae asylum*. Il ne nous l'envoie pas dire, de la méfiance épistémologique – « Au cours de l'histoire combien la notion d'énergie comme celle de force n'ont-elles pas connu de reprises de leur thématique sur une réalité de plus en plus englobée ! » (*S* XI, 149) – au verdict signifiant – « La force, ça sert en général à désigner un lieu d'opacité » (*Id.*, 24).

Ce n'est pas de ce côté que nous aurons satisfaction.

Nous posons que deux thèmes indiquent chez Lacan tout ce qui, au-delà ou en deçà du manque et de la marque, en trouée de l'algèbre du sujet, advient comme ce plus-de-réel qui vaut destruction.

Ces deux thèmes sont l'angoisse et le surmoi.

Texte princeps quant au surmoi :

> Le surmoi a un rapport avec la loi, et en même temps c'est une loi insensée, qui va jusqu'à être la méconnaissance de la loi. C'est toujours ainsi que nous voyons agir chez le névrosé le surmoi. N'est-ce pas parce que la morale du névrosé est une morale insensée, destructive, purement opprimante, presque toujours anti-légale, qu'il a fallu élaborer dans l'analyse la fonction du surmoi ?
> Le surmoi est à la fois la loi et sa destruction. En cela, il est la parole même, le commandement de la loi, pour autant qu'il n'en reste plus que la racine. La loi se réduit tout entière à quelque chose qu'on ne peut même pas exprimer, comme le *Tu dois,* qui est une parole privée de tous ses sens. C'est dans ce sens que le surmoi finit par s'identifier à ce qu'il y a seulement de plus ravageant, de plus fascinant, dans les expériences primitives du sujet. Il finit par s'identifier à ce que j'appelle *la figure féroce,* aux figures que nous pouvons lier aux traumatismes primitifs, quels qu'ils soient, que l'enfant a subis (*S* I, 119).

Le surmoi donne accès à la racine de force de la loi elle-même à ce qui n'est plus de l'ordre du langage, et qui cependant détient l'essence de commandement de la loi.

Si la loi peut supporter qu'advienne la destruction, excès sur la répétition qu'elle ordonne, c'est que son ordre, saisi comme pur commandement, est lui-même dans son essence excès et destruction.

Nous avons là le premier repère de ce que j'expliciterai comme l'éternelle antécédence du sujet à soi-même. La loi en témoigne, que le sujet doit à la fois subir et rompre pour advenir dans sa scission spécifique.

A ce repère, Lacan nous dit que le surmoi fait ouverture – certes sinistre. La non-loi est ce qui se donne comme l'affirmatif de la loi : de là que le surmoi peut être indice simultané de la loi et de sa destruction. Le surmoi s'origine comme instance là où il y a un hors-place du commandement de toute place, un irrépétable de la prescription répétitive.

C'est là bien entendu que s'éclaire la fonction paralysante (donc, en effet, interruptrice) du surmoi, avérée dans l'insensé névrotique, celui de l'obsessionnel exemplairement, avérée, hélas, dans tout ce qui du sujet politique prend son aise de l'Etat.

Le surmoi soutient dans la névrose et dans l'univers de la réglementation irrationnelle une morale destructrice, un commandement mis à nu, qui force tout placement symbolique et le met en syncope.

Que tout ceci soit registré négativement (« insensé », etc.), nous le mettons en réserve. Se dégage l'interruption comme telle.

Pour ce qui est maintenant de l'angoisse, c'est du côté du réel en excès, plutôt que de la loi en défaut, qu'elle fonctionne comme interruptrice – et par là même comme révélation.

> L'angoisse est pour l'analyse un terme de référence crucial, parce qu'en effet l'angoisse est ce qui ne trompe pas. Mais l'angoisse peut manquer.
> Dans l'expérience, il est nécessaire de la canaliser et, si j'ose dire, de la doser, pour n'en être pas submergé. C'est là une difficulté corrélative de celle qu'il y a à conjoindre le sujet avec le réel – terme que j'essaierai de cerner la prochaine fois (*S* XI, 40-41).

L'angoisse est la submersion par le réel, l'excès radical du réel sur le manque, la mise en défaillance de tout l'appareillage du soutien symbolique par ce qui s'y révèle, en coupure, de rencontre innommable.

Là encore, il faut en « canaliser » l'effet, car l'angoisse détruit l'ajustement au répétable. Elle court-circuite au réel le lampadaire subjectif.

L'angoisse vaut donc signe pour ce qui, du sujet, force l'esplace légal.

Comme le dit avec superbe Lacan, l'angoisse n'est rien d'autre que le manque du manque.

Mais quand le manque vient à manquer, son effet métonymique s'interrompt, et commence une maîtrise de la perte réelle payée du ravage de toute prise symbolique.

De là que l'angoisse est ce qui ne trompe pas. Il faut que la destruction vienne au manque pour que s'effacent le leurre, le semblant et l'oubli de l'oubli.

Angoisse et surmoi sont ainsi deux des concepts fondamentaux du sujet (il y en a deux autres), si par concept fondamental on entend la désignation de ce qui croise l'inerte et civilisée loi du manque à la barbarie interruptrice de la destruction.

Ces deux concepts, Lacan les a reconnus, l'un dans l'horreur paralysante de l'obsession, l'autre dans la vérité ravageuse des noyades en réel. Ce n'était pas son fil théorique, mais c'était la droiture de son expérience.

Athlète complet de la dialectique ...

2 mai 1977

Torsion.

D'un usage dialectique du texte mathématique. - Torsion. - Formules subjectives. - Mentions premières de la justice et du courage.

1

Je voudrais vous parler d'un usage des mathématiques qui m'est propre, et qui n'est bien propre pour personne, ni les mathématiciens, qui le trouvent métaphorique, ni les autres, qui s'en effraient.

Il s'agit en bref de court-circuiter l'analyse dialectique par l'examen du traitement auquel les mathématiques soumettent un mot, traitement pris dans sa rigueur, mais tenu dès l'abord pour une interprétation de ce mot.

Interprétation, ou plutôt : réalisation, voire représentation, comme au théâtre.

La postulation est qu'aucun signifiant ne vient au texte mathématique par hasard, et que si c'est bien de la texture formelle démonstrative où il se trouve pris que procède sa mathématicité, la dite texture vaut aussi, surdéterminée, comme analyse rétroactive de ce non-hasard.

C'est dire qu'on tient ici le mot mathématique pour un symptôme, dont le texte déductif esquisse, sans du tout le savoir, l'auto-analyse.

Du texte mathématique comme en position d'analyste pour quelques-uns de ses propres mots. Symptomal de lui-même.

Cette analyse, on la confronte ensuite avec celle qui emprunte d'autres voies, par exemple celles de la théorie dialectique et matérialiste du sujet, afin d'accomplir la convergence du nécessaire, ou d'examiner l'apparente butée d'un hasard.

L'arrière-plan de tout cela étant que, aux prises avec la langue, la découpe mathématicienne des formalismes ne la désubjective qu'au prix de faire rendre gorge, à mort, aux signifiants où le sujet est suturé.

La fascination qu'éprouvent Marx et Engels pour le calcul différentiel; leur volonté, quelque peu naïve, d'y débusquer la matrice des « lois dialectiques »; la conscience fallacieuse qu'avait Marx, déployée dans ses vastes écrits mathématiques, d'être un mathématicien parce qu'il était dialecticien – autant de signes qu'aux rébus de l'écrit se noue le fantasme d'une dialectique formalisée, dont les mathématiques seraient la restriction spécialisée, et dont on pourrait, les scrutant, dégager l'universel principe.

Voie dont il faut se détourner pour celle que j'indique, et qui est que des mots résonnent dans la démonstration au-delà des inférences, quoiqu'on ne puisse entendre cet écho d'ailleurs que de la compréhension effective des raisons enchaînées.

Je vous donne tout de suite un exemple.

Nous avons vu que « torsion » désignait le point-sujet d'où s'ordonnent à perte les trois autres déterminations classiques de la vérité, le tout, la cohérence et la répétition.

Je peux alors me souvenir que, outre son usage topologique (on spécifie la torsion d'un nœud, c'est la filière de Lacan), le mot « torsion » fonctionne en algèbre de façon simple.

Soit un groupe, dont je vous rappelle qu'il s'agit d'un ensemble doté d'une loi de composition entre éléments, notons-la « + », qui a les « bonnes » propriétés canoniques d'être associative $(x + (y + z)) = ((x + y) + z)$, d'avoir un élément neutre, 0, tel que $(x + 0) = x$, et d'associer à tout élément un inverse (soit $-x$, avec $(x + (-x)) = 0$). On appelle « torsion » d'un élément **x** d'un groupe le plus petit nombre entier n, s'il existe, tel que x ajouté à lui-même n fois donne zéro :

$$\underbrace{x + x + x + \ldots\ldots + x}_{\text{n fois}} = 0.$$

Convenons, pour la commodité d'écriture de la suite, de noter : n x l'addition

$$\underbrace{x + x + \ldots + x}_{\text{n fois}}.$$

Un élément qui a une torsion est un élément-à-torsion, un élément tordu, en somme. Un groupe où tout élément a une torsion est un groupe de torsion. Pour tout élément x d'un tel groupe de torsion, il existe un entier n tel que $n \cdot x = 0$.

Ce n'est pas moi qui l'appelle comme ça. Ce sont les mathématiciens, depuis au moins cinquante ans. Je n'ai pas, c'est dommage, fait l'histoire de ce signifiant.

Voyez maintenant comment les mathématiques analysent le choix du mot. Comment l'enchaînement mathématique représente « torsion ».

1. La définition d'abord. Qui ne voit que la torsion est connectée à la répétition, soit celle de l'opération du groupe appliquée n fois à un même élément? L'élément, si l'on peut dire, insiste dans l'addition : $x + x + x + \ldots\ldots + x + \ldots\ldots$, il se sérialise répétitivement. Chaque total partiel est particulier, mais s'il y a torsion, quand on atteint le nombre de répétitions qu'elle fixe, voici que le total est nul. Nous dirons en ce point qu'en effet *la torsion interrompt la répétition,* ce qui est son statut dialectique.

Elle l'interrompt dans le qualitatif des sommes, car, si l'on dépasse la torsion, on va évidemment retrouver les totaux partiels d'avant son effet. Si $n x = 0$, on aura $n x + x = 0 + x = x$, et $n x + 2 x = x + x$, et finalement $nx + n x = 0 + 0 = 0$.

Cas de dire que, cette fois, c'est en force que ces totaux vont revenir, d'être en *excès nul* sur ce qui les a déjà précédés, avant que la torsion nous ramène à zéro.

Du passé additif où l'élément insiste, la torsion algébrique fait table rase.

2. La logique de la torsion fait-elle écart qualitatif par rapport aux lois usuelles des groupes? On s'y attend, car, découvrant un nouveau type de cohérence, la torsion ne se laisse pas rabattre sur les séries répétitives qui fibrent le Tout. C'est sa fonction cruciale d'interruption – c'est aussi, en marxisme, le statut paradoxal du parti.

La mathématique analyse ce point dans un théorème de logique très simple et très fort qui est que la théorie axiomatique des groupes de torsion n'est pas présentable dans une logique du premier ordre.

Une logique du premier ordre est une logique où les quantificateurs (« il existe », $\exists$, et « pour tout », $\forall$) ne portent que sur les variables d'individu. Vous pouvez y écrire, par exemple : « Il existe un élément ayant la propriété P », soit $\exists x(P(x))$. Mais vous ne pouvez pas y écrire : « Il existe une propriété p ayant une caractéristique A. » La logique du premier ordre suffit généralement aux besoins, quitte à utiliser un nombre infini d'axiomes pour la théorie concernée.

Un cas nous intéresse spécialement, parce qu'il n'a justement pas pour nous d'intérêt. C'est celui des groupes où aucun élément différent de zéro n'a de torsion, en anglais, les groupes *torsion free,* libres de toute torsion, parfaitement droits.

Une telle droiture incommode le dialecticien. Dans de tels groupes, x s'ajoute à lui-même sans que jamais la répétition soit rompue.

Or, la théorie des groupes *torsion free,* la théorie de la droiture algébrique, est tout à fait présentable dans la logique du premier ordre. Vous prenez la liste infinie d'axiomes qui disent que, si loin que vous alliez, pour tout élément x différent de 0, la répétition additive à soi-même fait un total non nul :

Ax. 1 : $(\forall x)\ (x + x \neq 0)$
Ax. 2 : $(\forall x)\ (x + x + x \neq 0)$
. . . .
Ax. $(n - 1)$: $(\forall x)\ (n\,x \neq 0)$
. . . .

en prenant comme domaine du quantificateur tous les x différents de 0.

Si vous ajoutez ça aux trois axiomes fondamentaux des groupes, vous avez la théorie du premier ordre des groupes libres de toute torsion.

Mais le procédé ne peut valoir pour les groupes de torsion. Pourquoi ? Parce que vous ne savez pas, pour chaque élément, quel est l'entier qui est sa torsion. Vous savez seulement qu'il existe. Il faudrait donc pouvoir écrire « pour tout élément x, il existe au moins un entier n tel que $n\,x = 0$ », soit : $(\forall x)\ (\exists n)\ (n\,x = 0)$.

Mais $(\exists n)$ fait porter le quantificateur, non sur une variable d'individu de la théorie, mais sur la propriété « être un nombre entier », donc sur un prédicat. Nous sortons de la logique du premier ordre.

La théorie de la torsion est donc bien qualitativement en excès de complexité logique sur la théorie de la droiture.

C'est ce dont le dialecticien est bien convaincu. Et il se réjouira que fasse obstacle à l'alignement du premier ordre l'incertitude existentielle qui plane sur l'effectivité de la torsion. Si les axiomes de la droiture algébrique tombent en deçà, c'est, notez-le, qu'ils sont tous universels, affectés du ∀, du « pour tout », dont on sait la portée masculine et les effets logiques de simplicité. Une théorie dont les axiomes sont tous universels a de bonnes, de robustes propriétés. En particulier, toute sous-structure d'un modèle de cette théorie est aussi un modèle de cette théorie.

Par contre, l'existentiel où vient buter la théorie de la torsion, figure de l'aléatoire des interruptions, de l'indéterminé dans toute rupture, excède le plan logique où l'universel se tenait.

C'est justice mathématique pour la table rase des révolutions réussies.

3. Les groupes de torsion – infinis, s'entend : les groupes finis sont tous de torsion, mais peu nous chaut le fini – peuvent malgré tout avoir de sympathiques propriétés algébriques, s'ils sont commutatifs. Un groupe est commutatif si, quels que soient x et y, on a : $x + y = y + x$.

Dans ce cas, on établit sans mal :
- que les éléments qui ont la même torsion n forment un sous-groupe ;
- que le groupe se décompose en produit direct de sous-groupes, chacun des dits sous-groupes étant composé d'éléments dont la torsion est de la forme p^q, où p est un nombre premier.

Je ne veux pas passer trop de temps à expliciter ces énoncés. Ils vous disent, fût-ce vaguement, que, dans un univers de commutation, de réversibilité, les torsions dessinent des sous-ensembles réglés ; qu'elles décomposent l'ensemble initial en sous-structures dont le principe d'identité est clair.

La valeur subversive de la torsion s'y affadit en loi analytique, en vecteur conceptuel d'une partition raisonnable du Tout.

Bref, la torsion tire ici vers la segmentation du Tout en des cohérences locales où la répétition est, si l'on peut dire, minimale.

C'est comme si les révolutions, vues de loin dans un espace historique réversible, n'avait nulle autre fonction que de sérier les événements, de classer les époques, de rapprocher et de regrouper les lointains.

Ou comme si le parti – comme, hélas, il advient, nous le savons, quand il fusionne avec l'État – n'avait d'autre destin que de porter au jour la répétition partitive de l'histoire, dans cet élément spectaculaire de commutativité que nous nommons « restauration du capitalisme ».

Mais, en dernier ressort, l'histoire n'est pas commutative. C'est le principe même de son inexistence, au secret de quoi gît la torsion.

Qu'est-ce que l'algébriste nous dit, dès lors, des groupes de torsion infinis non commutatifs ?

4. Eh bien! Pas grand-chose. Il nous passe la main.

Le seul espoir était qu'un groupe de torsion non commutatif généré par un nombre fini d'éléments soit lui-même fini.

Pourquoi était-ce un espoir, un espoir antidialectique ? Parce qu'on aurait ainsi connecté deux valeurs de finitude, celle de la torsion, qui bloque l'infini du répétable, et celle de l'engendrement du groupe – ce qui maîtrise, par un biais, la dialectique tordue qui fait œuvrer, dans l'infinité non commutative du groupe, l'aléatoire suspens fini de la torsion.

Un groupe fini-généré est un groupe dont les éléments peuvent être présentés comme les sommes (avec répétitions éventuelles) d'éléments pris dans un stock fini. Si, par exemple, votre stock est de trois éléments, a, b, c, tout élément du groupe sera de la forme (a+a), (a+b+a+c), (c+b+a) ... – ce ne sont que des exemples arbitraires.

Naturellement, deux combinaisons peuvent être égales (donner le même élément). Un groupe fini-généré n'est donc pas forcément infini.

Comme dans un groupe de torsion toute répétition additive d'un élément à lui-même s'interrompt (retombe à zéro), et que cela vaut en particulier pour les éléments du stock fini qui génère l'ensemble, on peut avoir l'impression qu'il n'est pas possible de trouver une infinité de combinaisons additives différentes. Il y a des chances, dit l'intuition, qu'un groupe de torsion fini-généré soit lui-même fini.

Ce serait, pour nos convergences dialectiques, un os.

Le champ opératoire du marxisme a quant à lui les trois propriétés analogiques suivantes : il est infini, il est de torsion, et il est fini-généré. Pourquoi ? Parce que l'élément événementiel, qui est la matière première de la politique de masse, est infini. Il est même à tout moment infini, son caractère théoriquement nombrable n'étant pour la politique qu'une fiction. Parce que la répétition s'y interrompt pour faire advenir dans le tout une autre cohérence, du point de la torsion. Parce que, enfin, les éléments de présentation de toute politique, soit les classes, sont en nombre résolument fini.

Dans l'analyse déductive que l'algèbre propose du mot « torsion », il y aurait divergence en butée, hasard exploratoire, si tout groupe de torsion fini-généré était fini. L'interprétation mathématique du mot serait, au regard de la dialectique, en position de maîtrise sur l'excès.

Mais il n'en est rien. Le théorème de Shafarevitch (1964) établit qu'il n'est pas vrai que tout groupe de torsion fini-généré soit fini. Il le fait par l'exhibition d'un contre-exemple, un groupe généré par trois éléments, de torsion, et cependant infini.

L'existence d'un tel groupe mène à son terme l'analyse du mot dans un contexte de convergence dialectique.

Les groupes de torsion infinis et non commutatifs n'ont ainsi que des propriétés rares et malsaines. Ils sont, l'algèbre le démontre, aux confins de l'innommable algébrique.

La torsion vaut lisière pour l'algèbre. Elle est perverse, elle est sujet.

Notez que nous n'avons ici fait modèle de rien, ni prétendu « mathématiser » quoi que ce soit. Il nous a suffi de restituer une sorte de brillance excédentaire dont le seul véhicule demeure le texte mathématique, élucidation objective du symptôme qu'y fait le hasard controuvé du mot.

Qu'en est-il cependant quand l'analyse déductive du signifiant mathématique par nous isolé diverge d'avec son interprétation dialectique ? Ayons l'audace de dire que dans ce cas une piste mathématique inaperçue doit forcer la divergence. Nul mot n'est de hasard, nous le maintenons.

Moyen comme un autre, quoique inédit, de chercher dans les mathématiques existantes où se tient en réserve de quoi passer outre et trouver, rêve de chacun, un théorème inconnu.

Car la mathématique est science du réel, et ses signifiants, quoi qu'ils en aient, en sont comptables.

2

Quelle notation algébrique vaudra pour le surmoi et l'angoisse, pointant que, avec ces deux concepts, nous n'avons ni des expériences subjectives, ni des parties du sujet, mais des processus dont la combinaison définit cette région de la matérialité pratique qu'il vaudrait mieux nommer l'effet-de-sujet ?

Nul sujet ne préexiste à l'angoisse, ni ne dure au-delà du surmoi, si l'angoisse subjective et si le surmoi est un des modes de consistance de l'effet de sujet.

Ici nous construisons le concept de sujet à partir de catégories beaucoup plus générales de la dialectique, soit la force, F, la place, P, la vérité, V, le lieu, L, la destruction, d, le manque, m.

L'angoisse est ce trop de réel (de force) au regard de ce qui peut s'en symboliser dans un ordre (se placer), d'où un sujet advient en division, écrasé au moment de naître par sa propre vérité dont le dire, sous la règle du manque, vient à manquer.

Soit, si $\diagup$ indique l'excès, le chiffre que voici de l'angoisse :

$$F \diagup P = \frac{V + m(\mathrm{m})}{\not{S}}$$

Le signe « = » indiquant que c'est au temps de l'excès, dans la forme différentielle de la subjectivation, que S ex-siste scindé.

Quant au surmoi, nommant ce qui de non-loi adhère destructivement à la loi même, et si L vaut la loi (ou le lieu, ou l'esplace) et d la destruction, il faudra l'écrire :

$$F \diagup P \rightarrow \frac{L + d}{\not{S}}$$

où se lit, par « → », que c'est dans l'ordre de l'effet consistant (du procès subjectif), intégral et non différentiel, que S perdure en éclipse, sous le rappel terrorisant de la loi purement conjointe à sa férocité native.

Où il est, on le voit, question d'Œdipe, de Sophocle.

Dire que l'angoisse est guide pour la vérité revient à dire que c'est dans l'avatar de la force implacée – et non dans la logique des places, quoique présupposée – que se scinde une quantité suffisante d'effet-sujet pour qu'il y ait connaissance neuve.

Énoncé de la torsion (c'est d'elle, et pour elle, qu'il y a les trois autres noms de la vérité, la cohérence, le tout et la répétition) dont Mao donnait au plus fort de la Révolution culturelle une traduction limpide : « Les troubles sont une excellente chose. » Une excellente chose, s'entend, pour y voir clair.

Définition de l'angoisse : le trouble d'y voir clair.

On verra que c'est aussi, et au même point, la définition du courage. Encore faut-il pour cela s'ouvrir un chemin dans la scission de la tragédie grecque. Il est vrai que la vérité, dans le registre de l'angoisse, est invivable. C'est son accointance essentielle avec le manque : Mallarmé nous en a donné la structure latente. Elle est invivable à proportion de ce que, exigeant une interruption de l'efficacité symbolique, un effet de trou, elle n'est jamais apprivoisable dans l'intégral du dire. Mi-dite, la vérité est maux-dite. Par quoi la vérité – celle d'Œdipe, celle de Sophocle, la vérité qui exige le sacrifice sanglant du regard – est en effet tragique.

Il y a une autre vérité, et une autre tragédie : celle d'Oreste, celle d'Eschyle. La destruction y assure le sujet d'une maîtrise de la perte. Non plus $\frac{V}{\$}$, mais $\frac{S}{\not{V}}$. Qu'est-ce à dire, sinon que nous sortons de l'impasse radicale où nous accule l'unité du lieu, la fixité incirconscriptible du symbolique ? La destruction se dialectise au manque dans la supposition irreprésentable, presque indicible elle-même, quoique fondement d'un uni-dire du vrai, que *l'esplace est divisible*.

Dès lors le sujet, en transcroissance de l'angoisse révoltée, naît sur l'écart violent de la loi à elle-même, et se dit du processus par quoi l'ordre, qu'il supporte dans sa vérité, advient comme autre que soi.

Ni l'autre de Lacan ni l'Autre n'accèdent à l'intelligence de ce type d'altérité, le seul auquel s'accorde cependant le thème des révolutions, le seul qui permette de penser en quel sens, comme le dit Marx, la révolution communiste « rompt de la façon la plus radicale avec les idées traditionnelles » (*Manifeste du parti communiste, OCI,* 129). Le seul où pouvoir nommer l'hétéronomie des politiques.

Car c'est d'un tel trans-Autre qu'il s'agit, dans cette loi divisée, dans ce symbolique rompu, qu'y est en question le changement de ce à partir de quoi décider sur le même et l'autre.

En ce sens il faut dire : historiquement, là où advient un sujet dans le croisement du manque et de la destruction, au point de l'angoisse, mais en inversion de sa vérité, se tient véritablement ce dont Lacan nie l'existence : un autre de l'Autre, d'où ce qui valait comme premier Autre n'est plus qu'un mode inéclairé du Même.

C'est proprement ce que nomme Athéna, à la fin de l'*Orestie* d'Eschyle, quand, pour valoir interruption de la vendetta familiale archaïque, elle institue un tribunal, et qu'ainsi, comme l'annonce, angoissé, le chœur, sur le chemin du courage, « des lois nouvelles renversent les anciennes ».

Courage de la scission des lois, angoisse de la persécution opaque, surmoi de l'Erinye sanglante, justice selon la consistance du nouveau : quatre concepts pour articuler le sujet.

Dont Lacan faisait entendre la nécessité allusive, quand, dès 1954, il anticipait l'exigence éthique de sa discipline :

> Une fois accompli le nombre de tours nécessaires pour que les objets du sujet apparaissent et que son histoire imaginaire soit complétée une fois les désirs successifs, tensionnaires, suspendus, angoissants, du sujet nommés et réintégrés, tout n'est pas achevé pour autant. Ce qui a d'abord été là, en 0, puis ici, en 0′, puis de nouveau en 0, doit aller se reporter dans le système complété des symboles. L'issue même de l'analyse l'exige.
> Où ce renvoi doit-il s'arrêter ? Devrions-nous pousser l'intervention analytique jusqu'à des dialogues fondamentaux sur la justice et le courage, dans la grande tradition dialectique ?
> C'est une question. Elle n'est pas facile à résoudre, parce qu'à la vérité, l'homme contemporain est devenu singulièrement inhabile à aborder ces grands thèmes. Il préfère résoudre les choses en termes de conduite, d'adaptation, de morale de groupe et autres balivernes (*SI*, 223).

L'angoisse ne trompe pas, le surmoi fait consistance légale de la destruction. Mais les « dialogues fondamentaux sur la justice et le courage » ouvrent à ce versant – de « tradition dialectique » – où c'est d'une toute autre prise sur l'irruption du réel que, placé en force, le sujet force l'excès sur la place.

9 mai 1977

Théorie du sujet selon Sophocle, théorie du sujet selon Eschyle.

Justice et surmoi : non-loi comme loi et loi comme non-loi. - J. Conrad. - Courage et angoisse. - Sophocle selon Hölderlin. - Le décret d'Athéna dans Eschyle. - Retournement natal et retournement d'exil.

1

« ... une fois les désirs successifs tensionnaires, suspendus, angoissants, du sujet nommés et réintégrés... » (*S* I, 223) : l'analyse opère la réduction du trop de réel, elle réintègre, dans un esplace de nomination, ce dont l'excès sur la place tenait le sujet dans le suspens de l'angoisse.

Ainsi la force est-elle reconduite à sa place.

Mais, dit Lacan, « tout n'est pas achevé pour autant ».

En quel sens ? La question est de taille, puisqu'en elle se joue l'extension dialectique de la théorie du sujet, la reconnaissance, sur la solide matière des effets structuraux, de leur envers excessif par quoi l'histoire revient comme nouveauté subjective.

Il convient que l'excès-de-réel, délié de sa lisibilité obscure dans la vérité de l'angoisse, puisse supporter l'élargissement de l'ordre symbolique et non pas seulement la remise à sa place de ce qui y faisait horlieu.

Lacan nomme ici une perspective grandiose : « C'est dans la mesure où le drame subjectif est intégré dans un mythe ayant une valeur humaine étendue, voire universelle, que le sujet se réalise » (*S* I, 215).

Il y aurait donc une productivité extensive, universalisante, du « drame subjectif », dont, au bout du compte, à travers les

« dialogues fondamentaux sur la justice et le courage », le travail analytique pourrait détenir la clef.

Pourquoi « justice et courage » ?

La justice est ce à propos de quoi le nœud du sujet au lieu, à la loi, revêt la figure divisible de sa transformation. Cependant que le surmoi disait l'archaïsme féroce de la fixité légale. La justice n'a aucun sens, quant à être une catégorie constitutive du sujet, si le symbolique opère comme indivisibilité dont le noyau de terreur fait la consistance du processus subjectif, dans le fibrage répétitif de l'obsession. La justice exige une précarité dialectique de la loi, ouverte à son ébranlement, à sa scission. Une précarité, non de telle loi particulière, mais du principe de commandement comme tel.

Plus radicalement, la justice nomme la possibilité – du point de ce qu'elle fait être comme effet-de-sujet – que ce qui est non-loi puisse valoir comme loi.

Ceci est, en marxisme, bien connu. Le surmoi y a pour répondant que le noyau essentiel, constitutif, de l'État, étant de l'ordre de la domination d'une classe, est toujours dictatorial. Sous l'apparence du dispositif légal, de la démocratie parlementaire, l'État est dans son essence l'être illégal de toute légalité, la violence du droit, la loi comme non-loi. A l'inverse, le propos communiste est justice, de soutenir, dans la catégorie du dépérissement des classes et de l'État, que la non-loi puisse être la loi dernière de la politique prolétarienne. Le communisme, théorie unique de la révolution moderne, effectue la subjectivité partisane du principe universel de justice, soit la non-loi comme loi.

Il faut donc que ce soit dans ce qui excède (la place, le lieu, le symbolique, la loi) que s'enracine ce qui étend (« la valeur étendue, voire universelle » de Lacan).

La poésie nous est un guide, en ce que c'est dans la brisure qu'elle fait de toute prose usuelle que s'institue une extension du communicable, un recul des inaccessibles frontières de lalangue.

C'est en toute rigueur que J. Conrad, romancier s'il en fut de l'angoisse et du surmoi – voyez la nouvelle *le Cœur des ténèbres*, et *Lord Jim* – fixait pourtant à l'art la tâche stratégique d' « introduire une plus grande justice dans l'univers visible ».

En quoi il lui fallait être, du même train, le romancier exceptionnel du courage – voyez *le Frère de la côte*, pour les hommes, *la Flèche d'or*, pour les femmes.

Le courage est insoumission à l'ordre symbolique, sous l'injonction dissolvante du réel. De ce que le réel soit en excès – le courage, à cet égard, est identique à l'angoisse –, il fait inversion des valences, force de rupture dans l'esplace. Le courage effectue positivement le désordre du symbolique, la rupture de la communication, quand l'angoisse en appelle à la mort.

De ce qu'il n'est pas un attribut du sujet, mais le processus divisible de son existence intrinsèque, résulte qu'il faut comparer plutôt le courage à la *fortitudo* – fermeté d'âme – qu'à l'*audacia*. Car le contraire du courage n'est pas la crainte, mais l'angoisse. Là-dessus, voyez Spinoza (*Éthique,* III, à partir du théorème 59). L'*audacia* est tout entière dans la médiation de l'Autre, elle est « désir qui excite à l'action périlleuse, pour autant que ce péril est redouté par les semblables » *(op. cit.)*. La *fortitudo* est intrinsèque, elle ne se soutient que du vrai, $\frac{S}{V}$, étant « l'action qui suit d'une affection référable à l'âme pour autant qu'elle intellecte ». Mais le vrai dont il s'agit induit par le réel un déficit du symbolique où le sujet selon le courage fait sa force de l'absence radicale de toute sécurité. Au vrai, il perd son nom. C'est du reste aussi un théorème de Spinoza que la sécurité désubjective (dans son langage, qu'elle n'est pas une vertu) : « *Securitas... animi impotentis est signum* », la sécurité est signe d'une impuissance subjective.

L'angoisse est carence du lieu, le courage assomption du réel par où le lieu se scinde.

L'angoisse et le courage divisent la même causalité, dans une articulation réversible du point où porte la perte.

Courage et justice articulent ainsi, sur la base indestructiblement requise de l'angoisse et du surmoi, l'effet-de-sujet comme division, selon l'excès, de l'ordre symbolique – de l'esplace – où cet excès s'implace.

D'où s'éclaire qu'un sujet politique n'advient qu'en nouant à la révolte une consistance de révolution, à la destruction une recomposition, faisant procès réel de ce que tout ordre, tout principe de commandement légal, si stable qu'il paraisse, a pour devenir de se diviser. L'Autre doit laisser venir sa propre scission en cet Autre inouï qu'il n'était pas, et ce Même dont il n'avait jamais prescrit l'identité.

2

Il y a une théorie du sujet selon Sophocle, et il y a une théorie du sujet selon Eschyle. La seconde – historiquement la première, mais par Freud la seconde, encore qu'invisiblement par Marx la première – dialectise intégralement son autre, parce que, outre l'angoisse et le surmoi, dont elle retient la structure, elle pose que courage et justice sont des opérateurs requis de l'effet-de-sujet.

Il va sans dire que Sophocle et Eschyle sont ici des signifiants, voire des concepts, non pas des noms, ni des œuvres, quoiqu'ils soient des textes, mais de théâtre, ce qui change tout.

Tout le propos de délimitation critique de la psychanalyse, quant à son apport à la théorie du sujet, tient dans cette question : pourquoi, par l'Œdipe, a-t-elle été foncièrement sophocléenne ?

Je pose ici qu'il faut être eschyléen. Lacan s'établit dans Sophocle, et pointe Eschyle, où nous voulons nous établir.

C'est Hölderlin qui a ouvert le débat sur le fond. Dans ses foudroyantes *Remarques sur Antigone,* il fixe ainsi le sophocléisme :

1. La contradiction mise en mouvement par la tragédie grecque est celle de l'originaire et du formel, de ce qui est natif et de ce qui est maîtrisé (le « nativement grec », dit Hölderlin, s'oppose à la « forme natale »).

Soit une division du lieu natal, une contradiction interne qui oppose le fondement simple de la loi à la loi elle-même. La tragédie est, quant à l'esplace, la parousie d'une scission intime, celle qui met d'un côté l'Un de l'esplace, et de l'autre sa fonction, qui est de régler le multiple. Avatar, soit dit en passant, de la contradiction, qui fait le sujet, entre l'Un et le Tout.

2. Chez les Grecs, cette contradiction oppose :
- du côté de l'Un originaire, sa consistance illimitée, « asiatique », orgiaque;
- du côté de l'esplace réglé (civilisé) dont cet Un est l'origine, sa fermeté finie, sa puissance de clôture représentative, qui se donne dans la perfection formelle de l'art grec, dans les mathématiques, dans l'architecture, dans la politique de la Cité.

Traduisons : si la loi grecque est finitude et clôture, le fondement non-loi de cette loi, sa violence native, est l'Asie multiforme. Donc, l'effectuation du surmoi grec, qui est consistance du sujet – la loi comme non-loi – est *élucidée* dans la tragédie.

3. Dans l'*Antigone* de Sophocle, la contradiction tragique élucidante est mise en mouvement par l'insurrection. Le rebelle fratricide se dresse en violence contre la Cité. Il est exclu radicalement (tué, et son corps laissé sans sépulture). Mais

l'exclusion échoue : dans la Cité, l'ébranlement se propage. Non comme insurrection politique, mais comme illimitation infinie dans la forme natale.

4. Cette mise en forme infinie est retournement : il s'agit d'une subjectivation par quoi le lieu laisse revenir, dans la trame soudain gonflée des règles, son origine contradictoire, son unité illégale.

5. Le retournement prend la figure (théâtrale) de l'antagonisme :

- L'illimitation de la forme natale elle-même fait que surgit du *trop formel* (Créon). La loi se révèle en excès sur sa propre figure restauratrice. Créon, c'est la sur-loi.
- Au regard de ce trop formel, par réaction, *l'informe* latent s'embrase à son tour, et en appelle à l'infini du ciel contre la loi finie de la Cité (Antigone).

« Créon » est le nom du surmoi : loi déréglée – détruite – par sa propre essence native revenue en excès sur la place qu'elle prescrit.

« Antigone » est le nom de l'angoisse, soit le principe de l'infinité du réel implaçable dans la finitude réglée du lieu.

De ce point de vue, à mes yeux, Antigone et Créon, quoique antagoniques selon le théâtre, réalisent le même processus, celui du sujet tragique sophocléen. Tel est le fondement de cette tragédie comme texte-Un : présenter le procès-sujet dans les catégories conjointes de l'angoisse et du surmoi.

3

Nous posons le problème que voici. Isolons deux thèses majeures de Hölderlin :

- l'effet (le cheminement) de l'insurrection est celui d'un retournement, par quoi se trouve barré le chemin du nouveau;
- le moteur interne du tragique est du côté de l'excès de la loi sur elle-même, du côté de Créon. L'informe s'embrase réactivement, en temps second. Quant au rebelle, il n'a pas de camp. Il est terme algébrique, cause absente retranchée de la Cité. Ceux qui se « dressent les uns contre les autres » sont le trop formel et l'informe – le surmoi et l'angoisse –, figures connexes de l'Un primordial, l'Un du retournement.

Nous demandons : quel est le lien entre ces deux thèses ? Il s'agit de la politique sous-jacente à la poétique d'Hölderlin. La modernité possible du tragique est une question politique – comme question de la théorie du sujet.

Pour Hölderlin, la contradiction est tragique en ce qu'elle n'a aucune autre issue que la mort. Pourquoi ? Parce qu'aucun droit nouveau ne la régit. Dans les deux termes (Créon et Antigone), c'est la forme infinie qui saisit tout, soit le réel qui submerge le symbolique, la force native qui dissout la place. L'unité des contraires l'emporte sur leur division, à proportion de ce que l'essence du processus se tient dans le déjà-là de l'origine. D'où le nom sophocléen de tout processus sujet : retournement. Œdipe l'incarne avec toute la clarté de son aveuglement. Et je crois qu'en effet cette figure subjective, dialectique sur le seul fil de l'angoisse et du surmoi, doit l'emporter aux temps de désarroi et de crépuscule, qu'ils soient de l'histoire ou de la vie.

S'emparer, là même, de la division entre Eschyle et Sophocle.

Dans l'*Orestie* d'Eschyle, le tragique est mis en mouvement par le meurtre d'Agamemnon. Oreste, acculé au meurtre de la mère (laquelle a tué le père), est en quelque sorte prescrit par la dynamique infinie des vengeances et contre-vengeances. Cet esplace répétitif est nommé par le chœur : « qu'un coup meurtrier soit puni d'un coup meurtrier ». L'illimité est celui de la dette, la dette de sang. Les (futures) catégories sophocléennes sont bien présentes, connectées à l'esplace même, à ce palais dégouttant de sang dont Oreste s'enfuit, dès le meurtre qui le subjective d'angoisse, traqué par la meute des Erinyes, chiennes du surmoi, gardiennes féroces du tout répétitif que constitue la vendetta familiale.

Mais l'orientation de la trilogie est l'avènement en rupture du nouveau. Il s'agit de produire l'*interruption* de la dette infinie, de la chaîne répétitive des meurtres, par l'avènement en torsion – selon un décret excentré, d'être le fait d'Athéna – d'un droit nouveau, capable de recomposer entièrement toute la logique de la décision.

C'est bien d'une cohérence nouvelle que s'assure, dans le tribunal ainsi mis en place, l'interruption des séries répétitives où s'ordonnait le tout social antérieur.

Du coup, les deux positions antagoniques ne sont pas distribuées, comme pour Sophocle-Hölderlin, par l'unité du natal. Elles sont scission de ce qui le fonde, division, au-delà de la loi, de tout ce qui est susceptible d'avoir valeur légale : c'est le lieu qui se révèle n'être pas un dans son principe, mais deux.

Dans cette épreuve dialectique, le nouveau l'emporte sur l'ancien. Il s'agirait là, dans le lexique d'Hölderlin, non pas du retournement de la forme natale, mais de son avènement.

Ces deux positions sont explicites, pour la première, dans le chœur des Erinyes, divinités de la vengeance :

> Ce jour verra donc l'avènement de lois nouvelles, si la cause – le crime – de ce parricide doit ici triompher ! A tous les mortels un si bel exploit va donner désormais le ton des licences permises (...) La Justice en ce jour voit crouler sa demeure !
> Il est des cas où l'Effroi est utile et, vigilant gardien des cœurs, y doit siéger en permanence. Il est bon d'apprendre à être sage à l'école de la douleur. Qui donc, homme ou cité, s'il n'est rien sous le ciel dont la crainte habite en son âme, garderait le respect qu'il doit à la Justice ? (...)
> Le rebelle audacieux, dont la cargaison criminelle est faite de trésors pêle-mêle amassés en dépit de la Justice, un beau jour, j'en réponds, se verra forcé d'amener sa voile, quand l'angoisse le saisira devant l'antenne qui se brise.
> Il appelle – sans qu'on l'écoute – dans l'étreinte du tourbillon irrésistible. Et le ciel rit en voyant l'insolent, qui ne prévoyait pas cette heure, en proie à des maux sans remède et impuissant à surmonter le flot. Son long bonheur d'antan, il l'a précipité contre l'écueil de la Justice, et, sans que nul le pleure, le voilà mort, anéanti (*Les Euménides,* trad. P. Mazon, Les Belles Lettres, 151 *s.*).

Donc : dialectique angoisse/surmoi comme seul fondement d'une mesure dans la chaîne des vengeances. La justice est subordonnée au surmoi, subordonnée à la régularité structurale du châtiment, et la subjectivation se fait dans l'angoisse, sous le signe de la mort.

La deuxième position est évidemment explicitée par Athéna, fondatrice du droit nouveau :

> *Athéna :* Écoutez maintenant ce qu'ici j'établis, citoyens d'Athènes, appelés les premiers à connaître du sang versé. Jusque dans l'avenir le peuple d'Égée conservera, toujours renouvelé, ce Conseil de juges (...). Incorruptible, vénérable, inflexible, tel est le Conseil qu'ici j'institue, pour garder toujours en éveil la cité endormie. Voilà les avis que j'ai voulu en termes exprès donner à

> mes citoyens pour les jours à venir. Maintenant vous devez vous lever, porter votre suffrage et trancher le litige en respectant votre serment. J'ai dit. (...) Pour qu'Oreste soit vainqueur, il suffira que les voix se partagent. Faites vite tomber les suffrages des urnes, juges à qui est commis ce soin (...).
> *Apollon :* Comptez exactement les suffrages qui tombent, étrangers ; en les triant, veillez à éviter la fraude. Un suffrage qui manque provoque un désastre, comme une voix de plus relève une maison.
> *Athéna :* Cet homme est absous du crime de meurtre : le nombre des voix des deux parts est égal (*Id.*, 158 *s.*).

Donc : contre l'illimitation de la vieille règle, il s'agit, engendrant la nouvelle, de trancher le litige. Courage divisible du Conseil, intrinsèquement référé à la Justice du nombre. Que le partage égal des voix scelle la décision symbolise un changement radical dans le concept même de ce qu'est – et peut être – une décision. Scission dans l'essence du Droit.

La promulgation d'Athéna fait une torsion égalitaire d'où la nouvelle cohérence juridique, celle de la délibération majoritaire sans appel, aperçue et pratiquée, interrompt la sérialité mécanique des vengeances.

Il existe bien deux tragiques grecs. L'eschyléen, dont le sens est l'avènement contradictoire de la justice par le courage du nouveau ; le sophocléen, dont le sens angoissé est la quête en retournement de l'origine surmoïque.

4

Que dit Hölderlin ?

> Propriété incomparable de la langue propre de Sophocle, alors qu'Eschyle et Euripide s'entendent mieux à représenter la souffrance et le courroux, et moins l'entendement de l'homme dans sa marche sous l'impensable (*O*, 960).

J'objecte ici, et dès l'abord, que regrouper Eschyle et Euripide ne peut valoir. Mais ce n'est que l'indice d'une distorsion plus profonde, d'un choix sophocléen partiellement inéclairé, dont on ne peut non plus excuser tout à fait Freud, car qui dira exempte du « retournement » la logique native de l'inconscient ?

Ce en quoi excelle Eschyle, c'est bien plutôt à appréhender, sur le sol du surmoi, la *rupture instituante.* Il n'y a jamais de retour à l'ordre dans son théâtre, il s'y opère la recomposition d'un ordre différent. Eschyle exclut la présupposition d'une unité de l'originel. De là qu'en effet l'homme eschyléen ne marche pas sous l'impensable. L'excellence d'Eschyle est assurément du côté du pensable. L'excellence d'Eschyle, *c'est de se détourner du retournement,* ou plutôt : d'exposer un retournement non natal.

Du coup, ce n'est pas l'excès formel qui est moteur, mais le refus courageux. Quoique rongé d'angoisse, *parce que* rongé d'angoisse, Oreste n'intériorise pas la loi du sang et des prestations infinies. Il ne se dresse pas non plus contre elle dans l'aveuglement d'une fureur. Il demande une discussion avec faits à l'appui, il tient tête, il ne cède pas à la fascination meurtrière des Erinyes.

« Oreste », d'abord nom de l'angoisse, est le nom du courage. « Athéna » est le nom de la justice.

Antigone, Créon, Oreste et Athéna nomment l'instance *complète* de l'effet de sujet dans la tragédie grecque : l'informe, l'excès formel, l'interruption et la recomposition.

Dans une tragédie d'Eschyle, le « cheminement de l'insurrection » – pour parler comme Hölderlin – ne coïncide pas avec la propagation de la mort. Il est fondateur de justice par scission et dépérissement de la loi ancienne. Loin d'être tenu dans l'exclusion de la cause absente, le rebelle, Oreste ou Prométhée, est l'acteur immédiat de ce cheminement.

Hölderlin opte clairement pour le tragique sophocléen, c'est-à-dire pour la part structurale de la théorie du sujet.

Ce qui fait partage, c'est la limitation natale du retournement. A raison de cette limite, l'histoire tragique sophocléenne circonscrit l'antagonisme dans la puissance de l'Un.

Le point clef, pour Sophocle-Hölderlin, c'est le cheminement rétrograde vers l'origine, dans sa double forme : l'excès formel, et le feu de l'informe. Effet de la subjectivation angoissée, consistant selon le surmoi, le héros tragique suit l'involution de l'esplace jusqu'à mourir.

Le point clef pour Eschyle est tout autre, c'est l'interruption de la puissance de l'origine, c'est la division de l'Un. Cette interruption prend elle aussi une double forme : celle du refus courageux, soit la mise à la question de la loi sous l'effet d'un trop-de-réel, en transcroissance de l'angoisse dans le mode d'un *litige.* Ce temps est atteint quand Oreste exige que soit tranchée la question : a-t-il eu tort, ou raison ? L'autre forme, c'est la recomposition qui déploie, à partir de l'interruption, un ordre de justice nouveau.

Aucune de ces deux formes n'est l'origine revenue dans la règle. Elles nomment ce qui du sujet, toujours effectué sous la loi (angoisse et surmoi), n'en excède pas moins cette effectuation pour faire être la nouveauté de son être – en l'occurrence, dans Eschyle, un sujet de droit.

Comme tout grand dialecticien, Hölderlin reconnaît au passage la virtualité du versant eschyléen : « Et dans le retournement natal, où toutes les choses changent dans leur figure, et où nature et nécessité, qui demeurent toujours, inclinent vers une autre figure, soit en tournant au chaos, soit en passant à une nouvelle figure (...) » (*O,* 965).

Cependant la nouveauté virtuelle, la « nouvelle figure » que pourrait générer la tragédie, n'advient que dans la force de la mort. Pourquoi ? Parce que cette nouvelle figure, la suite le montre, n'est que l'excès formel, n'est que la loi elle-même saisie du vertige de la terreur. Et que le chaos n'est que l'illimité comme embrasement de l'informe. Comment du reste accéder pleinement à la nouveauté d'un effet, si l'on présuppose, dans le mode du natal, l'unité absolue de la cause ? Aussi Hölderlin doit-il expliciter un principe de limitation : un retournement *total,* dit-il, n'est pas permis à l'homme. Il est clair en effet qu'un retournement total ne saurait être natal. Pour qu'il soit possible, doit venir la délivrance de la *fixité* surmoïque. La voie eschyléenne, posant que courage et justice dialectisent angoisse et surmoi, instruit la divisibilité, élucide la délivrance.

Ce n'est pas qu'il faille abandonner le beau mot de « retournement ». Je veux plutôt distinguer deux formes, quant à ce qu'il désigne dans la théorie du sujet. Il y a le retournement natal, qui se meut dans l'angoisse, et prétend la guérir par la terreur restauratrice, comme par son envers, le sommeil mystique. Il y a le retournement d'exil, où c'est du déni en scission de la loi ancienne que procède l'éclaircissement, dans la guise du nouveau, de la torsion infligée au réel. Le retournement d'exil révoque l'originel comme peu de réel, et restaure le réel dans la justice.

En quoi il est un retournement total : du passé, faisons table rase.

Ce qui n'est pas simple, c'est qu'il est vain d'espérer le processus du retournement d'exil sans l'étayage en structure sur le natal. Car c'est de l'impasse matérialiste du second que procède l'existence pratique du premier. Il est unilatéral de déclarer tragique le sujet, cependant il y a tragédie.

Tenir l'exil – ou, comme dit Rimbaud dans *Une saison en enfer* : « tenir le pas gagné » –, c'est ce que Hölderlin ne pouvait pas supporter, l'exil n'étant jamais pour lui que la crucifiante médiation du retour.

Le courage n'a pas d'autre définition : exil sans retour. Perte du nom. Mais Hölderlin veut la maintenance de la nomination du proche :

> Et vraiment oui! c'est bien le pays natal, le sol de la patrie;
> Ce que tu cherches, cela est proche et vient déjà à ta rencontre (*O*, 817).

Nous déclarons qu'il faut doubler la nostalgie, comme on double un convoi, excéder dans le courage la forme prégnante du retour.

Sophocléens, la recherche en retour du proche dans le lointain, le patriotisme infini de la pure proximité, la vérité si intime qu'on doit mourir de la découvrir en soi.

Eschyléens, le lointain dans le proche, l'exil au plus près.

L'action étayée sur ce dont la logique est la plus impérieusement étrangère à ce qui nous est familier : c'est cela, un sujet pour l'antagonisme.

Quoiqu'il faille revenir – et que ce retour soit sujet –, peut sourdre et s'éclairer le franchissement de ce qui ne comporte plus aucun retour.

23 mai 1977

Des brins du nœud, n'avoir que la couleur.

Notations pour diagramme. - La crise est mûre. - Classes, État, masses. - Mathèmes. - Au tableau noir.

1

J'allais un peu vite, ces temps-ci. Pour contrarier l'énigme, exagérons-la. Mon but est de faire un tableau de l'acquis. Mais j'y vais par la traverse de notations inconséquentes.

1. *Les mots de Lacan et les nôtres.*

Nous avons commencé, en 1975, par l'esplace (ou lieu du subjectif), le horlieu, concentré en force, et la double articulation des deux : placement, excès.

On a corrompu ce lexique de la force et de la place par le trinitaire lacanien : symbolique, réel, vérité, imaginaire. Que trois soit quatre est clair.

« Sujet » nous est commun, et communément dérobé.

Très fallacieusement, je vous propose les deux listes ordonnées que voici. Sont-elles isomorphes ? À voir.

Lacan : symbolique, réel, imaginaire, vérité, loi, signifiant, nœud.

Ici et ailleurs : place, force, idéologie 1 (totalité-répétition), idéologie 2 (torsion-cohérence), État, logique des places (algèbre), logique des forces (topologie).

2. *Nous nous occupons de la théorie du sujet comme telle.*

De la rationalité productive des effets-de-sujet. Il n'est dit ni qu'un sujet requiert un individu (sexué) pour support, ni qu'il a une classe (sociale). Nous surplombons. D'où la possibilité de la corruption lexicale ci-dessus mentionnée.

3. *Force et destruction.*

C'est le même concept, divisé selon la structure et selon le processus.

Selon la structure, la force reste définie à partir de la place, comme épuration en excès, comme trop-de-réel. Elle reste référée au manque.

Selon le processus, la force est interruption de la répétition. C'est ce temps d'interruption qui dévoie le manque dans la destruction.

En politique marxiste, on connaît très bien cette différence. « Être une force » peut vouloir dire : trop compter – du point de l'adversaire – quant à la place tolérable des oppositions. C'est une définition répressive intériorisée. Or, cette fascination du manque est quasiment la règle des partis politiques « révolutionnaires ». Ils automesurent leur force à la quantité d'excès tolérable, au seuil de destruction. Ils ne veulent surtout pas avoir la place d'être hors place. Au besoin, ils s'affaiblissent eux-mêmes, ou se divisent. Cette tendance à ne déployer la force que selon la structure est celle contre quoi le révolutionnaire s'impatiente, anxieux d'excéder l'excès dans l'acte d'interruption.

La figure historique exemplaire de ce drame subjectif est la fureur de Lénine en 1917, quand le parti, Zinoviev, Kamenev rechignent *essentiellement* à forcer l'histoire par l'insurrection. Ils ne veulent pas de cet « art », nom que martèle Lénine, donné à l'insurrection dans sa dignité d'incertaine puissance. Pour eux, la force des bolcheviks est d'attendre, c'est une donnée cumulable.

L'essence de la politique est en effet d'attendre. Par un côté, c'est insurmontable. Mais quand Lénine dit que l'insurrection est un « art », il veut justement dire qu'elle violente l'essence de la politique.

Qu'est-ce qu'il dit, Lénine? Il faut lire tous ces textes de l'automne 1917, *la Crise est mûre,* par exemple :

> (...) il existe chez nous, au Comité central et dans les milieux dirigeants du parti, un courant ou une opinion en faveur de l'*attente* du Congrès des soviets et *hostile* à la prise immédiate du pouvoir, *hostile* à l'insurrection immédiate. Il faut *vaincre* ce courant ou cette opinion.
>
> Autrement, les bolcheviks *se déshonoreraient* à tout jamais et *seraient réduits à zéro* en tant que parti.
>
> Car, laisser échapper l'occasion présente et « attendre » le

> Congrès des soviets, serait une *idiotie complète* ou une *trahison complète*. (...)
> Ne pas prendre le pouvoir maintenant, « attendre », bavarder au Comité exécutif central, se borner à « combattre pour l'organe » (le Soviet), « combattre pour le Congrès », c'est *causer la perte de la révolution*.
> Le comité central ayant laissé *même sans réponse* mes instances là-dessus depuis le début de la Conférence démocratique, et comme l'organe central *biffe* dans mes articles les indications que je donne sur les erreurs criantes des bolcheviks, telles que la décision déshonorante de participer au pré-parlement, que l'attribution d'un siège aux menchéviks au Présidium du Soviet, etc., etc., force m'est de voir là une allusion « délicate » au refus du Comité central de débattre même la question, une allusion délicate au bâillonnement et à l'invitation à me retirer.
> Je dois *présenter ma demande de démission du Comité central*, ce que je fais, en me réservant de faire de la propagande, *dans les rangs* du parti et au congrès du parti.
> Car ma conviction la plus profonde est que, si nous « attendons » le Congrès des soviets et laissons tout de suite échapper l'occasion, nous *causons la perte* de la révolution (*OC* II, 397-399).

J'espère que vous distinguez dans ce texte la nomination fort peu consciente d'un effet-de-sujet inouï. Ce qui s'y scinde rejette l'« attente », figure fermée de la force, pour basculer dans la destruction immédiate de ses conditions.

Ce moment de torsion pure – de démission missionnaire –, où le cumulable s'inverse en perte, en dilapidation de la force, est le sphinx temporel du sujet.

Là se croisent, dans une vacillation fulminante, la droiture morte de ce qui fait défaut et le risque vivant de l'interruption.

Là le sujet naît à la décision, qui n'est que son existence. Décider revient toujours à disjoindre, dans l'unité déterminante du manque sériel, le point de la destruction. Aussi est-il très rare que quoi que ce soit relève d'une décision.

4. *La double articulation de la force et de la place.*

Ou bien l'une est la perte de l'autre. Quand, destructeur, l'excès est inassignable à la place qu'il suppose. Ou bien l'inverse, quand, à se tenir à sa place, la force est dilapidée, dans l'écarquillement du surmoi.

C'est la grande découverte de Marx, surtout pendant la Commune de Paris :

> Dans le dernier chapitre de mon *18-Brumaire* je remarque, comme tu le verras si tu le relis, que la prochaine tentative de la révolution en France devra consister non plus à faire passer la machine bureaucratique militaire en d'autres mains, comme ce fut le cas jusqu'ici, mais à la *détruire*. C'est la condition première de toute révolution véritablement populaire sur le continent. C'est aussi ce qu'ont tenté nos héroïques camarades de Paris (Marx, lettre à Kugelmann, *OC* II, 440).

Il s'agit de détruire, à quoi tend l'héroïsme – qualité subjective s'il en fut –, et pour qu'advienne la dimension populaire de l'insurrection.

Marx fait théorie du lien entre la destruction et l'étendue « véritablement populaire » du phénomène historique. L'être de classe ouvrier peut bien, comme en juin 1848, se donner en sujet dans l'angoisse défensive, muette, tragique. L'intérêt du peuple entier, lui, gît dans l'interruption générale des séries du lieu, dans la destruction du mécanisme intime de l'État.

Plus la révolution a capacité d'être radicale, et non pas coincée dans le sursaut sanglant que régit l'angoisse de la répression, le surmoi de la terreur, plus elle est dans le basculement courageux de la destruction, dans l'audace justicière de la recomposition, plus il s'avère qu'elle est l'acte d'un peuple, dont le prolétariat ne fait que nommer l'Un, en tant qu'Un de la politique.

5. *Les classes, le côté de la vérité.*

La dominante fait position du maintien de l'esplace. Sa vérité est mi-dite, de se prétendre toute. Elle gère la répétition. Toute cohérence aperçue lui est insoutenable.

La classe révolutionnaire se définit comme sujet qui soutient la vérité dans sa division. A partir de son existence politique, qui est très aléatoire, le mi-dire est Un-dire selon la torsion d'où la cohérence nouvelle est pratiquée.

L'analyse marxiste en termes de point de vue de classe est isomorphe à l'analyse lacanienne selon la vérité. Il y faut dans les deux cas la torsion, car la vérité ne peut se dire toute (Lacan) et il n'y a pas de vérité au-dessus des classes (marxisme), donc elle ne peut en effet se dire toute.

Ce qui signifie qu'elle doit se dire pas-toute. Soit en sujet, hystérique pour l'un, révolutionnaire pour l'autre.

« Prolétariat » est le nom politique de la vérité pas-toute.

6. *État et masses, le côté de la loi.*

L'État est le noyau violent du commandement légal. Son effet propre est d'annuler la force subjective antagonique.

Les masses, de faire l'histoire (la mauvaise comme la bonne), sont registrables du côté de la non-loi. Elle sont la seule force antiétatique, c'est leur définition.

Des masses, il n'est d'irruption historique qu'en excès destructeur sur l'État. C'est leur invariance communiste. Elles peuvent aussi, dans leur identité substantielle, ordonner le consensus étatique le plus épais, voire le plus abject. Mais c'est leur être placé, leur être forcé. Leur être-en-force est sous la loi de la non-loi.

Nous appelons « masses » l'interruption historique comme telle, le réel de la coupure.

7. *Quatre mathèmes.*

L'algèbre se compose à partir de L (lieu), F (force), P (place), V (vérité), m (manque), d (destruction). Le signe = désigne un temps différentiel, le signe → un processus intégral. $\diagup\!\!\!\vdash$ est la fourche de l'excès sur la barre du placement.

Je vous ai déjà inscrit les mathèmes de l'angoisse et du surmoi :

Angoisse :

$$F \diagup\!\!\!\vdash P = \frac{V + m\,(\scriptstyle m)}{\cancel{S}}$$

Surmoi :

$$F \diagup\!\!\!\vdash P \rightarrow \frac{L + d}{\cancel{S}}$$

Le courage est le basculement destructeur où l'on soutient la vérité dans sa division :

$$F \dashv\!\!\!\diagdown P = \frac{S + d}{\cancel{V}}$$

La justice recompose l'espace sous la marque d'une loi désormais manquante à ce qui s'y noue. Elle instruit et stabilise la division du lieu :

$$F \dashv\!\!\!\diagdown P \rightarrow \frac{S}{\cancel{L} + m}$$

Ces quatre mathèmes font l'effet-de-sujet.

2

Je vous récapitule tout ça dans l'espace :

	DESTRUCTION				
côté de la loi	de l'autre, pour que vive la loi		de la loi, pour que vive l'autre		*côté de l'État*
	loi comme non-loi		non-loi comme loi		
	État		masses		
	Créon	$F / P \longrightarrow \frac{L + d}{\$}$	$F \backslash P \longrightarrow \frac{S}{\not L + m}$	Athéna	
	SURMOI		**JUSTICE**		
		S			
côté de la vérité	**ANGOISSE**		**COURAGE**		*côté de la classe*
	Antigone	$F / P = \frac{V + m\,(m)}{\$}$	$F \backslash P = \frac{S + d}{\not V}$	Oreste	
	[vérité, insoutenable – tout]		[vérité soutenue dans sa division]		
	classe dominante		classe révolutionnaire		
	la force, perte de la place		la place, perte de la force		
	FORCE				

De la double division qui détermine l'effet-de-sujet, il serait juste de dire que Lacan n'a nommé exhaustivement qu'une moitié.

A la première division, celle, horizontale, du tableau, correspond la dialectique de la loi et de la vérité, dont le corrélat serait celle de l'étatique et de la classe. Elle est nommée chez Freud.

La seconde, verticale, n'a pas de nom d'analyse. Elle passe entre l'un de la loi et sa division, entre l'État et les masses, entre les deux classes antagoniques. Marx l'a nommée. C'est par elle que circule l'historicité.

Du nœud de ce double clivage, nœud dont nous n'avons encore que la couleur des brins, résulte qu'il y a quatre concepts fondamentaux de la théorie du sujet.

Ainsi s'épuisent les pouvoirs critiques de l'algèbre. Nous savons ce qui, sous l'effet de la destruction innommée, échappe à Lacan quant à la détermination du sujet. Mais nous ne savons pas ce qui du courage rétroagit sur l'inévitable angoisse, ni ce qui de la justice résonne dans la prescription du surmoi, ni comment les recompositions, qu'elles soient terrorisantes ou dissolvantes, s'articulent sur les interruptions autrement que dans la fausse empirie du successif.

Le mathème des quatre mathèmes est notre impasse du moment. En assurer la garantie matérialiste exigera un vaste détour. Nous en attendrons un dispositif d'élucidation tant de nos vies singulières, et de l'art qui s'y exerce, que de l'existence des politiques, et de l'histoire qui s'y trame.

En toutes les occurrences du temps, c'est d'une éthique que l'action pressent son risque et son succès. De la conviction si répandue que l'action est impossible naissent les désubjectivations ravageuses.

Qu'attendre d'une théorie du sujet, sinon qu'elle éclaire un peu le mystère de la décision ?

IV

Retournement matérialiste du matérialisme

7 novembre 1977

Le mouton noir du matérialisme.

Le sujet de la tradition. - Les morosités de l'automne. - Défendre le marxisme, c'est défendre une faiblesse. - De la domination idéaliste. - De Dieu à l'idéalinguisterie.

1

Cette question dont il a bien fallu qu'elle nous tourmente, gauchistes mémorables et de courte mémoire, cette question dont, le sachant à peine, nous portons l'obscur au plus obscur qu'elle-même, à la classe d'usine, à son histoire obtuse, cette question : « Qu'est-ce en politique qu'un sujet ? », peut-elle être matérialiste ? Peut-elle être marxiste ?

S'agirait-il, comme l'a voulu Politzer, s'y supprimant, d'ajouter au matérialisme dialectique une « psychologie » convenable ? Je dis plusieurs fois non. Il n'est pas vrai que le marxisme, s'étant occupé, supposons-le, à la satisfaction générale, des classes et de l'État, de l'histoire et de la politique, ait laissé en blanc, pour d'autres cuisiniers du concept, le domaine suspect de l'individu, la fureur du sexe ou l'émotion d'amour.

Imaginer qu'il y ait quelque manque à combler du marxisme, quelque discipline régionale où étendre ses pouvoirs – une psychologie, on s'est fait gloire par exemple d'y songer du côté russe, avec quelques chiens à la salive éducative –, cela n'a mené à rien, et ne mènera jamais à rien.

Notre question, plus radicale, n'a pas figure de région du concept. Nous demandons : « Qu'est-ce qui fait sujet ? » et c'est aux domaines les mieux constitués de la tradition, l'action de classe et son parti, que cette question résonne le plus abruptement.

Ladite tradition ne manque pas, du reste, d'abriter le problème. Peut-être le tient-elle précisément trop à l'abri. C'est une distinction tout à fait orthodoxe que d'opposer la « classe en soi », pure existence du collectif ouvrier, à la « classe pour soi », subjectivement constituée dans son propos de révolution.

Reste à savoir si ce dispositif hégélien fait lumière.

La piste ouverte est que les phénomènes organisationnels de la politique relèvent, dans un processus historique, du subjectif. Ils en sont la matière.

Le débat retentit, tout du long de cent cinquante ans d'histoire, de chicanes sur qui sont les *acteurs* de l'histoire. Les classes ? Les masses révoltées ? L'État ? Les chefs ? Qui donc fait l'histoire en sujet ? Qui donc est sujet du verbe « faire » ?

Mao là-dessus frôle la théologie : « Le peuple, le peuple seul, est la force motrice, le créateur de l'histoire universelle » (*OC* III, 217).

Le peuple est ici en position subjective transcendante.

Le léninisme a certainement été une grande étape de concentration du marxisme sur l'activité subjective. La théorie de l'organisation comme sujet pratique y ordonne l'analyse de classe.

Chez Marx, il y aurait plutôt une théorie du Moi, une critique des illusions de la conscience. Les positions de classe sont explicitées dans des dispositifs idéologiques qui ne sont pas trop loin d'évoquer la fonction de l'imaginaire dans l'édification idéale de ce Moi dont tout sujet fait son Tout.

Il y a aussi ce débat récurrent sur le rôle de l'individu dans l'histoire. Avatars proximes : la thèse khrouchtchévienne du « culte de la personnalité » pour conjurer le fantôme de Staline, et la chute d'Icare de Lin Piao quand à l'enseigne de la « théorie du génie » il cherchait à propulser Mao dans le ciel inactif des bouddhas prolétariens.

Voyez le disparate de ce legs.

J'exclus en tout cas toute remise en selle du sujet comme foyer simple, comme point d'origine, comme constitution de l'expérience. La théorie du sujet est aux antipodes de toute transparence d'élucidation. L'immédiateté, la présence-à-soi sont les attributs idéalistes de ce qui est introduit à seule fin de lier la division dialectique.

Concentration de la dialecticité du réel, le processus-sujet touche essentiellement à la scission. Le sujet ne s'outrepasse dans aucune réconciliation, ni de soi avec le réel, ni de soi avec soi. Lacan est notre éducateur présent sur cette précaution majeure.

2

De quoi nous entretient-on, en cet automne 1977 ? Le désespoir de l'Histoire, l'esthétisme singulier, le goût des constructions spéciales, la conviction que la monstrueuse figure de l'État surplombe et définit notre destin et que la raison occidentale, dont le marxisme ne serait que le conséquent moderne, s'investit dans cette définition. La presse se fait l'écho de ce qu'il y aurait enfin, avec le goulag et les noyés vietnamiens, avec Pol Pot et l'armada soviétique, de quoi faire rendre gorge au marxisme abominable.

L'éthique de ce courant se distribue entre une morale des droits (tenir pour la vie de l'individu contre l'abstraction mortelle de l'État) et une politique du moindre mal (tenir pour les parlements de l'Ouest contre les totalitarismes de l'Est). L'ambition communiste est jugée criminelle, de désirer la politique de masse plutôt que l'arbitrage humaniste et juridique. On en appelle, contre la violence idéologique, à la régularité opiniâtre des institutions, pour autant qu'elles font rempart à la conscience insulaire.

Le radical-socialiste Alain disait déjà : « le citoyen contre les pouvoirs ». Cette modestie française fait retour, dans une diatribe antimarxiste qu'alimente un personnage clef : le renégat du gauchisme, le maoïste repenti, qui fait commerce – comme déjà toute une génération d'intellectuels « staliniens » des années cinquante - de ce qu'on ne l'y reprendra plus.

Confiez l'éducation des gens à ces fatigués de l'antagonisme, à tous ceux qui, s'étant conjoints au sort des ouvriers, sont depuis revenus à leur place, prescrite, d'intellectuels, et vous aurez, souhait des professionnels de l'État, de quoi tenir pour vingt ans la pensée dans l'étroitesse du cours des choses. Chacun vaudra pour soi, nul ne prétendra parler pour quiconque.

C'est le plus sûr chemin du pire. Quand on abdique l'universel, on a l'universelle horreur.

Au regard de ce défi médiocre, il y a deux attitudes, chez les diverses personnes que je peux connaître : se défendre ou se changer.

« Défendre » le marxisme et la politique ne mène qu'à la surdité.

Croyez-vous qu'ils pourraient crier au crime, nos antimarxistes, et annoncer notre débâcle, si nous étions au point de pouvoir victorieusement nous défendre ? Je prétends que, vide de toute nouveauté, la propagande antimarxiste des repentis et des rangés-des-voitures, des Droits de l'homme et des amateurs de tranquillité helvétique, n'a que l'efficacité de notre faiblesse.

Oui, reconnaissons-le sans ambages, le marxisme est en crise, le marxisme est atomisé. Passés l'élan et la scission créatrice des années soixante, passées les luttes de libération nationale et la révolution culturelle, nous héritons, en temps de crise et de guerre menaçante, d'un dispositif de pensée et d'action fragmentaire, étroit, pris dans un dédale de ruines et de survivances. Ce à quoi nous donnons le nom de « maoïsme » est moins un résultat fini qu'une tâche, une directive historique. Il s'agit de penser et de pratiquer le post-léninisme. Mesurer l'ancien, éclairer la destruction, recomposer la politique dans la minceur de ses appuis indépendants, et cela quand l'histoire se poursuit sous les pavillons les plus sombres.

Défendre le marxisme, c'est aujourd'hui défendre une faiblesse. Il faut *faire* le marxisme.

D'où l'énoncé paradoxal que je vous propose : quoiqu'il soit évident que nos antimarxistes en veulent surtout à la dialectique, c'est le matérialisme qu'il faut refondre, dans l'armement rénové de notre puissance mentale.

Si nous lâchions la prise, nous contentant, comme à l'époque activiste, de poser que le mouvement est tout, et qu'il se divise en deux, et que les antimarxistes exigent un retour de théologiens aux Droits et aux lois, nous resterions le dos au mur, aveugles à nous-mêmes et à l'époque.

Certes, ce n'est pas un hasard si les petites charges des Glucksmann et autres pointent sur Hegel et sur la Raison dans l'histoire. La dialectique est l'enjeu suprême.

Tels les rusés tacticiens de la Chine antique, nous réservons à l'adversaire ces brusques changements de terrain qui font de leurs courses ravageuses des cavaleries pour moulins à vent.

Nous demandons *au matérialisme* d'inclure ce dont nous avons besoin, et dont le marxisme a toujours fait, fût-ce sans le savoir, son fil conducteur : une théorie du sujet.

Le texte inaugural s'intitulait *Manifeste du parti communiste.* Qu'était-ce, en 1849, que ces communistes, sinon le sujet nouveau dont ils disaient, les pères fondateurs,

> qu'ils (les communistes) ne forment pas un parti distinct opposé aux autres partis ouvriers.
> Ils n'ont point d'intérêts qui les séparent de l'ensemble du prolétariat.
> Ils n'établissent pas de principes particuliers sur lesquels ils voudraient modeler le mouvement ouvrier.
> Les communistes ne se distinguent des autres partis ouvriers que sur deux points : 1. Dans les différentes luttes nationales des prolétaires, ils mettent en avant et font valoir les intérêts indépendants de la nationalité et communs à tout le prolétariat. 2. Dans les différentes phases que traverse la lutte entre prolétaires et bourgeois, ils représentent toujours les intérêts du mouvement dans sa totalité.
> Pratiquement, les communistes sont donc la fraction qui stimule toutes les autres; théoriquement, ils ont sur le reste du prolétariat l'avantage d'une intelligence claire des conditions, de la marche et des fins générales du mouvement prolétarien (Marx-Engels, *OC* I, 123).

Les communistes : dans le mouvement historique, le sujet politique.

De ce point il nous faut repartir.

3

La thèse matérialiste n'est pas simple. Elle l'est moins, quoi qu'il y paraisse, que la thèse dialectique.

Les marxistes ont posé que depuis l'origine grecque de la philosophie, la contradiction qui la distingue oppose le matérialisme à l'idéalisme. C'est l'axiome du combat des clercs :

> Les philosophes se divisaient en deux grands camps. Ceux qui affirmaient le caractère primordial de l'esprit par rapport à la nature, et qui admettaient, par conséquent, en dernière instance, une création du monde de quelque espèce que ce fût (...) ceux-là formaient le camp de l'idéalisme. Les autres, qui considéraient la nature comme l'élément primordial, appartenaient aux différentes écoles du matérialisme (Marx-Engels, *OC* III, 367).

D'où procède cette invariance de structure, selon quoi la philosophie paraît agiter sur son théâtre une squelettique querelle quant à savoir si A précède B, ou B, A ?

Ce qui la soutient dans le réel est que les classes dirigeantes sont invariablement poussées à prétendre que la pensée précède l'être (la nature). C'est assez curieux, n'est-ce pas, et Engels ne s'explique pas à fond là-dessus.

Donnons de cette compulsion idéaliste deux motifs provisoires.

Une classe dirigeante est gardienne du lieu, fonctionnaire obligée de l'esplace. Son propos, violent et caché, vise à garantir la répétition, et à interdire le sujet politique, par le blocage de l'interruption.

Dominer, c'est *interrompre l'interruption.*

En politique d'État, on dit « rétablir l'ordre ». L'ordre est ce qui se rétablit, silence fait sur ce qui l'établit. Comme le sujet qu'il dénie, l'ordre déclare venir en second lieu.

La posture conservatrice exige que la loi soit nommée comme indivisible : elle ne peut qu'être désétablie, jamais scindée. De la subversion au complot en passant par la destabilisation, le lexique d'État fourmille de mots pour le désétablissement de la loi, n'en ayant pas un seul pour sa division.

L'indivisibilité de la loi du lieu l'excepte du réel. Lier cette exception revient en théorie à poser l'antériorité radicale de la règle, laquelle, en vérité, n'est définie (établie) que rétroactivement, par la torsion d'où sa cohérence apparaît comme disjointe de la cohérence nouvelle.

La position de cette antécédence s'élabore en philosophie comme idéalisme. Il faut fonder en absolu le lieu des séries répétitives.

L'idéalisme est la parousie nominale de l'esplace comme tel. Platon le désigne comme *topos,* ce qui est d'un fondateur.

L'idéalisme domine nécessairement, étant le langage obligé de la conservation.

D'un autre côté, il est vrai que toute classe dominante jusqu'à aujourd'hui organise pour son propre compte la maintenance de la division sociale du travail. Transversaux aux conflits de classe, il y a ces grands invariants structuraux millénaires, ces trois « grandes différences » – de la ville et de la campagne; de l'industrie et de l'agriculture; de l'intellectuel et du manuel – dont c'est tout le propos du communisme que de les abolir.

En quoi le communisme est concret. Spécifié avec exactitude aux différenciations sociales les plus tenaces, il ne prend la question politique que comme le biais de son accès au réel. Nommant, dans la violence populaire, la nécessité de mesurer le pas fait quant à la résorption des trois différences (ainsi des étudiants pris à la production, des villes empêchées de grandir, de la petite industrialisation des communes populaires, de l'innovation technique ouvrière, etc.), la révolution culturelle chinoise mérite d'être nommée la première révolution communiste de l'histoire.

Ce qui échoue garde son nom. De quoi, sinon, y a-t-il eu échec ?

Pour les classes dont le communisme est le spectre, il importe de consolider les distinctions. Quoique dans des formules variables, et d'extension presque sans mesure commune, elles monopolisent toutes le travail intellectuel, et systématisent sa « supériorité » sur le manuel.

On reconnaîtra que l'idéalisme est transitif à cet axiome social. Il subordonne en dernier ressort la nature au concept, comme l'OS de chaîne est subordonné à l'ingénieur, ou l'esclave, « outil animé », à son maître mathématicien.

Ne croyez pas que la grossièreté de cet argument fasse obstacle à sa vérité.

Dans les manuels de philosophie, vous verrez que telle l'épithète d'un Homère de sous-préfecture, l'adjectif « grossier » s'attache presque toujours au substantif « matérialisme ». Eh oui ! Il y a quelque trivialité à lire dans les hiérarchies sociales les plus épaisses l'abject secret d'une permanence spéculative.

Mais c'est ainsi.

De là que furent matérialistes les bourgeois révolutionnaires du XVIIIe siècle – contre l'establishment cléricalo-féodal – et les prolétaires du XIXe – contre les barons de la finance convertis au spiritualisme.

Comme quoi on oublie commodément le matérialisme hargneux de sa jeunesse politique, quand vient l'âge établi de la conservation. Les mêmes qui mangeaient du curé ou de l'académicien finissent par subventionner la mission des bons pères en Afrique, ou par faire distribuer au Comité central les icônes d'un « humanisme soviétique » en transparence duquel on aperçoit les datchas cossues et les mercedes noires.

4

Le matérialisme, s'il n'est pas de chien crevé, atteste dans le concept l'émergence épurante de la force. C'est une philosophie d'assaut. Propos dissolvant et courage simplificateur, il fait briller au plus loin la faille du symbole, instruit qu'il est d'un hors-place.

Le matérialisme est en division interne à ses cibles. Il n'est pas inexact d'y voir un ramassis de mépris polémiques. Son ordonnance n'est jamais pacifiée.

Le matérialisme, le plus souvent, *dégoûte* la pensée subtile.

L'histoire du matérialisme trouve son principe de périodisation dans l'adversaire. Ne faisant système de rien d'autre que de ce qu'il entend abaisser et détruire, gonflé des colères latentes, ce propos est à peine philosophique. Il colore, dans des flexions souvent barbares, l'impatience de la destruction.

Le premier matérialisme de notre époque, celui des bourgeois ascendants – celui du XVIIIe siècle – n'existe que référé à la religion, dont il propose, de façon violente, et même répugnante (quelle fable plus médiocre que *la Pucelle* de Voltaire, versification de ces cochonneries de bistrot où l'on regarde avidement sous la soutane du curé ?) l'abolition immédiate. Ce matérialisme, quoique référé à la science horlogère du monde, d'accointance calculée à la mécanique de Newton, veut organiser au plus court une directive unique : « Écrasons l'Infâme. »

Ce temps de subjectivation offensive n'a cependant aucune stabilité. On le voit dès la Révolution, où l'excès antichrétien des alliés provisoires, les plébéiens des villes, est brisé par la guillotinade d'Hébert, cependant que le spiritualisme régénéré des grands systèmes idéalistes connote la possibilité d'un concordat universel. La laïcité bourgeoise, établie dans l'État, sera parfois anticléricale, jamais matérialiste.

Preuve rétroactive de ce que le matérialisme organise l'assaut, non la prise, le soulèvement, non la répression.

La bourgeoisie, prise comme gardienne du lieu moderne, doit obéir à trois conditions, une fois l'ordre ancien abattu, et la carrière ouverte à son règne mondial :

- tolérer cette part minimale de matérialisme adéquate à l'essor rationalisé des forces productives, au crédit accordé à la science ;

- réorganiser l'idéalisme, qui fait symbole et règle de ce que la division hiérarchique du travail subordonne le manuel à l'intellectuel ;
- soutenir en philosophie l'ordre juridique et moral qui nomme la prescription des places, et assigne les répétitions.

Le produit de tout cela est un idéalisme spécifique, centré sur l'Homme, et non plus sur Dieu. La conscience comme foyer de l'expérience, le sujet comme garantie de la vérité, la morale comme formalisme intemporel : ce kantisme moyen perdure, à échelle de masse, jusqu'à aujourd'hui.

La deuxième figure du matérialisme se fait donc de l'assaut donné à l'humanisme, et spécialement contre les petits maîtres kantiens des académies.

Ils poussaient loin leurs pions, ces pions du transcendantal, et jusque dans les rangs de la politique nouvelle, comme on le voit dans la diatribe léniniste qui s'appelle *Matérialisme et empiriocriticisme.*

L'arrière du second matérialisme, dont la bourgeoisie n'est déjà plus porteuse, revient à prendre appui sur Hegel contre Kant.

Demandez-vous au passage si tout matérialisme n'est pas le *raidissement* d'un vieil idéalisme.

D'où les matérialistes du XVIIIe siècle tenaient-ils leurs platissimes machines, sinon de Descartes ? Et Lénine fait valoir l'immanence hégélienne contre le transcendantal. Et nous, contre le « procès sans sujet » d'Althusser, Lacan.

Une nouvelle figure du matérialisme s'annonce dans une division de l'idéalisme. Son ressort subjectif fait fracture.

Le second matérialisme, après celui de l'irreligion, sera historique, de n'avoir plus à défaire Dieu, mais l'Homme. La nature – qu'on opposait à la grâce et aux miracles – cesse de fonctionner comme référent. S'y substitue le devenir historial du monde, où s'avère que la position de classe scinde l'humanité et que nul terme simple ne peut faire centre ni de l'expérience ni de la vérité.

De là son nom : « matérialisme historique », et son sur-nom : « matérialisme dialectique », le second élevant à la généralité du devenir ce dont le premier garantit la précarité temporelle et la division d'être.

Aujourd'hui toutefois, on ne voit pas que l' « anti-humanisme » puisse être la marque particulière du marxisme. Dès les années soixante, on convenait universellement qu'il fallait en finir avec l'Homme, et telle était la tâche aussi bien de Foucault et de Lacan que d'Althusser.

Entrait-on pour autant dans cet orphelinat de l'être qui donne aux matérialismes leur abri de vérité sans charme ? Que non pas ! Tous les anti-humanistes d'alors maintenaient une fonction constituante, celle, en dernière analyse, du discours.

Le langage est ce dont l'expérience fait l'effet, et c'est de ce qui rend possible sa parole que l'Homme tire le pouvoir de ne pas exister. Voilà l'axiome de tous nos meilleurs penseurs.

Il y a trois matérialismes, pour l'excellente raison qu'il y a trois idéalismes : l'idéalisme religieux, l'idéalisme humaniste, puis – fruit de ce cul-de-sac historique où l'impérialisme jette ses derniers feux de modernité languide – l'idéalisme linguistique.

« Linguistique » ici s'impose, pour autant que « la structure se reconnaît de faire le langage dans lalangue » (Lacan, *Télévision*, 19).

Langage = structure, tel est l'énoncé constituant, qu'on ne peut confondre avec tel ou tel de la discipline scientifique nommée linguistique, et mieux encore – par Lacan – « linguisterie » (*Id.*, 16).

Quoique, à prétendre s'élargir jusqu'à la thèse : le monde est discours, ce propos de philosophie contemporaine mériterait d'être rebaptisé « idéalinguisterie ».

L'idéalinguisterie est aujourd'hui ce dont l'assaut matérialiste fait sa cause.

C'est exactement pourquoi l'essence du matérialisme actif exige, par un renversement copernicien, la position d'une théorie du sujet, qu'autrefois il avait pour fonction de forclore.

Au pire quand elle se résout dans la description de vastes configurations discursives, qui caractérisent tout le processus mental et pratique d'une époque, l'idéalinguisterie exclut tout sujet. C'est la thèse, que je dirai fixiste, de Foucault, ce Cuvier des archives, qui de quelques os livresques scrutés avec génie vous fait tout le brontosaure d'un siècle.

Au plus serré, le sujet qu'elle tolère, l'idéalinguisterie, est rien moins que centre simple, foyer translucide, dispositif transcendantal. Il s'agit d'un sujet décentré, d'un sujet assujetti, dans l'éclipse de quoi la loi se montre réciprocable au désir.

En quoi ce sujet nous est proche, après tout, par la modestie d'effet qui le signe.

Pour autant que nous reconnaissons dans un acteur de classe un sujet politique, il sera lui aussi sévèrement tenu dans l'écart à lui-même que la forme de la contradiction principale lui prescrit. La classe ouvrière est inapte à jamais résorber la scission, qui la fait être, entre son immédiateté sociale et son projet politique. D'un tel sujet politique – finalement restreint à l'action de son tenant-lieu, le parti, corps fait d'une âme opaque et multiple – on ne dira jamais qu'il constitue l'histoire, ni même qu'il la fait.

Quant à poser que son désir (le communisme) est réciprocable à la loi (la dictature du prolétariat), c'est tout le coup de génie du marxisme, le support-sujet énigmatique de cette réciprocité étant le parti.

Cette proximité doctrinale nous interdit la grossièreté bienfaisante des matérialismes d'antan. Nous disons et pensons qu'il est – grossièrement – idéaliste de poser que le langage précède le monde. Certes! Mais la thèse *retournée* (que le monde précède le langage) est, pour ce qui est en jeu, d'une faiblesse insigne.

Ni Dieu ni l'Homme n'ont fonction, dans l'idéalisme moderne, d'organisateurs de l'être. La position constituante du langage, excentrant tout effet de sujet, désamorce l'opérateur matérialiste du retournement – du retournement au sens, que disait Marx, de la remise sur pieds.

Prétendre, par inversion « matérialiste », aller du réel au sujet se tient *en deçà* de la critique dialectique moderne, laquelle décale les deux termes – sujet et réel – en sorte qu'un tiers, le symbolique, le discours, vient faire nœud sans pour autant faire centre.

Barrés dans la voie d'une simple inversion, sommés de tenir la scission où le sujet de l'idéalinguisterie advient comme effet de chaîne, nous, marxistes, sommes sur le pénible chemin d'une procédure de destruction-recomposition.

La percée des défenses adverses exige ce pesant bélier dont la tête idolâtre porte nos emblèmes subjectifs.

Qu'un mouton noir conceptuel – un matérialisme centré sur une théorie du sujet – soit tout autant requis pour nos plus pressants besoins politiques, lesquels portent bilan de la question du parti, prouve sans doute quelque chose.

Mais quoi?

21 novembre 1977

L'insoluble sel de la vérité

Thèse de l'Un, thèse du Deux. - Suis-je kantien ? - Les deux métaphores (reflet et asymptote). - Demander pardon à l'ornithorynque. - Le Même sinon son reste. - Le parti aux lisières. - L'axiome de croisement.

1

Sous le nom de matérialisme s'entendent deux thèses parfaitement contradictoires. L'une dit qu'il y a l'Un, l'autre que l'Un précède l'Autre, et qu'il y a donc le Deux.

« Il y a l'Un » : thèse moniste sur l'être dont au fond la « matière » n'est que le signifiant. Tout matérialisme pose l'unicité primitive de l'être, dont il est impliqué que la constitution intime n'exige qu'un seul nom. Matière est ce nom.

L'indérivable nature de l'Un-de-l'être est seulement désignée par ce signifiant, matière. On illustrera cette puissance nominative de variables considérations scientifiques, pour faire persuasif et joli : masse, électrons, atomes, énergie, tissu d'ondes, particules diverses, etc.

Comme quoi, si vous voulez nommer le nom de l'Un, vous avez aussitôt le multiple. C'est de quoi les théologiens négatifs font depuis toujours objection à tout prédicat de Dieu.

L'athéologie matérialiste est forcément négative.

L'idéalisme théologique s'institue de la fermeté à tenir sur le Deux : pour les Grecs, l'intelligible fait pièce au sensible. Pour les chrétiens, l'infini est incommensurable au fini, le créateur à la créature. Deux régions de l'être, dont la réduplication scinde tout Un pris dans le fini. Ainsi de l'homme, fait d'une âme et d'un corps, ou du n'importe-quoi d'Aristote, fait d'une forme et d'une matière.

Le concept clef d'un idéalisme religieux opère toujours à la jointure de deux régions de l'être. Soit la participation (platonicienne), la création (juive), l'incarnation (chrétienne).

Dirons-nous que, pour Lacan, cette extrémité dialectique nous la tenons dans le nœud, ou plus précisément dans *le nouant du nœud*? C'est ce qu'il semble : « Le nœud ne constitue pas la consistance, il ex-siste à l'élément corde, à la corde consistante » (*S*, « Le sinthome », *Ornicar* ? nº 7, 12).

Je vois dans l'ex-sistance du nœud sa fonction de jointure. Car c'est à la transcendance dans l'immanence (l'ex-sistance dans la consistance) que se reconnaît l'opérateur de connexion par quoi tout idéalisme – et l'idéalinguisterie ne peut faire exception – déduit l'unité de ce dont il pose l'écart d'être. Vérifiez-le pour la participation, la création et l'incarnation. Je m'occuperai personnellement du nœud.

Quant au matérialisme, vous verrez que sa question est plutôt de fracturer l'unité de nomination où il bloque l'être. Ça n'est pas plus facile, ni plus clair.

Et l'idéalisme humaniste, direz-vous, puisque nous avons sauté avec étourderie de saint Paul à Lacan ? Son propos est de faire sujet d'une région ontologique. Au sujet constituant, à la conscience, au pour-soi, il oppose le flux des représentations, l'objet, l'en-soi. Pareillement, sa fine pointe trace au concept la lisière de l'expérience. Voyez ces exercices kantiens, d'une obscurité maléfique, que sont, pour la connaissance, le schématisme (loi d'imagination appliquante par quoi l'être sensible entre dans le champ du sujet transcendantal), et pour la morale, le respect (loi de sensibilité, pour mouvoir exclusivement selon l'intelligible).

J'en vois qui pensent que depuis 1975, avec l'esplace et le horlieu, la place et la force, je suis mal parti, question matérialisme. Ils me guettent à la jointure, et se demandent si je n'appelle pas « sujet » l'effet de lisière où Kant et les autres s'embarrassent.

Notez bien, ce serait déjà mieux que de faire du sujet l'*un* des termes. Et je pourrais me prévaloir des ancêtres. Qu'est-ce que ce parti dont Kautsky, encensé par Lénine, disait que « sa tâche est d'introduire dans le prolétariat (littéralement : de remplir le prolétariat) la *conscience* de sa situation et la conscience de sa mission » (Lénine, *OC* I, 142), sinon, entre l'intelligible marxiste et le sensible du mouvement ouvrier spontané, un schématisme subjectif de type nouveau ?

Être des lisières, le parti, sans aucun doute. Opérateur de fracture-jointure dans l'Un matérialiste de l'histoire.

Toutefois, nous sommes matérialistes. Notre embarras, si grand soit-il, n'est pas celui des idéalistes.

2

La deuxième thèse constitutive du matérialisme affirme « le primat de la matière sur l'idée ».

Obligatoire, cette thèse ? Indubitablement. Si vous vous en tenez à l'Un, vous n'avez que le nom. Hegel est là pour nous signifier que l'idée peut valoir, en fait d'Un. Idéalisme absolu et matérialisme strict sont, quant au réel, indiscernables, n'étant que deux désignations du monisme.

Le monotype de l'être a deux marques possibles.

Pour « renverser » Hegel, il faut avoir le Deux de l'inversion. La tête et les pieds, l'idée et la matière. Comment sinon poser l'antécédence de l'un sur l'autre ?

Donc, pour le matérialiste, qui signifie l'Un de l'être, il faut pourtant que la matière ne soit pas l'idée.

Voulant distinguer son Un propre de celui de l'idéaliste intégral, le matérialiste doit accepter qu'il y ait deux noms pour le réel, qu'ils vaillent l'un et l'autre, et que leur ordre diffère.

Ceci revient à dire que deux ensembles à un élément sont toujours isomorphes, quelle que soit la structure. Que a se combine avec a, s'il n'y a *rien d'autre,* le résultat est toujours a. Peu importent les noms.

Si vous voulez le minimum concevable de différence algébrique, il vous faut la paire, (a, b), laquelle peut s'ordonner de deux matières, $a < b$, ou $b < a$, et supporte toutes sortes de structures algébriques (ainsi, $a + a = a$ n'est pas d'une loi isomorphe à celle qui prescrit $a + a = b$).

D'avoir à se distinguer de l'idéalisme force le matérialisme à abdiquer son axiome essentiel, le monisme, et à poser, thèse des idéalismes majeurs, qu'il y a bien deux régions de l'être.

Il ne la pose toutefois que pour l'annuler. Car il n'y a pour lui en vérité qu'une région de l'être.

Qu'est-ce à dire, sinon que la pensée est, pour le matérialisme, le terme évanouissant dont se soutient qu'il n'y a que de la matière ?

Car, pour nommer l'Un comme Un-tel (en l'occurrence, la matière), il faut le réel du Deux. Deux signifiants, en tout cas (la matière, et l'idée).

Ce que Marx résume ainsi : « La pensée et la réalité sont sans aucun doute distinctes, mais en même temps elles existent dans l'unité. »

Nous posons que le matérialisme existe dans la reconnaissance de deux thèses, dont l'une nomme l'être, et l'autre son ordre – ordre dont l'être tient une refonte nominale évanouissante.

- Thèse de l'identité : l'être est matière, exclusivement.
- Thèse du primat : la matière précède la pensée, et non inversement.

On peut dire, pour faire court, que la thèse d'identité nomme le lieu (de l'être), celle du primat le processus (de connaissance) sous la règle du lieu.

« Primat » ne veut pas dire hiérarchie, ou suréminence ontologique. Car il n'y a *que* de la matière. Ce n'est pas comme la supériorité platonicienne de l'intelligible, soumise à inversion. « Primat » veut dire que, dans le processus de connaissance qui fonde la thèse d'identité, l'éclipse de la pensée est sous la loi de l'être, non sous celle la pensée.

Les deux thèses du matérialisme organisent la *division métaphorique* du procès de connaissance. C'est l'efficace véritable de leur opposition.

Nous voici aux arcanes de la fameuse « théorie du reflet », laquelle, en fait de théorie, propose l'une des deux métaphores dont l'appariement fait le poème baroque du matérialisme.

L'autre est celle de l'asymptote.

3

Les gloses, de compacité stalinienne ou d'ironie idéalisante, ont accablé la « théorie du reflet ». Produit typique de la « grossièreté » matérialiste, elle gît au sol, sans un signe de vie, comme victime d'une lapidation critique. Son nom même, à peine invoqué, suscite le rire du passé clos, de la faute tombée dans l'oubli de son expiation.

A quoi revient cette prétendue « théorie »? A ceci qu'elle fait métaphore de l'homogène. Tenir l'Un nous impose d'unifier l'objet connu et sa connaissance dans un dispositif ontologique, dit « matériel », sans autre dissymétrie que de causalité (c'est l'objet qui cause le reflet).

La théorie du reflet, par la disposition qu'elle opère du connaissant comme pure image passive, tient dans la répétition sensible ce qu'autrement il faudrait imputer à l'action constituante du sujet.

Ce qui est important dans cette « théorie » s'attache au miroir – assez mallarméen, après tout –, lequel a cette vertu d'être fragment de matière, en même temps que s'y lit, par effet matériel, un double sensible de l'objet.

Au fond, la théorie du reflet dispose la chambre expérimentale des poèmes de Mallarmé, celle où – gain décisif – le maître est absent. Le maître, entendons le sujet kantien.

Souvenez-vous de ce qui, dans la postface de la deuxième édition allemande du premier livre du *Capital,* fixe l'origine de la métaphore :

> Pour Hegel, le mouvement de la pensée, qu'il personnifie sous le nom de l'idée, est le démiurge de la réalité, laquelle n'est que la forme phénoménale de l'idée. Pour moi, au contraire, le mouvement de la pensée n'est que la réflexion du mouvement réel, transporté et transposé dans le cerveau de l'homme (Marx-Engels, *OC* II, 99).

Les opérations de la connaissance sont ici triplement nommées, comme « réflexion » (qui institue le miroir), « transport » (qui indique l'écart d'espace entre la chose et son double, le lieu des séries répétitives) et « transposition » (qui ouvre la voie à la seconde métaphore, celle d'une différence dans la répétition).

Ce triple ban est celui de l'homogène sensible, contre l'autodéveloppement productif de l'idée.

Disons que le reflet est, dans le matérialisme, la métaphore de la thèse d'identité. Il n'y a qu'une région de l'être, où des doubles en miroir font, sous le nom de connaissance, répétition du Même.

La seconde métaphore mathématise en asymptote la thèse du primat.

« Reflet » nomme l'Un, « asymptote » le Deux. Le matérialisme ordonne à la même phrase l'asymptote et le double, le point de fuite et la réduplication.

Lisons, si vous voulez, la lettre d'Engels à Conrad Schmidt du 12 mars 1895 :

> L'identité de la pensée et de l'être, pour reprendre la terminologie hégélienne, coïncide partout avec votre exemple du cercle et du polygone. Ou encore, le concept d'une chose et la réalité de celle-ci sont parallèles, comme deux asymptotes qui se rapprochent sans cesse l'une de l'autre sans jamais se rejoindre. Cette différence qui les sépare, c'est précisément celle qui fait que le concept n'est pas d'emblée, immédiatement, la réalité et que la réalité n'est pas immédiatement son propre concept. Du fait qu'un concept possède le caractère essentiel d'un concept, donc qu'il ne coïncide pas d'emblée, *prima facie,* avec la réalité, dont il a fallu d'abord l'abstraire, de ce fait il est toujours plus qu'une simple fiction, à moins que vous n'appeliez fictions tous les résultats de la pensée, parce que la réalité ne correspond à ces résultats que par un long détour et, même alors, ne s'en rapproche jamais que de manière asymptotique (Marx-Engels, *Études philosophiques,* Éditions sociales, p. 257).

Si l'on tient sur l'identité, par quoi ce fragment commence, on *doit* aboutir à l'écart incomblable. L'essence du reflet, c'est l'asymptote. Tout miroir (tout concept) met en abîme tendanciel l'objet dont il fait fiction de le redoubler. Voilà ce que nous disent les classiques.

Supposé qu'on exige, quant au vrai, la pure répétition (du reflet), on perdra la cohérence; supposé qu'on s'en tienne au tout (de l'image), voici que se dissout la torsion (le retournement tendanciel).

Engels en fit l'expérience ce jour où, un peu trop rigide sur l'adéquation des concepts de la zoologie, il s'était gaussé de toute fiction d'un mammifère pondant des œufs, s'obligeant plus tard à « demander pardon à l'ornithorynque » (*Id.,* 259).

Ce pourrait être un proverbe du matérialisme militant : « Qui trop au miroir se fie, l'ornithorynque le défie. » Soit : gardez-vous de sacrifier l'asymptote au reflet, la thèse du primat (de l'être sur la pensée, de la pratique sur la théorie) à la thèse d'identité (monotypie de l'être).

A partir des années 1964-65, nous avons fait reflet de ce que le PCF avait abandonné tout propos de classe, et nous avons nommé l'image : « révisionnisme ». L'adéquation du concept à la chose – la thèse d'identité – revenait à couvrir étroitement les pratiques politiques de ce parti, nommément sa flagrante contre-révolution syndicaliste de mai-juin 68, d'une nappe idéologique : la révision du marxisme. Nous tirions de ce déchiffrage une grande espérance, car les révisions doctrinales sont faibles et mortelles, n'étant que décomposition de ce qui a détenu la puissance de l'universel. Nous pouvions donc imaginer que le relais *immédiat,* par le vrai marxisme, et les « vraies masses », nous était transmis quant à l'idéologie révolutionnaire de la Classe. De là à supposer que nous en étions les organisateurs à court terme, il n'y avait qu'un pas. Car entre les bourgeois et les idéologues ouvriers du PCF (leurs serviteurs révisionnistes) d'une part, la révolte et son baptême maoïste de l'autre, que pouvait-il y avoir de plus qu'entre l'oiseau pondeur et le mammifère vivipare, soit rien ?

Il y avait justement l'ornithorynque de classe qu'est la *nouvelle* bourgeoisie, la monopoliste bureaucratique d'État, dont le révisionnisme n'est que la production idéologique transitoire, et dont l'ascension historique, étayée sur la puissance impériale soviétique, ne fait que commencer.

Aussi fallut-il mesurer l'écart tendanciel entre notre premier concept – idéologique – et le réel politique. Le mesurer, disons-le, dans l'expérimentation d'une faiblesse, qui nous reconduisait au primat de la pratique politique sur les dispositifs de pensée.

Du reflet d'histoire, nous devions, demandant conflictuellement pardon à l'ornithorynque du « programme commun », transiter à l'asymptote de la durée politique opiniâtre.

De cette expérience, où parcourir la division métaphorique du matérialisme, fort peu sont revenus. « Demander pardon à l'ornithorynque » fut pour la plupart le choix drastique entre s'ornithorynquiser ou tenir le fusil des vieux chasseurs de fourrure.

L'histoire est le fin tamis des approximations grossières. C'est son matérialisme. C'est son austérité.

Le reflet fait métaphore de ce que la pensée et l'être, c'est la même chose. Là-dessus Engels rajoute – par l'asymptote – que c'est la même chose *à quelque chose près.* Quelque chose que le procès de connaissance renvoie à l'infini comme *son reste.*

Dans l'ordre de la structure, la métaphore du reflet pose l'identité, celle de l'asymptote fait processus historique de cette identité, en débordement d'elle-même par l'insoumission conceptuelle de son reste.

Le matérialisme opère la scission unifiante d'une structure de réduplication et d'un effet d'approximation. Il pose le Même, plus son reste.

C'est peu de dire que le matérialisme est dialectique. Il est traversé par la dialecticité de la dialectique, sa double occurrence, de structure et d'histoire.

Je me propose de nommer « algèbre » le premier type de dialecticité du matérialisme (sous la loi métaphorique du reflet, en tant que logique de la thèse d'identité) et « topologie » le second (métaphore de l'asymptote, logique de la thèse du primat, causalité du reste).

4

De ce que le matérialisme dialectise la métaphore du reflet et celle de l'asymptote, posant ainsi le tout en exception de son reste, Lacan témoigne, pour ce qui concerne la division où le sujet s'effectue. Je vous laisse le soin de gloser sur ce texte :

> L'assomption jubilatoire de son image spéculaire par l'être encore plongé dans l'impuissance motrice et la dépendance du nourrissage qu'est le petit homme à ce stade *infans,* nous paraîtra dès lors manifester en une situation exemplaire la matrice symbolique où le je se précipite en une forme primordiale (...).
> Mais le point important est que cette forme situe l'instance du *moi,* dès avant sa détermination sociale, dans une ligne de fiction, à jamais irréductible pour le seul individu, – ou plutôt, qui ne rejoindra qu'asymptotiquement le devenir du sujet, quel que soit le succès des synthèses dialectiques par quoi il doit résoudre en tant que *je* sa discordance d'avec sa propre réalité (*E,* 94).

Spéculaire et jointure asymptotique : c'est assez. Le succès dialectique du Je, soit sa résolution identificatoire, est relatif à l'asymptote dont l'imaginaire du Moi nomme la limite-reflet.

Le Moi est figure, pour le Je, de ce tout improductif dont les unifications réelles réalisent la cohérence provisoire.

Le matérialisme freudien prend son appui dans la scission du Moi et du Je, et c'est à la restituer que Lacan, dès l'origine, s'emploie, contre les idéalistes américains. Par quoi, en matière de théorie du sujet, la logique du processus rompt avec l'investigation d'une substance, comme avec l'intuition d'une coïncidence.

Si fortement que je m'identifie aux figures idéales du Moi, il n'est jamais vrai que, dans *mon* image, Je sois(t) perdu.

Il convient assez que Lacan rétablisse cette certitude dans son propos sur « le stade du miroir ».

Nul matérialiste, ni Mallarmé, ni Lacan, ni Lénine, ne fait l'économie de cet engin métaphorique.

Pour nous, quand la politique fait sujet, le plus astreignant est de concevoir qu'elle n'a ni substance, ni conscience-de-soi. Le parti, matérialité subjective de la classe, doit être distingué de son Moi, lequel a figure tantôt d'institution, tantôt de volonté. C'est de ce Moi politique imaginaire que la fascination polarisante faisait dire à beaucoup qu'il « avait toujours raison », ou qu'il était la substance réalisée de la classe.

Or le parti n'est jamais la classe que selon l'asymptote de la politique qu'il conduit dans le peuple. S'il y a sens à poser qu'il reflète une position de classe dans tel épisode tactique où deux camps sont tracés, il faut aussitôt concevoir que, stratégiquement, il est plutôt « dans une ligne de fiction » – ce qui est le vrai nom d'une ligne politique, pour autant que la vérité politique, comme toute autre, est dans une structure de torsion.

Le processus du parti politique ne revêt la forme ni de l'identité à soi, ni de l'identité à la classe, sans qu'aussitôt un reste tendanciel exige de lui qu'il pratique la non-identité. De là que le parti est toujours historique, conjoncturel.

Sa loi d'existence est liée au bilan de cette loi : torsion.

L'acte de connaître, asymptote et reflet, n'est constituant ni de son objet, ni de lui-même.

Ce qui fait advenir dans le champ de la connaissance ce dont j'ai à connaître reste inconnu au connaître.

Car le procès de connaissance ne constitue pas le devenir-connaissable de son objet. Le système d'où procède que tel soit le réel d'où j'ai vérité n'est pas figurable dans le procès de cette vérité.

Ne cherchez pas plus loin le sens de la fameuse phrase de Marx, selon quoi l'homme ne se pose que des problèmes qu'il peut résoudre.

Il ne dépend en effet pas de l'homme, pour autant qu'existe l'animal ainsi nommé, qu'un problème lui échoit comme problème. La problématisation est trouée du réel pour la vérité. C'est le reste propre de la solution, l'insoluble sel de la vérité. D'où l'asymptote.

Que toutefois l'homme puisse résoudre un problème, dès lors que dans la rétroaction de la solution s'avère qu'il lui fut posé, et le résoudre *entièrement,* garantit la métaphore du reflet.

C'est le fameux paradoxe de l'*Anti-Dühring* : la connaissance est relative (asymptote) pour autant qu'elle est absolue (reflet). Mutilée en tant que souveraine, spécialement quant à la production des « vérités éternelles » :

> La pensée humaine est tout aussi souveraine que non souveraine et sa faculté de connaissance tout aussi illimitée que limitée. Souveraine et illimitée par sa nature, sa vocation, ses possibilités et son but historique final; non souveraine et limitée par son exécution individuelle et sa réalité singulière.
> Il en va de même des vérités éternelles. Si jamais l'humanité en arrivait à ne plus opérer qu'avec des vérités éternelles, des résultats de pensée ayant une validité souveraine et un droit absolu à la vérité, cela voudrait dire qu'elle est au point où l'infinité du monde intellectuel est épuisée en acte comme en puissance, et ainsi accompli le fameux prodige de l'innombrable nombré (Engels, *Anti-Dühring,* Éditions sociales, 118).

Chiffre du réel, la connaissance pose en reste du nombre l'innombrable, dont l'excès sur le nombre fait que compter est une opération exacte.

L'acte de connaître, nous ne saurions le fixer en une trajectoire simple, qu'aussitôt il ne nous faille le diviser en ce sur quoi il opère, et la condition, en posture de reste, de *cette* opération.

La connaissance croise deux processus, celui, dans le réel, de ses conditions, et celui, dont l'autre est l'en-deçà rétroactif, dans l'effet-de-sujet, de sa saisie.

> S'il (le sujet) connaît quelque chose, ce n'est que d'être lui-même sujet causé par un objet qui n'est pas ce qu'il connaît – ce qu'il imagine connaître. L'objet qui le cause n'est pas l'autre de la connaissance (Lacan, *Séminaire R.S.I.,* in *Ornicar?* n° 3, 105).

Je me croiserai moi-même avec cet énoncé lacanien, réservant toutefois mon jugement sur un point précis : que pour lui, l'objet-en-reste du connaître, qui n'est pas l'autre-objet du connu, n'est la cause que du sujet.

Pour moi, divisant la théorie du reste, laquelle, encore une fois, n'est que jointure marxiste du reflet et de l'asymptote, je poserai que c'est tout autant du côté de son réel que doit être désignée la cause inconnue du connaître.

La réduire à la cause du sujet nous met dans l'appareillage de l'idéalinguisterie.

Nous préférons donc l'axiome du croisement, où le sujet n'apparaît pas : connaître fait nœud d'un rapport de la pensée au réel (à l'intérieur duquel il y a adéquation-reflet) et du devenir-connaissable du réel, mise en vis-à-vis des deux termes d'où se détermine, en tant que condition-reste, la limite du premier rapport (sa valeur uniquement asymptotique).

L'exhaustion d'un champ de connaissances présuppose l'inexhaustion de ce qui, dans le réel et l'histoire, en soutient l'existence comme Un.

4 décembre 1977

Répondre – au sphinx – exige du sujet de n'avoir pas à en répondre – du sphinx.

Pas d'inconnaissable. - Œdipe, le sphinx, le socle. - L'irrationnel en posture de sujet pour les entiers, et pour Pythagore. - Et la Révolution culturelle de même, pour Octobre et Lénine.

1

Non, la doctrine du reste, par quoi sont mises en tension les deux métaphores cognitives du reflet et de l'asymptote, n'est pas kantienne.

Je pose qu'il n'existe aucun inconnaissable intrinsèque. C'est clarté de dire avec Mao : « Nous parviendrons à connaître tout ce que nous ne connaissions pas auparavant » (OC IV, 394).

Sauf à ajouter que ce que nous ne connaissions pas *auparavant* se déterminait comme reste de ce qui venait à être connu, au croisement du mouvement sans nom par quoi le réel fait problème et de la rétroaction, nommée connaissance, qui fait solution.

Nul hasard à ce que ce soit au carrefour des routes qu'Œdipe réponde au sphinx.

Toutefois, s'il sait répondre à la question : « Qu'est-ce qu'Œdipe ? », il lui faut laisser en reste (mort) la question de sa question : qui est le sphinx, pour avoir fait d'Œdipe – de l'homme – son problème ?

N'oublions pas que le sphinx est en vérité une sphinge.

La chose-en-soi de Kant serait plutôt le socle où la sphinge est perchée. Nul n'aura jamais la question dont cette pierre est la réponse.

Mais je dis que le sphinx est nommable, dès lors que vient au jour de l'histoire, par un événement forcé, la limite questionnante d'où la réponse d'Œdipe était provisoirement ajustée.

Reflet de la question, elle allait droit au but, cette réponse, toutefois asymptote d'un réel omis, celui de la sphinge, qu'à la tuer Œdipe faisait choir dans l'anonymat du reste dont toute exactitude se paie.

Quand le matérialisme met à la question « l'homme », problème obscur dont Œdipe énonce la claire solution, il ressuscite la sphinge et en fait, de questionneuse qu'elle était, le thème de sa question.

Le reste est ainsi ce qui périodise la connaissance, affectant de nullité toute espérance cumulative et linéaire de son progrès.

L'inconnaissable n'existe pas, quoique toute connaissance en exige la position.

Le réel du connaître est à tout moment l'impossible à connaître. Mais c'est précisément ce qui fixe en asymptote l'avenir du reflet. Il sera donc connu, cet impossible, cependant mis en posture de possibilité (de reflet) par l'en-plus nouveau de son champ.

2

La mathématique pythagoricienne pose que le nombrable se fait des entiers, ou des rapports d'entiers. C'est là une prescription quant au possible. Ce qui viendrait à tomber hors de ces assignations est l'impossible propre du nombrable, l'in-nombrable.

Que ne soient « nombres » que les entiers et leurs rapports (les *logoï,* ce qu'on appellera plus tard les nombres rationnels), voilà qui n'est pas, vous en conviendrez, un résultat intramathématique. Bien plutôt, tout le champ de la mathématique pythagoricienne est-il prescrit par cette décision latente – qui n'est justement pas une décision, mais le mouvement réel insu par quoi viennent à exister des problèmes mathématiques, des problèmes de nombres, entiers ou rationnels.

Vous avez donc un reste constitutif du domaine dans lequel s'exerce la connaissance mathématique de l'époque. Ce reste, c'est l'in-nombrable, posé comme inexistant, selon la norme du nombrable.

La connaissance est reflet quant au nombre, asymptote quant à son inexistant propre.

Voici qu'à l'intérieur de ce domaine, on établit, en réponse-reflet d'un problème, qu'un rapport géométrique (celui de la diagonale du carré à son côté) n'est mesurable ni par un nombre entier, ni par un nombre rationnel.

Il n'est évident que pour nous que cet événement démonstratif ouvre une crise. Selon la loi du lieu, à laquelle la démonstration est conforme, il n'en résulte qu'une chose : que le rapport de la diagonale du carré au côté n'est pas un nombre.

Après tout mon tabouret n'est pas un nombre, ni ne l'est, rapportée à son diamètre, la circonférence dudit tabouret, lequel est rond.

S'il y a crise, c'est pour autant que vient en problème de *faire nombre d'un in-nombrable.* A quoi convie l'imaginaire philosophique des pythagoriciens, lesquels veulent à toute force que l'être – donc le Tout – soit fait de nombres.

La fable épistémologique dont nous parlons fait tableau pour les fameuses « instances » de Lacan. C'est très simple : le symbolique, dans notre cas, pose en loi que tout le nombrable se compose d'entiers. Vous avez là de quoi nommer et combiner ce qui est. L'imaginaire (philosophique) figure le tout du monde selon ce que la loi réserve à la règle des mots (mathématiques). Il dit : « l'Être est nombre. » Le réel est l'impossible, soit la résistance de l'in-nombrable, de *ce qui n'est pas* nombre naturel. Le sujet présente, en défaillance de l'imaginaire, le nombrable à l'innombrable : il s'effectue comme désir mathématicien de nombrer l'innombrable, de légaliser l'impossible.

En ce point, vous devez forcer la loi du lieu, qui ne prescrit nulle place pour un tel « nombre ».

Il s'agit de nommer le reste dans le champ dont son manque se soutient.

Soit de faire reflet d'un segment asymptotique.

Quand, avec Eudoxe, la mathématique grecque, engagée dans la géométrisation du nombrable, établit dans sa théorie des proportions un dispositif classificatoire qui inclut les « nombres » irrationnels, elle force l'impossible, elle symbolise du réel.

Dès lors, vous avez détruit le système antérieur du reflet, par l'injection, en excès sur le lieu, de son reste asymptotique. Le nombrable s'élargit. Un système légal nouveau, fracturant les anciennes contraintes, forge du nombre un concept refondu.

Il n'est pas faux d'énoncer que, revêtu du nom de nombre, le rapport de la diagonale du carré à son côté vient en position de sujet pour le lieu ancien du nombrable.

Vous y trouvez le horlieu, la force, la destruction et l'excès.

Vous y trouvez la justice, recomposition révolutionnaire de la théorie du nombrable selon un ordre où peuvent faire reflet des connaissances antérieurement absurdes.

Vous avez déplacé le principe de croisement qui noue l'asymptote au reflet, le reste au lieu, l'impossible réel à la légalité du possible.

Est-ce à dire qu'il n'y a plus que du reflet ? Nullement. Dans un tel espace – qui admet les nombres irrationnels –, demeure en reste (par exemple) l'impossibilité de toute solution pour l'équation $x^2 + 1 = 0$. L'in-nombrable (l'in-nommable) reste en soutien asymptotique pour la rétroaction résolutoire des problèmes dont il prescrit l'existence possible.

La position par les algébristes italiens du XVIe siècle des racines « imaginaires » (les bien nommées! fureur fantasmatique du nombre comme Tout!), de type $\sqrt{-1}$, opère le deuxième forçage du dispositif du nombrable.

Tout dé-croisement du nœud du connaître fait révolution, de poser pour le sujet un nom de l'impossible.

3

La révolution d'Octobre 17, vous en convenez, ouvre une nouvelle étape de l'histoire du marxisme.

Cette étape est régie par la solution adéquate, la solution-reflet, d'un problème légué par l'échec des révolutions antérieures, et tout spécialement des insurrections parisiennes de juin 1848 et de mars 1871.

Ce problème se formule : de quel type d'organisation le prolétariat a-t-il besoin pour briser réellement et durablement la machine d'État adverse ? Qu'en est-il d'une insurrection *victorieuse* ?

Le parti léniniste résout ce problème. Le domaine de possibilités prescrit par cette forme d'organisation s'appelle : Troisième Internationale. On y façonne un peu partout des organisations politiques de classe conformes au modèle bolchevique. On fait reflet du bolchevisme, on pratique universellement la bolchevisation des partis.

Des succès, il y en a. Le parti chinois prend le pouvoir, les partis coréen, yougoslave, albanais le prennent aussi.

On s'aperçoit bientôt – à l'intérieur de l'investigation léniniste, par la scission du mouvement communiste international dans les années soixante – que les partis léninistes ont *pu* devenir, de fait, des partis bourgeois qui oppriment la classe ouvrière et les peuples de façon quasi fasciste.

Que dire de cette démonstration ? Sans recourir à la doctrine du reste, on se contentera de peu, soit d'affirmer – comme un pythagoricien de droite rejetant simplement la diagonale dans le néant – que ces partis dégénérés *ne sont pas* des partis léninistes, qu'ils inexistent quant au domaine. Cette posture conservatrice revient à tenir le langage fermé de l'orthodoxie. La tâche est restauratrice : refaire (répéter) les partis léninistes perdus.

Mais si l'on est un pythagoricien – un bolchevik – audacieux, on posera plutôt la question profanatrice : quelle était donc l'asymptote du connaître bolchevique ? Où donc son reste?

Le parti léniniste est la réponse historique pour un problème tout entier inscrit dans la contradiction État/révolution. Il traite de la destruction victorieuse. Qu'en est-il toutefois de ce parti au regard de la contradiction État/communisme, c'est-à-dire quant au processus par quoi l'État – et les classes – ne doivent plus être détruits, mais doivent dépérir, par un effet de transition ?

L'histoire de l'URSS est largement la démonstration historique de ce point : le parti léniniste est incommensurable aux tâches de la transition au communisme, quoiqu'il soit approprié à celles de l'insurrection victorieuse.

Mais ce qui avère en forçage la nécessaire extension du « partisable » – comme du nombrable pour Eudoxe –, c'est la Révolution culturelle en Chine, laquelle, venant échouer sur le parti dans le feu d'un soulèvement communiste, met à l'ordre du jour que le parti léniniste est périmé.

Le domaine du léninisme ne fait nulle place véritable, quant au parti, au problème du communisme comme tel. Son affaire, c'est l'État, c'est la victoire antagonique. La Révolution culturelle commence le forçage de cette place inoccupable. Elle nous invite à nommer « parti de type nouveau » le parti post-léniniste, le parti pour le communisme, à partir de quoi refondre tout le champ de la pratique marxiste.

Ainsi est-il rétroactivement prouvé que les problèmes du léninisme – les « questions du léninisme », comme disait Staline – laissaient en reste le problème de ces problèmes, la problématique du communisme, ne faisant reflet que de la tâche antérieurement prescrite, celle de la prise du pouvoir.

L'asymptote du reflet bolchevique n'est autre que le communisme.

Ce qui fait contrainte de la contradiction État/révolution doit être détruit et recomposé par la nomination historique de son reste, lequel est relatif à la contradiction État/communisme.

De là une révolution dans le marxisme, la révolution maoïste.

4

Si la connaissance est processus, elle relève en droit des matrices hégéliennes, dont en 1975 je donnais les schémas.

Il faut s'attendre à ce que, du croisement, s'écartèlent deux déviations, deux retombées.

Quelles sont les hérésies du matérialisme ?

La mécaniste isole le métaphore du reflet. Elle imagine l'adéquation sans reste. Elle s'en tient à la répétition.

La dynamiste fait de même avec l'asymptote. Universalisant la doctrine du reste, elle pose que tout est fluant, tendanciel, approximatif. Pour elle, toute configuration unifiée est un leurre, voire une menace « totalitaire ».

Voyez le tableau :

MATÉRIALISME DYNAMISTE	MATÉRIALISME DIALECTIQUE		MATÉRIALISME MÉCANISTE
multiple d'intensités variables	croisement ↙	croisement ↘	combinatoire d'unités indécomposables
⟵	• thèse du primat • asymptote • connaissance relative • reste	• thèse de l'identité • reflet • connaissance absolue • lieu	⟶
gauchistes			*droitiers*

La déviation de droite ne connaît que la loi du lieu. Elle ne fait pas problème des problèmes qu'elle résout.

La déviation de gauche est en perspective de fuite. C'est un radicalisme de la nouveauté. Elle brise tous les miroirs.

Deleuze à l'ultra-gauche, Levi-Strauss à droite. Deux matérialismes qui traitent en dérive l'idéalinguisterie. L'un dans la combinatoire des signes, l'autre dans les molécules cancéreuses.

Le matérialisme est toujours en posture d'avoir à résister aux tentations qui le fondent : ni chiffrage atomique ni libération des flux.

19 décembre 1977

Algèbre et topologie.

Dogmatiques et empiristes - Loi de composition, appartenance élémentaire (algèbre). - Voisinage, adhérence d'inclusion (topologie). - Hegel, le Un, le Un Un (*das Eine Eins*)

1

Les gnostiques du matérialisme – les mécanistes – posent l'adéquation sans reste. Satisfaits du Même, reclus dans la répétition, peu leur chaut qu'il faille le croisement de deux processus pour qu'un objet quelconque vienne à être connu.

Leur logique n'est que d'exactitude. Leur métaphorique s'en tient au miroir.

En politique, ils dogmatisent : « Ce qui est dit dit ce qui est. »

Le dogmatique, notez bien, nous est nécessaire. Gardien des principes dans le gel du miroir, il nous préserve de confondre la loi du reste et l'abandon du lieu. C'est lui qui met en alerte sur ce que telle « nouveauté » marxiste (de Bernstein à Khrouchtchev), ou freudienne (de Jung à Reich), loin de forcer la place inoccupable dont le présent des problèmes se spécifie, s'en va tout bonnement *ailleurs*.

Reste que le forçage même le rebute. La fonction conservatrice du miroir – de la glace – fait du dogmatique un matérialiste à reculons. D'ignorer le reste le fait, lui, rester.

Les ariens du matérialisme – les dynamistes – posent le reste omniprésent, la multiplicité des intensités variables. Ce sont gens du tendanciel insoluble. Contents de l'Autre, étirés sur les torsions, peu leur chaut qu'il faille un esplace et sa règle pour qu'un réel quelconque soit en posture d'objet (de connaissance).

Leur métaphorique s'en tient à l'asymptote, au flux. Leur logique n'est que d'approximation.

En politique, ils empiricisent : « Ce qui est l'emporte sur tout ce qui est dit. »

Les empiristes ne manquent ni de saveur, ni d'utilité. A l'affût du mouvement, ils nous gardent de rabattre l'exigence du reflet exact sur l'oubli de la nouveauté. C'est l'empiriste qui nous avertit de ce que telle contrainte du lieu (de Lassalle à Staline, ou de Jones à Anna Freud) nous dissimule la place inoccupable dont toute rupture pourrait procéder.

Reste que la prise de parti les rebute. La perspective de fuite des asymptotes fait de l'empiriste un matérialiste errant, un philosophe vagabond des substances naturelles. D'ignorer le miroir le met, lui, en miroir du monde.

Ces deux flancs-gardes du matérialisme conséquent font symptôme de sa scission propre, dont ils défont le nœud métaphorique. Ils font valoir, ces discours de préservation coupés de leur propre vie, qu'*un* matérialisme se fait de *deux* processus.

Et non pas seulement de deux thèses (celle de l'identité et celle du primat).

Nous dirons, faisant percée d'une nouvelle métaphore, qu'il y a la disposition algébrique et la disposition topologique.

Le matérialisme actif croise ces deux dispositions.

Quant au sujet, son argument – matérialiste – l'inscrit dans cette intersection. Tout sujet effectue les opérations d'une algèbre topologique.

2

Je m'expose imprudemment à la vindicte du mathématicien si je lui emprunte en métaphore ses vocables. Puis au soupçon du philosophe si je renonce à faire briller les mots d'emprunts dans la lumière de la pure science.

Ce chemin d'interprétation bifide est le mien. Reportez-vous au chapitre « Torsion ». J'espère ne rien dire d'inexact en mathématiques, mais non plus rien qui soit mathématiquement proféré. J'ambitionne ici d'orner le matérialisme de quelques signifiants dont la rigueur maintenue sera celle d'une pierrerie, le détournement de finalité pourvoyant à la force.

Précision mise au rasoir du barbier marxiste, la mathématique est cette lame inaltérable dont on finit par saigner les cochons.

D'ailleurs, nommant des régions de la mathématique et non des objets de ces régions, ni algèbre ni topologie ne sont des noms scientifiques. Ils participent plutôt, comme géométrie ou théorie des ensembles, de l'anatomie classificatoire dont toute discipline se redouble pour se décrire selon ses morceaux choisis.

Qu'est-ce que le mathématicien nomme « algèbre » ? Soyons triviaux, comme ils disent. Supposé donné un ensemble – figure provisoire du Tout –, l'algèbre procède à l'étude systématique des rapports « intéressants » entre les *éléments* de cet ensemble. Son concept le plus général est celui de loi de composition : à deux éléments de l'ensemble on associe un troisième, de façon réglée – comme à deux nombres on associe leur somme ou leur produit.

Ce qui définit une espèce algébrique (une structure) et à quoi le mathématicien réserve les concepts clefs de l'algèbre concerne les contraintes prescrites à la loi de composition. Par exemple, d'être associative $((a + b) + c = a + (b + c))$, ou d'être commutative $(a + b = b + a)$.

La nomination algébrique s'exerce dans la présupposition de l'homogène, en ce que n'est pris en compte, pour ce qui regarde les éléments, que leur comportement selon la loi, une fois accordée leur identique appartenance à l'ensemble de base. Un élément n'est pas algébriquement distingué par sa localisation dans l'ensemble. Il suffit qu'il lui appartienne. Quant au lieu, l'identité algébrique est d'appartenance. La place est en quelque manière universelle. La force est manquante. La loi opère des distinctions sur de l'indistinguable. Tel élément, soit e, aura par exemple la propriété d'être « neutre », en ce que , si + est la loi, pour tout élément a (y compris e lui-même), $a + e = a$.

Dans le tableau précédent, on peut dire que l'algèbre est registrable « à droite » : elle exclut toute pensée du tendanciel, de l'asymptotique. Homogène identité d'appartenance, structuration élémentaire, espèces distinguées selon les formes de la contrainte légale : l'univers algébrique tient au matérialisme combinatoire.

La topologie dérive – via les exigences de l'analyse – de la nécessité d'assurer en mathématique la prise sur le mouvement. Elle est au fondement des notions primitivement vagues de localisation, d'approximation, de continuité, de différentielle. Elle ne vise pas (comme l'algèbre) ce qui se passe quand deux événements, distincts et homogènes, viennent à être combinés sous des contraintes, mais quand on examine le site d'un terme, son entour, ce qui est de plus en plus « proche » de lui, ce qui s'en écarte par des variations continues, son degré d'isolement ou d'adhérence.

Si le concept maître de l'algèbre est celui de loi (de composition), la topologie se fonde sur la notion de voisinage.

L'objection des techniciens ? C'est que les axiomatiques efficaces partent de la définition des ensembles ouverts. Elle n'a pas, cette objection, de valeur historique. Pour l'interprétation dialectique, il est clair qu'un ouvert est un ensemble qui est voisinage de chacun de ses points.

La topologie travaille forcément sur les *parties* d'un ensemble, considérées comme familles de voisinages d'un élément (d'un point, dira-t-on, marquant ainsi que la localisation est cette fois essentielle). Elle n'associe pas à chaque élément un *autre* élément, lui imposant plutôt la configuration multiforme de ses environnements.

La législation algébrique fait différence sur l'autre (élément) en tant que même. La disposition topologique fait identité du même selon le multiple-autre de ses voisinages.

A la rigueur, l'élément n'intéresse pas – en soi – la topologie. Elle est une discipline de l'hétérogène, en ce qu'elle tend à déterminer le point par des familles de parties, l'inclus par l'entour. Sa visée fait règle de l'approximation. Moins que l'être du terme, elle veut son système de différences proches.

L'altérité algébrique est combinatoire ; l'identité topologique est différentielle.

Vous pouvez lire d'un coup d'œil ces caractéristiques dans les axiomes fondateurs d'une espèce algébrique ou topologique. Les premiers fixent des contraintes pour des associations productives entre éléments. Ainsi sont spécifiés les groupes, les anneaux, les corps... Les seconds déterminent des conditions sur des familles de parties (de sous-ensembles).

La topologie tire « à gauche » dans notre tableau précédent – du côté du matérialisme dynamiste –, car elle pense le Un (élémentaire) dans le primat du multiple (des parties).

La mathématique développée s'occupe des topologies « compatibles » avec une structure algébrique particulière.

Le matérialisme conséquent articule un processus asymptotique (topologique) et un processus réduplicatif (algébrique).

3

Il y a dans la *Logique* de Hegel un passage étonnant, où le devenir-réel de l'Un garantit la transition de la qualité à la quantité.

Rien moins que la naissance spéculative du nombre.

Qu'est-ce que la quantité ? Hegel répond : l'unité du continu et du discret (*L* I, 216). Soit la dialectique de l'adhérence au voisinage (continu) et de l'appartenance élémentaire (discrétion). « L'acte de discerner est continuité interrompue » (*Id.*), l'algèbre se noue à la topologie.

Ce sont donc les catégories du matérialisme que Hegel entreprend d'engendrer à partir du pur concept de l'Un. Donc à partir de l'élément placé comme tel.

Cet artifice nous intéresse. Pourquoi? Parce qu'en politique l'entreprise est permanente d'inférer la prospection matérialiste d'une situation à partir du concept de l'Un. L'unité de la classe, l'unité du peuple, tels sont les repérages d'où procède que l'analyse matérialiste, au plus loin d'être inactive, prescrit à l'acteur politique sa tâche circonstancielle.

Qu'est-ce qui unit, dans l'action antagonique, une force sociale révoltée ? Qu'est-ce qui amalgame cette première unité à l'Un du procès politique d'ensemble, d'où s'infère la logique subjective de type parti ? Il n'est pas exagéré de dire qu'on tient là le ressort de l'intervention militante.

C'est donc de l'Un que doit se soutenir le thème matérialiste de l'action.

La version bourgeoise qui nous est aujourd'hui infligée de cette exigence, et qui la court-circuite dans le mirage idéaliste de la soumission, a pour emblème elle aussi l'union de la « gauche ».

Manipulation algébrique des places parlementaires, elle barre dans le peuple, cette union supposée, la voie topologique du continu, de la consistance active.

Hegel introduit deux médiations opératoires pour effectuer selon l'Un l'engendrement de la discrétion algébrique et du continu topologique : la *répulsion,* par quoi l'Un se pose comme distinct dans le multiple-des-Uns; *l'attraction*, par quoi l'Un amalgame à lui-même le multiple.

C'est tout à fait judicieux. La répulsion fait son thème de la division comme essence de l'Un. Elle est « l'automorcellement du Un d'abord en multiples, et ensuite, à cause de leur immédiateté, en autres » (*L* I, 144). Nous aussi, nous abordons l'Un selon son « morcellement ». Le réel social, où nous guident les révoltes ou les formes de conscience, se lit du défait de sa liaison antérieure. Tout Un s'y effectue comme ponctualité novatrice à l'intérieur d'une unité d'atomisation, d'un Un fatigué de vivre en ce qu'il n'est plus que « devenir de multiples Uns » (*L* I, 138).

Dans cette algèbre passive, l'Un répulsif, le premier Un révolté – ou disjoint – n'est lisible que par sa contradictoire vertu d'attraction. Si son immédiat est la dissidence dans le multiple homogène – ce multiple des Uns dont Hegel dit brillamment que dans le lieu qu'il dessine, le « Un ne devient que Un » (*Id.*) –, son acte est de polariser tout le champ par l'*unification* attractive : comme un surgissement populaire localisé, s'il est porteur d'une proposition d'unité nouvelle, perturbe l'homogène algébrique dans la direction topologique d'une consistance régénérée.

Ce qui s'appelle, dans la lutte des classes, constituer un camp.

L'essence du Un répulsif est donc de se différencier de la répulsion, de s'épurer attractivement pour forger, à partir de l'idée de la dispersion, le réel de l'unification du multiple.

Par quoi le camp populaire nouveau, dont l'ossature est le procès de la politique prolétarienne, n'est plus déterminé (algébriquement) comme Un-dans-le-multiple-des-Uns, statut, disons, de l'électeur, du votant d'isoloir, mais *se* détermine topologiquement comme Un hétérogène au multiple d'égalité.

Ce que Hegel concentre ainsi : « Donc le Un exerçant-l'attraction, comme retournant dans soi à partir de la multiplicité, *se détermine* lui-même comme Un; il est Un comme n'étant pas multiple, Un Un. » « Un Un », approximation (topologique!) de l'allemand : *« das Eine Eins »*.

Le Un Un est cet Un qui, d'avoir émergé en sujet sous la loi de la répulsion-attraction, s'établit au croisement d'une contrainte algébrique – qui le fait Un *Un* – et d'une consistance topologique, attractive, coagulante, qui le fait *Un* Un.

Ainsi la classe, dans son existence sociale divisée, mais parfois éruptive, est le Un dont procède que puisse advenir, comme politique, le parti, le Un Un.

Toute la question pour le parti étant de demeurer... attractif, puisque l'attraction est précisément « le Un qui est Un Un » (*L* I, 148).

Le syndicalisme est la forme intrinsèquement répulsive, de là son organisation calquée sur les branches productives du capital, où l'Un ne devient que de l'Un. Sa dominante est algébrique.

La politique prolétarienne est le système mouvant de répulsion-attraction par quoi l'Un se fait Un Un.

En quoi son site ultime, dans l'analogie hégélienne, doit embrasser aussi bien le continu, effet de l'attraction, que le discret, de la répulsion.

Car si l'unité attractive, la consistance populaire d'un camp se propagent, il faut que, médiatrice de cette propagation, opère la répulsion antagonique, le combat de classe par quoi l'Un Un continu se distingue à son tour (comme Un) dans le discret systématique des forces contraires :

> C'est immédiatement, par conséquent, que la grandeur a dans la continuité le moment de la *discrétion*. La continuité est égalité-à-soi-même, mais du multiple, qui cependant n'en vient pas à être l'excluant; et c'est seulement la répulsion qui étend l'égalité-à-soi-même jusqu'à la continuité. La discrétion, par conséquent, est de son côté discrétion confluente dont les Un n'ont pas pour rapport le vide, le négatif, et n'interrompent pas la continuité, l'égalité avec soi-même dans le multiple. La différence du repousser n'est par conséquent présente que comme différenciabilité (*L* I, 168).

Quoique d'essence affirmative, l'attraction détient en elle-même la « différenciabilité » dont elle procédait au départ, quand son existence (comme la nôtre, celle d'une poignée de maoïstes) restait soumise à la loi de l'existence ponctuelle, dans le lieu des multiples-Uns.

Tout sujet matériel, Un pour l'Un Un, et Un Un selon les Uns, articule l'algèbre de son placement, et la topologie de sa nouveauté.

6 février 1978

Voisinages.

Appartenance et adhérence. - Le théorème de Cantor et l'inexhaustion de l'histoire. - Rareté relative des noms propres. - Matérialisme et ensemblisme. - Les axiomes des voisinages dans leur lisibilité dialectique. - Le mathème du culte de la personnalité.

1

Résumons en relance.

On peut évidemment énoncer que l'algèbre est métaphore du *calculable* matérialiste. Le rapport au réel y prélève la possibilité procédurière de connaître le comportement de tel ou tel terme, dans sa différence et sa capacité combinatoire, sous l'effet de telle ou telle règle explicite.

La topologie prend les choses « en paquet ». Elle est métaphore du *fonctionnel* matérialiste, car c'est le voisinage, les familles d'appartenance, la variation locale, qui en constituent le domaine.

Deux rapports distincts au Tout : l'algèbre l'explore sous le signe des individus qui lui appartiennent et des rapports réglés qu'ils entretiennent entre eux. La topologie, sous celui des sous-ensembles variés dont chaque individu fait son site dans le Tout.

Au regard du Tout, le terme du matérialisme algébrique est isolé. Le seul rapport qu'il entretient avec l'ensemble est d'appartenance singulière, $e \in E$. Le terme du matérialisme topologique est appréhendé dans son mode local de présence au Tout, par la médiation des familles de parties qui l'entourent. Se trouve ainsi spécifiée la façon particulière dont il *adhère* au Tout. Qu'il en soit un terme est requis, mais insuffisant. On veut savoir d'où il lui appartient, comment, dans quelle géographie, quelle physionomie collective.

L'algèbre est une logique de l'appartenance, la topologie de l'adhérence.

Réfléchissez à la différence qu'il y a entre appartenir à un parti politique, et y avoir adhéré.

S'inscrire – avoir la carte – est d'algèbre, s'unifier est de topologie.

2

Hilbert disait que du paradis que leur ouvrait Cantor, les mathématiciens ne se laisseraient pas chasser.

Hilbert est peut-être le dernier de ces grands techniciens subjectifs de l'écriture asservie qui firent un deuxième âge d'or du concept (le premier ? – Les Grecs). Cet âge fut long, comme son prédécesseur, de trois siècles, et Gauss, au cœur de cette étendue temporelle, en rassemble les prestiges. Vous avez là une suite incomparable de figures d'anticipation et de maîtrise, à laquelle ne fait pas même défaut l'adolescence inexplicable, rimbaldienne, que lui apporte Évariste Galois.

Le paradisiaque de la théorie des ensembles, création, d'un seul bloc, de Cantor, tient à ce qu'elle procure un langage unificateur d'une puissance de généralité auprès de laquelle les anciens objets de la dénotation mathématique font figure d'artefacts bricolés.

On ne s'étonnera pas que, instituant par une âpre solitude de théologien positif cette disposition calculable des infinis, Cantor ait glissé lentement vers le délire de la présomption.

Que tout puisse être proféré sous le seul nom d'ensemble, et dans la logique de l'appartenance, équivaut pour ce qui nous concerne à la reconnaissance matérialiste de l'Un du nom de l'être. La « matière » fait ici office, pour l'être, de signifiant universel, comme l'ensemble pour les mathématiques. Comme lui, du reste, il ne peut y en avoir de définition qu'implicite, réglée par des axiomes, latents ou formulés.

« Ensemble » et « matière » sont dès lors soumis au principe de limitation qui borne l'usage de tout signifiant maître : de n'être pas référable au Tout. On sait que la notion d'un ensemble de tous les ensembles est inconsistante. Pareillement, le concept d'une totalité matérielle intégrale n'est que le fantasme poreux du matérialisme, sa déjection retournée en idéalisme.

Pour les mathématiques ensemblistes comme pour le matérialisme véritable, toute totalité est particulière. Ce qui est du tout exige la position de l'autre, qui n'est pas du tout.

On en conclut, entre autres choses admirables de modestie, que l'histoire mondiale, conçue par exemple comme totalité actuelle des événements politiques, est une notion inconsistante. Il y a une dispersion historique incontournable. C'est une des raisons qui invalident la définition du marxisme comme « science de l'histoire », car l'histoire n'est pas un objet.

« L'analyse concrète d'une situation concrète », formulation léniniste du marxisme agissant, a la vertu de détotaliser le référent et d'indiquer qu'aucun marxisme n'est en surplomb d'aucun tout.

Quand d'aventure on énumère « les grandes contradictions du monde contemporain », lesquelles sont au nombre de quatre (entre le prolétariat et la bourgeoisie, entre les impérialismes et les peuples dominés, entre les impérialismes eux-mêmes, entre les États socialistes et les États impérialistes), il est clair que cet appareillage formel ne se laisse pas unifier dans la perception globale d'un cours de l'histoire, et n'a d'autre efficace que de repérer les types de processus dont l'enchevêtrement local *place* une situation au regard de ce qui l'entoure.

L'algèbre des quatre contradictions fondamentales prépare ainsi la topologie des situations concrètes. Au demeurant, aucun des termes qu'elle subsume n'a d'existence historique : ce sont de purs concepts pour l'homogène des places. L'impérialisme est au moins double (classique, côté américain, social-impérialiste, côté russe), *le* prolétariat mondial n'existe nullement, pas plus que *le* peuple dominé, et ainsi de suite.

La structure de la preuve d'inconsistance pour l'ensemble de tous les ensembles – pour la multiplicité absolue – opère à la jointure de l'algèbre et de la topologie.

Son ressort est en effet d'établir qu'on ne peut corréler biunivoquement l'ensemble des *parties* d'un ensemble et l'ensemble de ses *éléments*. La première multiplicité excède nécessairement la seconde.

Supposez que vous ayez U, l'ensemble de tous les ensembles, vous le récuserez aussitôt comme absolu, d'être moindre que l'ensemble de ses parties.

Quelle merveille de matérialisme dialectique que ce fameux raisonnement diagonal de Cantor, par quoi ce qui est en reste fonde ce qui a valeur d'excès!

Soit une fonction de correspondance qui à chaque partie P de l'univers total (imaginaire) U fait correspondre un élément u de cet univers, de telle sorte que deux parties différentes ont deux correspondants élémentaires différents. Je vous dis qu'une partie choit de la correspondance supposée.

Il suffit, pour l'établir, de distinguer parmi les parties celles qui contiennent l'élément qui leur est assigné de celles qui ne le contiennent pas.

On pourrait aussi bien dire que la tentative est de *nommer* distinctement chaque partie de l'univers par un élément de cet univers. C'est l'attribution d'un nom propre à ses parties, supposée immanente aux ressources de U, qui contraint ici l'impossible.

J'appelle partie autonyme une partie dont le nom figure, à titre d'élément, *dans* la partie nommée, et hétéronyme celle dont le nom est extérieur à elle-même.

Examinons l'ensemble de tous les corrélats – de tous les noms propres – assignés à des parties qui ne contiennent pas ce nom : de tous les noms propres de parties hétéronymes. C'est là, sans aucun doute, puisqu'un ensemble d'éléments de U, une *partie* de U, qui a donc son nom propre distingué : nous supposons en effet que toutes peuvent l'avoir.

Est-elle autonyme, cette partie ? Non, car elle ne contient par définition *que* des noms de parties hétéronymes, et ne peut donc contenir le sien propre, qui serait dès lors un nom d'autonyme. Est-elle hétéronyme ? Tout nom d'hétéronyme lui appartient, par définition toujours. Elle devrait donc, hétéronyme, contenir son propre nom, donc, être autonyme!

Il faut convenir que la partie ainsi construite, ni autonyme, ni hétéronyme, n'est tout simplement pas nommée, ni nommable. Elle s'institue en excès sur la corrélation supposée.

Nous touchons à l'impossible de la corrélation biunivoque entre les parties de U et les éléments de U. La ressource de multiplicité des parties déborde la multiplicité élémentaire où elle s'enracine. U est en virtualité d'être, par ses parties, plus nombreux que lui-même.

Toute multiplicité élémentaire induit un dépassement d'elle-même.

J'ai toujours vu dans cet algorithme, soit dit en passant, la réfutation de l'isomorphisme supposé par tant de doctrines entre ce qui a valeur pour l'individu et ce qui a valeur pour les collectifs. La ressource des collectifs dépasse nécessairement le type de multiplicité structurale où les individus se résolvent.

L'impossible de la corrélation entre éléments de U et parties de U fait réel de quoi ? De ce que la puissance de U ne peut aller jusqu'à la nomination immanente de toutes ses parties. Du moins si vous entendez distinguer deux parties différentes par des noms élémentaires différents – des noms *propres*.

Ou bien l'univers est fermé, total, et il y a de l'indistinguable strict, car vous n'avez pas, dans l'univers, assez de noms propres pour distinguer ses parties. Ou bien on peut toujours distinguer, mais alors l'univers ne fait pas tout, il y a de l'excès, par quoi vous faites advenir du nom propre au-delà du tout supposé.

L'univers contient toujours plus de choses qu'il ne peut en nommer selon ces choses mêmes.

De là son inexistence.

La politique du prolétariat, quand elle existe, ce qui n'est pas si courant, est un des innommables de tout espace étatique fermé. Selon la loi du jour, elle demeure sans nom propre.

Ce défaut d'état civil est précisément son état politique. Il indique le communisme comme non-État, comme non-tout.

3

A raison de ce que la topologie procède de familles de parties et l'algèbre de combinaisons d'éléments, l'impossibilité de U se déclare aussi bien : excès de la topologie sur l'algèbre.

Vous avez là deux types de multiplicité, dès lors que l'ensemble se fixe. L'un selon l'appartenance, $e \in E$, l'autre selon l'inclusion, $P \subset E$.

L'inclusion, notez bien, n'entame pas l'unité ensembliste du langage. Qu'est-ce qu'une partie ? Un sous-ensemble dont tous les éléments appartiennent aussi à l'ensemble fixe initial. $P \subset E$ signifie par définition que $e \in P \rightarrow e \in E$. Cependant la virtualité des parties est en débordement sur la multiplicité initiale. Il y a scission de ce que veut dire « être-dans ». La partie, comme l'élément, sont « dans » E. En un autre sens, *les* parties excèdent E, quand *les* éléments le composent.

Ne cherchez pas plus loin, pour ce qui est de la généralité abstraite, le fondement de votre conviction quant aux « microrévolutions » de l'individu désirant. Elles demeurent à leur place. Nul individu n'a puissance d'excéder l'époque et sa contrainte, que par la médiation des parties, et, disons-le, des partis.

Ce que je récapitule ainsi :

<table>
<tr><th colspan="2">THÈME MATÉRIALISTE</th><th colspan="2">ANALOGIE MATHÉMATIQUE</th></tr>
<tr><td colspan="2">unité de l'être (matière)</td><td colspan="2">unité de langage
(ensembles, relation $\in$)</td></tr>
<tr><td colspan="2">principe de détotalisation :
pas d'univers, ni d'histoire</td><td colspan="2">principe de limitation :
pas d'ensemble de tous les ensembles</td></tr>
<tr><td colspan="2">– reflet – connaissance absolue
– asymptote – connaissance relative</td><td colspan="2">$e \in E$ (appartenance élémentaire)
$P \subset E$ (excès partitif)</td></tr>
<tr><td colspan="2">les collectifs ont une force
supérieure au cadre structural
où les individus sont placés</td><td colspan="2">l'ensemble des parties d'un
ensemble a une cardinalité
supérieure à celle de cet ensemble</td></tr>
<tr><td>point de vue
topologique

devenir
d'un processus

excès

force</td><td>point de vue
algébrique

éléments
et résultats
d'un processus

position

place</td><td>topologie

familles de parties
(voisinages)

structures
topologiques
(espaces)</td><td>algèbre

lois de composition
entre éléments

structures
algébriques
(lois)</td></tr>
</table>

Qui ne verra dans la dialectique des multiplicités élémentaires et des multiplicités partitives l'allégorie pauvre de ce que je disais quant à la scission du connaître matérialiste ? La composition algébrique des termes renvoie au reflet, à la corrélation fondée du concept et du réel. Ce qui est connu l'est effectivement, la puissance de nomination est intégrale, absolue. Elle est d'ailleurs relative, asymptotique, si l'on se réfère aux multiplicités partitives débordantes qui la soutiennent et font obstacle à la fixité du tout.

4

La notion mathématicienne du voisinage fait lien des éléments d'un ensemble, support d'appartenance du matérialisme algébrique, et de l'entour d'adhérence par quoi l'élément est localisable, fondement du matérialisme topologique.

Pratiquons l'exégèse des quatre axiomes qui en règlent l'usage.

1. *Tout voisinage d'un point contient ce point.*

C'est dire que l'ensemble de ce qui vous est proche vous inclut. Nous avons exemplairement là un principe d'adhérence : il n'existe pas dans la pensée topologique de voisinage en extériorité. Ce matérialisme est une opération inclusive, où le singulier s'approche selon ce dont il fait partie. L'élément est le point de fuite d'une série de collectifs. L'individu est sans autre nom que celui de ses adhérences multiples. Alors que vous savez que l'algèbre, matérialisme séparateur, agence les connexions externes du singulier au singulier.

2. *Toute partie qui contient un voisinage d'un point est elle-même un voisinage de ce point.*

C'est la valeur extensive de la pensée topologique. Une proximité plus lâche qu'une autre est cependant une proximité. Le « plus loin », qui n'est mesurable qu'au « plus proche », dessine un mouvement d'expansion du local. Par approximations de plus en plus floues, l'élément touche tendanciellement à la totalité, qui est voisinage limite, voisinage de tout point qui a un voisinage. Cet axiome est celui de l'asymptotique inversé : saisir l'élément exige le mouvement de ses divers horizons, impose le parcours de l'éloignement.

Vous avez une double allure, qui est à l'œuvre dans l'analyse d'une situation concrète. Sur une trame algébrique solide, principe du distinguable et des connexions légales, il s'agit de chercher le voisinage le plus serré, le collectif le plus juste, le justaucorps, en somme. Pour ce faire, il faut pratiquer l'expansion, accepter que le local soit dialectisé par des entours de plus en plus vastes.

Cette loi topologique de l'expansion-resserrement donne sa valeur active au classique couple de l'universel et du particulier. Il y a vérité de ces catégories fixes, vérité d'algèbre. Leur effectuation réelle tisse l'inclusion topologique des adhérences, au plus près et au plus loin.

3. *L'intersection de deux voisinages d'un point est un voisinage de ce point.*

Voilà de quoi serrer l'approximation, voilà un outil d'asymptote. Si vous êtes de deux processus, vous êtes de leur croisement, du lieu que dessine ce qu'ils ont en commun. La classe ouvrière peut être le premier voisinage – déjà très vaste – d'une révolte d'usine. Vous aurez alors, selon l'axiome 2, des voisinages plus amples, l'appartenance de la classe au processus général de la contradiction révolution prolétarienne/impérialisme. L'intersection de ces deux voisinages n'est rien d'autre que la forme d'internationalisme immanente au terme « révolte ». Unit-elle les Français et les immigrés ? Ou est-elle chauvine, dit-elle, avec le PCF : « Fabriquons français » ? C'est un nouveau voisinage, intersection du national et de l'ouvrier, qui exige une prise de parti topologique spéciale.

Vous avez évidemment d'autres séries de la topologie politique. La révolte, quoique *ouvrière,* induit une logique dans son entour *populaire* (soutien, comportement des femmes, etc.). C'est une expansion (axiome 2) et aussi une intersection. Selon quels principes les dirigeants assument-ils l'adhérence ouvrière au peuple ? Sont-ils ouvriéristes, enfermés dans l'usine ? Ont-ils un propos de type parti, des principes explicites de l'immanence ouvrière à la politique du peuple ?

Vous pouvez aussi dire : de quelle mémoire historique dominante sont-ils saturés ? C'est l'expansion-resserrement temporelle. Agissent-ils selon le rêve de Juin 36 ? L'écho de Mai 68 ? Le sens d'un isolement, d'un commencement ?

Bien sûr, ces questions sont étayées sur la consistance de l'algèbre marxiste, qui dispose en structure la classe, le peuple, l'impérialisme, les temps forts de l'histoire idéologique, etc.

L'analyse concrète de la situation parcourt, dans la légalité conceptuelle du marxisme analytique, les adhérences collectives, leurs inclusions, leurs intersections. Le sujet politique est *trouvé* –

ou non – dans ces croisements matérialistes du reflet et de l'asymptote.

4. *Étant donné un voisinage d'un point, il existe un sous-voisinage de ce point tel que le premier voisinage (le « plus grand ») est voisinage de chacun des points du second (le « plus petit »).*

Cet axiome traduit mathématiquement l'idée asymptotique selon quoi ce qui est proche d'un point est proche de tout ce qui est proche de ce point. La catégorie de voisinage fait droit aux voisins des voisins.

Il s'agit une fois encore de traquer l'adhérence collective, l'excès de toute localisation sur la singularité du terme. L'axiome dit : si le matérialisme détermine l'entour approximatif d'un point, on sait que cet entour sera aussi celui de plusieurs points, d'un collectif de points, qui composent eux-mêmes un entour (plus serré) du premier point, lequel, du reste, axiome 1, réside parmi eux.

On voit comme la topologie est *désidentifiante.* Ce qui par elle fait pensée d'un terme, d'un point, d'un individu, par le biais de la détermination de son site, de son adhérence locale, doit toujours aussi valoir pour d'autres, pour un collectif, à quoi cet individu appartient.

Tout prédicat topologique est pluriel. La nomination topologique est commune, dialectisant les noms propres de l'algèbre.

C'est le destin matérialiste du sujet d'avoir à subvertir son nom propre dans l'approximation de ses noms communs.

Ou d'identifier ses noms communs dans la subsomption algébrique du propre.

Réfléchir ce point fonde en matérialisme la force, et l'errance, du « culte de la personnalité », qui est, au vrai, le culte d'un nom.

D'avoir à être la topologie de son adhérence expose le sujet politique – le parti – à l'angoisse désidentifiante, dont l'excepte le retour terrorisant d'une algèbre nominale.

20 février 1978

La consistance, second nom du réel après la cause.

Psychanalyse et marxisme en 1960 et quelques. - Staliniens ? - Deux concepts du réel. - Masses, classes, État, parti : chaînes et nœuds. - Le double réel de la Commune. - Consistance faible et forte. - *Hic Rhodus, hic salta.*

1

La forme extrême de l'algébrisation du sujet, vous la trouvez dans le premier Lacan, par exemple : « La subjectivité à l'origine n'est d'aucun rapport au réel, mais d'une syntaxe qu'y engendre la marque signifiante » (*E,* 50).

Le « sans-rapport » au réel est le biais retors par quoi sauver, soumission à la règle algorithmique, le matérialisme aux arcanes de son mouton noir subjectif. Si vous déterminez le processus à partir de sa structure, vous avez au moins le matérialisme structural. Vous évitez la constitution du réel par le sujet, vous court-circuitez la phénoménologie des données de la conscience.

Toutefois, une syntaxe est-elle une matière ? L'époque (1955) commence à le croire sans encore le savoir – qu'elle y croit. Nous en sommes moins sûrs. Ce mode syntaxique, dix ans plus tard, Althusser en retenait, quant au marxisme, que la classe était le produit non-sujet de l'articulation des instances du tout social surdéterminé. Il y a dès lors de l'indécidable entre, d'une part, la combinatoire et son ressort de manque, qui rabat la tension matérialiste sur l'inscription signifiante, et, d'autre part, l'idéalinguisterie.

La force éminente de Lacan est d'anticiper (de dix ans), et même d'anticiper sur l'avenir de son anticipation.

Il ne confond jamais l'algorithme de chaîne et la plate combinaison des termes, de sorte que son algèbre est maximale, en effet de bord sur elle-même. Ce qui intéresse Lacan est moins la loi que le principe illégal, hasardeux, de la détermination qu'elle effectue. Il tient bon sur l'effet de sujet, quand tous les autres comprendront qu'il convient de le reléguer au musée de l'idéologie humaniste finissante.

Lorsque, vers 1960, les communistes chinois ouvrirent la crise idéologique avec l'URSS, ils s'assujettirent à trois principes :
- Restaurer la rigueur scientifique et conceptuelle du marxisme-léninisme, en quoi ils algébrisaient, contre la molle topologie de la coexistence pacifique, de l'interpénétration, du « réalisme sans rivages » et du communisme du goulash.
- Maintenir que le thème révolutionnaire restait actif (donc algorithmique, et non de combinaison stable) dans la figure des guerres de libération nationale. Ce qui était porter l'algèbre des contradictions mondiales à son bord topologique, sous le signe d'un point de condensation (d'un point limite) de tous les facteurs mis en jeu.
- Ne jamais renoncer au prolétariat comme sujet politique universel.

De là qu'ils manifestèrent le courant de la scientificité marxiste, mouvement mondial d'orthodoxie léniniste contre les réviseurs du Kremlin, au-delà de lui-même, jusqu'à sa réversion dans la Révolution culturelle. Tout comme Lacan, sous le pavillon du retour à Freud, subvertissait contre les empiristes américains, et le thème moyen de l'antihumanisme, et la dé-subjectivation que prônaient les structuralistes, jusqu'à leur renversement dans une théorie de l'analyse où c'est à son réel que le sujet s'expose dans le risque angoissant d'y perdre et son image et sa loi.

On risquait plus encore, assurément, dans la Révolution culturelle.

Voyez toutefois ce petit signe que, contre Lacan comme contre Mao, on brandit le suicide de quelques intellectuels. Qualifier Lacan de Staline sera un jour la moindre des choses. Par les temps qui courent, est stalinien quiconque entend, sur quelque point majeur de doctrine ou d'éthique, ne pas céder.

Mais que ni Lacan ni Mao ne soient staliniens, vous le savez, pour le second, par cela qu'il fut le bouddha du désordre communiste (l'autre étant le commandeur socialiste des aciers spéciaux), et pour le premier par ce texte, entre autres, où le métal algébrique de tout à l'heure, redonné dans son algorithme, vient fondre au fourneau du topologue :

> Vous savez comment, au moyen d'axiomes, Peano l'articule (la suite des nombres). C'est la fonction du successeur, du n + 1, qu'il met en valeur comme structurant le nombre entier – ce qui suppose néanmoins au départ un qui ne soit le successeur d'aucun, qu'il désigne par le zéro. Tout ce que ces axiomes produisent sera dès lors, conformément à l'exigence arithmétique, homologique à la série des nombres entiers.
> Le nœud est autre chose. Ici en effet, la fonction du plus-un se spécifie comme telle. Supprimez le plus-un, et il n'y a plus de série – du seul fait de la section de cet un-entre-autres, les autres se libèrent, chacun comme un. Ce pourrait être une façon, toute matérielle, de vous faire sentir que Un n'est pas un nombre, quoique la suite des nombres soit faite de uns.
> Il faut avouer qu'il y a dans cette suite des nombres une consistance telle qu'on a la plus grande peine à ne pas la tenir pour constituante du réel. Tout abord du réel est pour nous tissé par le nombre. Mais à quoi tient cette consistance qu'il y a dans le nombre ? Elle n'est pas naturelle du tout, et c'est bien ce qui me fait aborder la catégorie du réel en tant qu'elle se noue à ce à quoi je suis aussi amené à donner consistance, l'imaginaire et le symbolique.
> Si je me sers du nœud, c'est que dans ces trois *quelque chose* que j'originalise du symbolique, de l'imaginaire et du réel, il s'agit de la même consistance. C'est à ce titre que je produis le nœud borroméen, et ce, afin de me rendre raison de ma pratique.
> Isoler la consistance comme telle, on n'a jamais fait ça. Moi, je l'isole, et je vous donne pour l'illustrer – la corde (Lacan, *Séminaire R.S.I.*, 1974-1975, in *Ornicar ?* n° 3).

L'intervention topologique est ici spécifiée.

Elle se fait de l'Un, comme on pouvait s'y attendre.

Le versant mallarméen du réel tient à l'objet évanouissant, cause du désir – ou du texte –, ici le zéro, dont procède qu'il y ait du successif.

Comme le dit expressément Lacan, « le nœud est autre chose ». Traduisons : la topologie n'est pas l'algèbre.

Le nœud borroméen, il n'est pas nécessaire ici d'en savoir plus que sa propriété élémentaire : liant trois boucles fermées de telle sorte que chacune est nouée aux deux autres, il est cependant tel que la coupure d'une boucle quelconque défait tous les liens et disperse l'ensemble :

Si par exemple vous avez ceci :

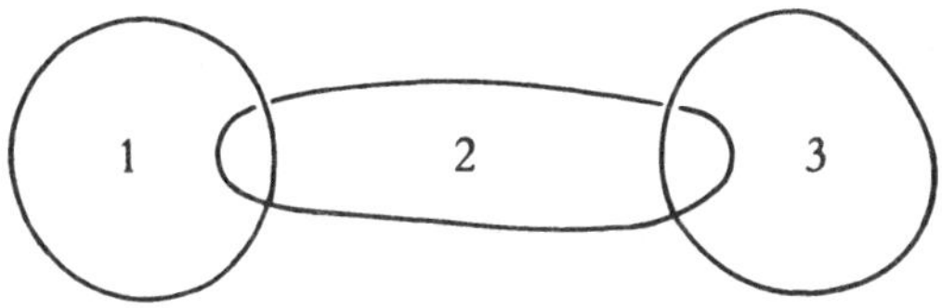

vous voyez que la boucle 2 fait le Un de la chaîne. C'est une chaîne précisément de ce que seule la coupure du terme intermédiaire 2 (du « maillon le plus faible ») disperse le tout. Si vous coupez 3, reste le lien de 1 et de 2, et 1, de 2 et 3.

Si vous avez, en revanche :

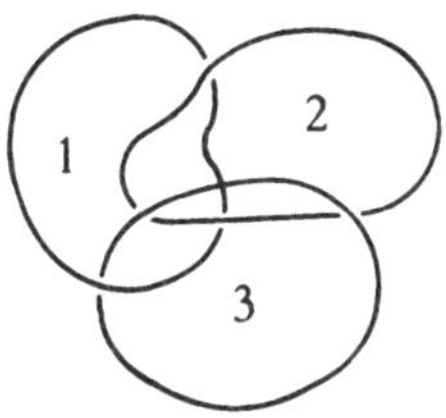

ou
(c'est le
même!)

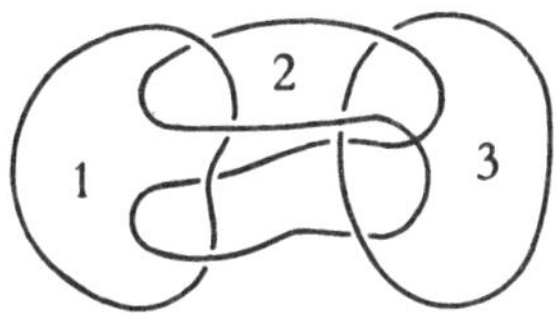

la coupure de l'un quelconque des trois défait le tout.

Le Un du nœud borroméen est celui d'une consistance qui affecte l'ensemble, c'est un Un d'adhérence, propriété collective des termes. Alors que le Un de la chaîne prescrit des places de connexion, lesquelles sont séparatrices.

Qu'est-ce qui fait que le nœud est « autre chose » ? C'est que l'Un n'y a pas même assignation que dans l'ordre algébrique. Le Un des nombres se soutient du zéro pour se répéter en addition à lui-même. Le Un du nœud tient ensemble les termes de la série.

Dans un cas : principe algorithmique d'itération du Même, algèbre ordonnée de la succession. Dans l'autre : principe topologique de cohésion partitive, d'interdépendance nouée.

Il faut donc avancer qu'il y a chez Lacan, adéquats à la division de l'Un, deux concepts du réel : le réel de l'évanouissement, qui est en position de cause pour l'algèbre du sujet; le réel du nœud, qui est en position de consistance pour sa topologie.

Du réel comme cause au réel comme consistance peut se lire un parcours du matérialisme intégral. Une fois engendrée la succession numérique dans l'efficace du terme évanouissement, il faut encore connaître ce qui fait que tous ces nombres tiennent ensemble.

Une fois conçu que l'un succède à l'autre, dans la causalité que marque le zéro, et qu'ils *appartiennent* tous au domaine du nombre, il faut savoir quel est l'Un-des-nombres, *l'adhérence* générale en quoi consiste la succession.

La liaison algébrique des atomes du nombrable ne peut fonder d'elle-même le continu de leur maintenance commune.

Il y a la chaîne, et il y a le nœud.

Ainsi Lacan s'élève dans l'espace de la théorie du sujet au problème suprême du matérialisme, qui est de nouer correctement sa propre division selon l'algèbre et selon la topologie.

Le « réel », à devoir supporter sous un nom unique d'être en tant qu'objet la cause et en tant que tiers terme la consistance, vient à la place qui lui est de toujours prescrite : assurer au regard de tout processus dialectique qu'il y a le un du deux, lequel fait donc trois.

La contre-épreuve destructrice est claire. Si défaille le réel comme cause, si le manque vient à manquer, vous avez l'angoisse du trop-de-réel, lequel ne fait plus sens; si défaille le réel comme consistance, si le nœud borroméen est coupé, vous avez le dispersif du trop-peu-de-réel, lequel désancre la loi, dès lors terrorisante, et l'imaginaire, enflé jusqu'au délire de la similitude universelle.

Voyez « les masses » qui, pour les marxistes que nous sommes tous, j'espère, sont le nom historique du réel. J'ai déjà eu l'occasion de dire que par « masses » nous n'entendons jamais une substance. Quoi alors ? Ce dont une coupure historique fait rencontre.

En général, les masses ne sont ni pensées, ni pensables. Le « il y a les masses » est le mode évanouissant du réel historique, perceptible à quelque défaut, à quelque rompu, de la cuirasse étatique – ce qu'on appelle avec Lénine une « situation révolutionnaire ».

Cependant, il faut aussi reconnaître que les masses sont le principe unique de la consistance politique. L'État, garant concentré d'une algèbre politique établie, les classes, point d'assignation en tant que tel imaginaire de l'identification sociale (le point de vue de classe sous sa forme statique, forme intelligible du Moi social), tout cela ne tient ensemble que dans la régulation *massive* de l'activité publique générale. L'État ne saurait se garantir d'autre chose que du consentement des masses, qu'il soit arraché ou paisible. Quant aux classes comme principe de répartition, comme disjonction imaginaire, leur matière immédiate est massive.

Les masses sont donc le réel à quoi se nouent et l'État et les classes, garantie de consistance qui, défaite, restitue l'État à son être mort et fermé d'appareillage, et les classes à l'imaginaire historique.

Le matérialisme dit bien que « les masses font l'histoire », il le dit selon l'algèbre – en tant que cause révolutionnaire évanouissante – et/ou selon la topologie – en tant que consistance générale du lieu politique, nœud borroméen de l'État, des classes et d'elles-mêmes (les masses).

Quant au sujet politique, il est le nouant du nœud que font l'État, les classes et les masses, dans la figure inscrite du parti, lequel tient son occasion du réel révolutionnaire, sa durée de la liaison aux masses, sa visée de l'État.

Reste à voir comment cette liaison, ce liant, s'ordonne à la consistance subjective que détient l'articulation dans les masses du point de vue de classe sur l'État.

Car la politique n'est que l'effet-sujet de cette articulation.

Il y a donc bien division du concept du réel (des masses).

Saisir l'occasion aux cheveux fait le talent algébrique du révolutionnaire. Il s'agit de ne pas manquer le signifiant de ce qui s'évanouit en réel. Mais tenir le principe de consistance fait le génie topologique du communiste. Il s'agit de tresser la corde par quoi l'État peut se dénouer, pour autant que son nœud à la classe (la dictature du prolétariat) est, par la médiation des masses, borroméen.

Quand Mao dit : « Mêlez-vous des affaires de l'État » et quand il lance la Révolution culturelle, il se fait cordelier, dût le parti, effet-sujet pris dans la cause et dans la consistance, en souffrir durement.

Disons qu'à être à la fois révolutionnaire et communiste, ce sujet au rouet du réel s'éclipse dans le biais alterné de l'État monumental et de la classe abouchée à l'émeute.

Consister dans sa cause n'est pas simple. Certains, dans le parti, préféreront toujours les bénéfices de l'État.

Ce sont ces préférences, lesquelles indivisent le réel au profit de l'algèbre, qui définissent l'apparition d'un être historique spécial, accointance anticommuniste de l'État et des masses, sous un nom-de-classe « prolétarien » désormais absolument imaginaire. Cet être a pour nom : nouvelle bourgeoisie, née du parti lui-même.

Il suffit, pour en être, de céder en politique sur son désir communiste. Ce qui est, de très loin, le plus facile.

L'État seul promet dans ces conditions une consistance dont c'est peu de dire qu'elle est celle des potages où la louche reste plantée.

La cause est perdue. La perte et perdue.

2

Penser le un du deux sans que la connexion soit externe exige la topologie, c'est clair.

La topologie est ce point du matérialisme où la dialectique supporte sa division. « A partir (...) de ronds de ficelle, il en résulte un coinçage, de ce que ce soit le croisement de deux continuités qui en arrête une troisième. Ne sent-on pas que ce coinçage pourrait constituer le phénomène de départ d'une topologie ? » (*S* XX, 119).

Coinçage, croisement : nous avons vu ces termes, constitutifs du matérialisme dans la connaissance. Le réel, outre son identité d'objet causal manquant, affleure en consistance comme croisement arrêté de deux processus.

C'est dire qu'il est, ce réel, unité de l'algébrique et du topologique, unité de la cause et de la consistance.

Il est objet, mais *pas seulement*.

En quel sens disons-nous que la Commune de Paris est réelle ? Sûrement pas en ceci qu'elle a eu lieu, ce qui n'est que son indice de réalité.

Elle est réelle, tout d'abord, en ce qu'elle fait rupture dans la trame de l'État, et plus encore dans la théorie marxiste de l'État. C'est d'effectuer un impossible de cette théorie qui l'avère réelle, en sorte que d'abord Marx, qui désapprouve logiquement le déclenchement insurrectionnel, ne peut qu'y *rencontrer* les masses évanouissantes de Paris. De là l'obligation, à quoi il se tient, d'être entièrement du côté de ce qu'il désapprouve en théorie, pour trouver le concept nouveau et rétroactif de son approbation pratique.

Elle est réelle, deuxièmement, en ce que la Commune entre dans la consistance de toute politique prolétarienne prolongée, au point de faire danser Lénine sur la neige quand le pouvoir issu d'Octobre passe la durée du pauvre État parisien de 1871. Au point que l'insurrection ouvrière de Shangaï en 1967 déclare fonder une Commune, et que du reste, dès 1966, dans la déclaration solennelle qui tente d'organiser la Révolution culturelle, les dirigeants maoïstes déclarent qu' « il est nécessaire d'appliquer un système d'élection générale semblable à celui de la Commune de Paris » (*GRCP,* 162).

Nous passons ainsi de la ponctualité algébrique par quoi un champ matérialiste s'ouvre au connaître à l'adhérence topologique qui sature de mémoire et de voisinages la récurrence du conflit.

Pour nous tous, la Commune est en reflet de la rupture révolutionnaire qu'elle instruit, et nous sommes en asymptote de sa vocation communiste.

Elle consiste, d'avoir disparu. Ce même objet d'une précision évanouie, qu'on commémore au Père Lachaise, est coprésent, concept inépuisable, au plus proche de notre action.

C'est le coinçage de ce double mode d'être qui fait tout le réel matérialiste de la Commune.

Il y faut évidemment le sujet politique actuel : celui de la Révolution culturelle, celui des maoïstes.

3

Lacan pousse-t-il ausi loin la dialectique du réel ?

Nous sommes aux parages d'une divergence, licite et nommable. Pourquoi ? Parce que le concept lacanien de la consistance est trop restrictif. Faute d'opposer et de conjoindre explicitement l'algèbre et la topologie, il s'expose à ne penser la consistance que comme attribut de l'algèbre.

Comme qui, en politique, ne verrait dans les masses, passée la révolte, causalité du manque, qu'un attribut de l'État de classe.

Pour ses besoins propres, Lacan n'a pas à pousser la chose au-delà de ce qui, dans la formalisation, se laisse reconnaître comme homogénéité consistante du symbolique :

> Le propre du langage mathématique, une fois qu'il est suffisamment repéré quant à ses exigences de pure démonstration, est que tout ce qui s'en avance, non pas tant dans le commentaire parlé que dans le maniement même des lettres,

> suppose qu'il suffit qu'une ne tienne pas pour que toutes les autres non seulement ne constituent rien de valable par leur agencement, mais se dispersent. C'est en quoi le nœud borroméen est la meilleure métaphore de ceci, que nous ne procédons que de l'Un (*S* XX, 116).

Qui ne voit que la consistance, dans sa figure borroméenne, est ici dangereusement voisine d'un simple principe d'interdépendance existentielle ?

Ce n'est pas au hasard. Engels – et Staline – faisaient de ce principe, à tort, la clef du matérialisme dialectique.

La référence unilatérale à l'Un, sans la scission qui dans Hegel même oppose les uns à l'Un Un, fait défaillir le propre de la topologie, qui est de s'enraciner dans l'inclusion, le partitif, le voisinage, le multiple.

Dire que si l'Un fait défaut, tout se disperse, revient à *dériver la consistance de la cause.*

J'avance que le primat de l'algèbre a pour effet de réduire le champ de la topologie à la seule consistance du lieu algébrique.

Comme je l'ai fait pour la différence, je pose ici qu'il y a deux concepts de la consistance.

La consistance faible se résout dans la cohésion structurale. *Elle ne fait nœud que d'une chaîne.*

Toute la traque du réel par Lacan s'ordonne à l'étude des tresses, des suites de nœuds, des chaînes borroméennes.

La consistance forte surdétermine l'algèbre, en tant que consistance de voisinages. Quoique étayée sur la cause, l'objet, la structure, elle nomme le principe du réel dans l'excès collectif et l'adhérence, ne se laissant résumer ni au manque d'un terme, ni à l'appartenance.

La consistance d'interdépendance est la forme élémentaire, à peine écartée de l'algèbre, de ce qui doit être poussé jusqu'à la consistance conflictuelle, la consistance hétérogène, la consistance indépendante de toute interdépendance.

Vous savez qu'il y faut le concept de la force.

Disons que le rapport lacanien de la cause à la consistance, qui fait tout le nom divisé du réel, veut rester à sa place.

La vérité, c'est que la destruction est exigible, au cœur du matérialisme, pour y fonder l'unité réelle de la logique des voisinages et de celle du manque.

Quant au sujet, il y trouve ce qui chez Lacan n'est que l'éclipse de son inscription : de quoi porter l'excès sur la loi, sans qu'il y ait besoin pour cela d'outrepasser le matérialisme.

Car c'est le matérialisme, unité divisible de l'algèbre et de la topologie, qui, sous le primat de la seconde telle que l'induit une subjectivation, entre un excès sur lui-même.

Les deux voies sont claires, après tout. Ou le lieu matériel du subjectif se fait d'une algébrisation du topologique (chaînes borroméennes, consistance d'interdépendance); ou il se fait d'une topologisation de l'algèbre (matrices de la destruction, consistance conflictuelle).

Hic Rhodus, hic salta.

3 mars 1978

Si peu d'ontologie.

Heidegger. - La garantie du communisme par l'État socialiste ne vaut pas mieux que celle de la consistance par la cause. - Les trois consistances de la classe ouvrière. - L'être se dit de trois façons.

1

Que l'être se dise selon la cause ou selon la consistance est en vérité le plus vieux thème de la philosophie.

Comme quoi la philosophie touche au réel, et au matérialisme, par la reconnaissance indirecte et pressante du couple algèbre/topologie, quelle qu'en soit la vêture spéculative.

Je n'approuve pas, je le dis franchement, le dédain où des sectateurs de Lacan tiennent la philosophie, registrée univoquement dans l'imaginaire.

Ils se targuent d'être de vaillants antiphilosophes. Je vois plutôt qu'ils protègent l'indivision algébrique de l'objet. Les voici du reste égarés quand la traque ontologique du maître, aux lisières du silence, indifférente aux jeux subtils et vains de la métaphore et de la métonymie, ne veut plus que tresser, Norne de sa propre errance, la corde réelle du destin.

La consistance soutient la question : qu'en est-il de l'être de ce qui est ? La causalité, le problème de l'être suprême, par qui le monde est la forme de ce qui est.

Question ontologique, question théologique.

Heidegger se propose de déconstruire la métaphysique, préalablement définie comme voilement de la première question par la seconde. Je dis qu'il entend dissiper la précision algébrique de

Dieu, localisation de simple appartenance, être placé dont tous les êtres tiennent leur place. Il s'agit d'ouvrir à l'illimitation topologique de l'être, dont ce n'est pas pour rien qu'à son propos Heidegger évoque à satiété la dialectique du proche et du lointain.

Ce à quoi Heidegger voulait mettre fin est le propos philosophique d'une *garantie de la consistance par la cause.*

Vous éclairerez ce point si vous savez que ce avec quoi nous, marxistes d'aujourd'hui, voulons en finir, est le thème d'une *garantie du communisme par l'État socialiste.*

L'État, produit causal de l'évanouissement des masses, fait la disposition algébrique de la politique. Nous déclarons que, socialiste ou pas, et quoique invariablement nécessaire à l'intelligibilité de l'action, il ne garantit rien quant à l'effectuation subjective du communisme.

Pour croire le contraire, il faut imaginer cet État socialiste comme exception – comme état d'exception, capable par lui-même d'un algorithme de dépérissement, alors que Lénine déjà savait que tout État moderne, y compris le socialiste, est intrinsèquement bourgeois, relevant ainsi, au regard de la topologie communiste, de la catégorie de l'ossature et de l'obstacle.

Ce statut d'exception, on le déchiffre en philosophie parmi les opérateurs cruciaux qui permettent de rabattre la consistance sous la cause, l'être sous Dieu. Voyez Aristote : toute la nature tient dans le mouvement, c'est la loi du monde. Le suprême moteur, être par excellence, est bien l'objet-cause du mouvement général, mais il en est excepté, étant lui-même immobile.

L'État socialiste, supposé cause du communisme, est exactement ce moteur immobile.

Il n'est pas de plus impérieuse exigence que de tenir l'écart de la cause et de la consistance comme division dialectique des effets-de-réel. Il y va du sujet.

Si une philosophie n'a pas d'autre définition que de pourvoir, par ses moteurs immobiles, ses sujets tanscendantaux, ses négations de la négation, ses êtres-qui-ne-sont-pas-ce-qu'ils-sont, au comblement de l'écart, alors, c'est vrai, nous ne pouvons être philosophes.

Disons que la philosophie réside en deçà des artifices par lesquels elle tente d'assurer sa prise sur les voisinages et les adhérences par la solidité de l'objet et l'efficace réglée de la causalité du manque. Qu'elle veuille fonder l'unité de l'être sur l'Un de l'objet, quoique certain, n'est pas sa vertu ni son essence. Nous pouvons toujours lire, au plus subtil des concepts forgés pour ce fourvoiement consolateur, la reconnaissance laborieuse de ce que le réel, nominalement scindé, propose et l'objet-cause et le processus-consistance, et qu'il faut, pour que s'y abouche le sujet d'une connaissance quelconque, l'exploration d'une compatibilité conflictuelle entre les réseaux élémentaires de l'algèbre et les intrications partitives de la topologie.

2

Penser la classe ouvrière.

D'abord, l'algèbre. Est ouvrier quiconque vend sa force de travail pour s'inclure dans un procès productif réglé par le capital. Légitimement, on annoncera que la classe est définie par sa *place* dans le mode de production. C'est signe infaillible de reflet, d'algébrisation. En outre, il faut en passer par là.

Y a-t-il une consistance à ce stade ? Oui, si l'on retient la consistance faible, celle du lieu algébrique. Consistance objective, réductible à une similitude d'appartenance, à une loi du Même. Le substantif « ouvrier » la dénote.

Est-ce que ces « ouvriers » font une classe ? Oui, le sociologue se fera un plaisir de trouver des prédicats spéciaux, des similitudes de vêtements, de postures, de goûts, de votes aux élections... Le sociologue n'a pas à connaître, dans son inventaire comptable, du caractère exclusivement différentiel de ces similitudes. Il est clair qu'elles règlent le même par l'autre, par le bourgeois, le professeur, l'agriculteur. L'intériorité consistante fait défaut. Ce qui fait lien des ouvriers comme classe ne peut évidemment se résumer aux effets de leur position. « Ils » aiment *le Beau Danube bleu* plutôt que Wagner ? Je les tiens dès lors seulement comme objet *pour un autre objet* – celui qui aime Wagner, le petit-bourgeois –, je n'excède pas l'algèbre.

En toute rigueur, on doit dire ici que la consistance est inconsistante. Car la structure d'appartenance des ouvriers au marché du travail le met en concurrence. Elle les disjoint plus qu'elle ne les rassemble. Vous savez ce qu'est *un* ouvrier, vous ignorez ce que sont, un tant qu'Un, deux ouvriers.

C'est le degré zéro du voisinage.

Le degré un nous est fourni par la consistance revendicative ou syndicale. Que l'adhérence n'y soit pas nulle s'avère dans l'apparition de phénomènes organisationnels. La topologie fait ici écart de l'algèbre concurrentielle.

Ce qui autorise cet écart est, strictement, le marchandage possible autour du prix de la force de travail. Le salaire disperse les ouvriers, mais qu'il soit négociable les organise.

Vous avez ici du tendanciel : le salaire réel fluctue légèrement autour de la valeur de la force de travail. Cet entour fluctuant, quoique restreint, induit toute une topologie revendicative, qui rapporte *les* ouvriers d'une usine ou d'une branche au salaire, non plus comme contrat fixe, mais comme asymptote. Ce que les syndicats appellent « le juste salaire », qui commande la « légitime revendication », tous concepts dont le propre est de ne connaître aucune satisfaction suffisante, puisqu'ils ne fixent qu'un point limite imaginaire.

Vous mesurez à quel point cette consistance demeure asservie à l'algèbre de l'exploitation. Ce n'est que dans la marge ouverte par la concurrence des capitalistes, la restructuration industrielle, l'expansion impérialiste que la revendication syndicale dote les ouvriers d'une réalité d'inclusion partitive, les élevant au-dessus de l'atomisation du marché.

Vacillation autour d'un point fixe – la valeur objective de la force de travail – sur quoi la révolte elle-même finit par buter comme sur sa cause absente, la consistance revendicative ne connaît que les voisinages les plus pauvres, les adhérences les moins éloignées des appartenances, les topologies les plus triviales.

Que le syndicat finisse par se rigidifier dans l'algèbre des grands États impérialistes ne peut surprendre. A son comble, comme aux États-Unis, cet asservissement confère au syndicat le monopole de l'embauche. Au sens strict, l'adhérence syndicale, puisque obligatoire pour seulement trouver du travail, fusionne avec l'appartenance ouvrière.

Reste que nous avons là l'acquis précieux de l'écart comme tel, au moins dans la phase héroïque de la syndicalisation ouvrière. La classe syndicalisée, sans être sujet, n'est plus sous la loi de l'objet. Elle fait advenir l'élément abstrait du subjectif.

L'antagonisme politique fait surgir un principe de consistance radicalement hétérogène à l'algèbre qui le sous-tend. Aussi bien, l'appartenance n'est plus qu'un critère flou. La position (topologique) de classe doit être distinguée de l'être (algébrique et social) de classe. Les chefs politiques ouvriers sont des intellectuels. Ne s'en indignent en général que les bourgeois, ou que ceux pour qui les mystères du réel sont insondables.

Dans la topologie politique partisane, l'enjeu est d'excéder l'algèbre jusqu'à son point limite, où elle peut rompre. La destruction s'articule sur la maintenance, où le syndicat persévérait.

Le parti est support du sujet complet, par quoi le prolétariat, édifié sur la classe ouvrière, vise la dissolution de la trame algébrique où cette classe est placée.

Si la consistance numéro 1 est inconsistante, selon la loi même de l'algèbre concurrentielle, la consistance numéro 3 détruit le principe de consistance du lieu. Elle est donc également inconsistante, en ceci qu'aucun *objet,* du côté du capital, n'y peut faire cause de sa consistance.

Dans le prolétariat, la classe ouvrière a disparu. Réalisée comme cause évanouissante, elle consiste dans le parti, dont l'existence n'a d'enjeu que de supprimer ce qui rendait possible la causalité.

L'existence objective de la classe collectionne des ouvriers dispersés. Son existence politique rassemble des communistes. Dans les deux cas, la scission de la cause et de la consistance est dissymétrique. Le réel de la classe est un déséquilibre spécifique de l'algèbre et de la topologie.

Seul le syndicalisme est équilibrant. C'est qu'il prétend faire consistance de la cause capitaliste.

Ah, l'ennui qu'il dégage ! Entre la dureté du travail et le labeur de la révolution, ni l'un ni l'autre, et se vantant de son « réalisme », algèbre cachée, topologie soumise !

3

Ces distinctions sont générales.

L'être – si peu d'ontologie ! – se dit de deux façons, donc de trois. Cause et consistance sont les concepts primitifs, dont la combinatoire, reconnue la dissymétrie des divisions dialectiques, donne :

1. Le primat de la cause sur la consistance (de l'algèbre sur la topologie). Être-placé, en posture d'évanouissement quant à l'objet, de dispersion-répétition quant au sujet.

2. L'équilibre de la cause et de la consistance : être-structuré, en

posture de variation quant à l'objet, de similitude quant au sujet.

3. Le primat de la consistance sur la cause : être-forcé, en posture de destruction quant à l'objet, d'excès quant au sujet.

A titre d'exercice, je vous propose de confronter la triplicité de l'être, ainsi établie, avec les nominations lacaniennes :

- l'insistance, où l'effet du symbolique ordonne la répétition;
- la consistance (au sens faible) où se résout l'identification imaginaire;
- l'ex-sistance, où se tient le réel.

Pour moi, je vous dirai seulement que, à voir les gens tels qu'ils vivent et tels qu'ils pensent, on peut conclure qu'il y a bien trois visions du monde, l'ordinaire, la syndicale, la politique. Chaque geste, chaque parole, relève clairement de l'un de ces trois types. Classez-vous quotidiennement, vous vous porterez mieux.

N'y a-t-il pas une source de bonheur, au sens antique, dans le fondement d'être de ces évaluations mondaines ?

J'infère de ce parcours du matérialisme que s'opposent déjà deux définitions du sujet :

- le sujet est une répétition consistante où le réel ex-siste (Lacan);
- le sujet est une consistance destructrice, où le réel ex-cède.

V
Subjectivation et procès subjectif

13 mars 1978

Le contraire topologique du nœud n'est pas la coupure-dispersion, mais la destruction-recomposition.

Double occurrence du sujet. – Concepts cruciaux. – Un embarras lacanien. – Éloge du parti.

Le sujet, si un tel effet existe, est matériel, comme tout ce qui est. Il est donc saisissable en reflet et en asymptote, en algèbre et en topologie.

Quelles spécifications divisées du processus-sujet cernent les deux ordres concevables de sa matérialité ?

Retenons que le sujet politique est le parti de classe. L'empirique de la chose nous en donne la brillance intercalaire quand il est de l'insurrection, la consistance durable quand il est de l'État.

L'acte nouant – l'effet borroméen – n'est pas le même dans ces deux circonstances. Je dirai que d'abord, coupure qui ruine le lien de la vieille classe au vieil État, il avère le réel des masses dans l'évanouissement dispersif de son effet. L'État tombe en ruine, la classe saisit la masse, le parti se résout dans le flot qui le porte, la politique coïncide avec l'histoire. Ensuite, le re-nouement fait l'Un d'une autre espèce, le nouvel État de classe, organisateur d'un consensus de masse.

Le nouant du nœud se dit ou de sa coupure ou de son liant.

Qu'est-ce que connaître un nœud ? Le dénouer n'y suffit pas, ce peut être un hasard. Il faut le nouer également.

Le sujet croise ces deux opérations.

Le temps insurrectionnel est essentiellement algébrique, je l'ai dit. C'est par ce qu'elle fait disparaître qu'une révolution mérite d'être reconnue. Le temps directionnel est topologique. C'est au nom de ce qu'il édifie qu'un parti comparaît devant le tribunal de l'évaluation communiste.

Mais le sujet n'est pas encore nommable dans l'abstraction séparée de ces moments.

Lacan a vu clair sur ce point, dans une note ajoutée au moment de l'édition des *Écrits* qui venait tempérer l'algébrisme dominant de sa première période. Le texte est de 1955, la note de 1966. Elle commente les exercices introductifs au « Séminaire sur ' La lettre volée ' », où l'on trouve la forme la plus dense de l'algèbre du sujet :

> L'introduction par de tels exercices du champ d'approche structural dans la théorie psychanalytique a été suivie en effet d'importants développements dans notre enseignement. Le progrès des concepts sur la subjectivation y est allé de pair avec une référence à l'*analysis situs* où nous prétendons matérialiser le procès subjectif (*E.*, 57).

Je tiens pour cruciaux les concepts, ici lâchés, de « subjectivation » et de « procès subjectif », pour autant qu'au premier se rattachent les explorations algorithmiques de la chaîne, et au second l'*analysis situs,* la localisation par voisinages.

Je dis aussi que sans la destruction – et son envers, la recomposition – vous ne pouvez penser jusqu'au bout la matérialité subjective de leur appariement.

De là que Lacan les a pensés en succession, subjectivation, jusqu'au milieu des années soixante, procès subjectif ensuite, et spécialement après 1968.

La subjectivation suscite la question de sa cause, à quoi Lacan répond par le réel comme objet, le procès subjectif, de sa consistance, à quoi Lacan répond derechef par le réel, mais sous quelle figure ? C'est là qu'il nous quitte, car le nœud borroméen tel qu'il le conçoit demeure hanté par la logique de la perte et de la dispersion.

Son embarras quant à la consistance vient de ce qu'il établit la coupure (du nœud) comme son épreuve de vérité. Or, le contraire du nouant n'est pas la coupure, c'est la destruction. La coupure n'est que l'abstraction algébrique de la destruction. Comme la révolution n'est qu'un moment abstrait du communisme.

Cet embarras est patent dans les textes. Voyez celui-ci :

> Le réel, c'est qu'il y ait quelque chose qui soit commun aux trois dans la consistance. Or, cette consistance réside seulement dans le fait de pouvoir faire nœud. Un nœud mental est-il réel ? Là est la question. (...)

> Nous sommes forcés de ne pas mettre le réel dans la consistance. La consistance, pour la désigner par son nom, je veux dire par sa correspondance, est de l'ordre imaginaire. Ce qui se démontre longuement dans toute l'histoire humaine et doit nous inspirer une singulière prudence, c'est que tout la consistance qui a déjà fait ses preuves est pure imagination. (...)
> Si nous pouvons faire que l'imaginaire ex-siste, c'est qu'il s'agit d'un autre réel. Je dis que l'effet de sens ex-siste, et qu'en ceci, il est réel. Ce n'est pas de l'apologétique, c'est de la consistance, de la consistance imaginaire, sans doute, mais il y a bien, semble-t-il, tout un domaine usuel de la fonction imaginaire qui dure et se tienne. (*Séminaire R.S.I.*, 1974-1975, in *Ornicar?* n° 4).

La consistance, pour autant que réelle, est ici ramenée à l'ex-sistance, donc au retiré de ce qui s'inscrit, à l'absence dont ce qui consiste fait sa présence. Quant à la consistance proprement dite, la voici reversée à l'imaginaire, dont le nœud au réel est d'ex-sister.

Il y a dans tout ce passage une équivoque essentielle, dont on voit les symptômes :
- le réel est à la fois présent dans le nœud borroméen, comme l'une des trois boucles, et ex-sistant au nœud, car « même si je ne trace pas la figure de mon nœud borroméen sur le tableau, il ex-siste, car dès qu'il est tracé, n'importe qui voit bien qu'il est impossible qu'il ne reste pas ce qu'il est dans le réel, à savoir un nœud » *(Id.)*. Le réel est donc cet évanoui représenté dans l'Un qu'il fait être. Il est l'objet-cause, l'Un-du-nœud, où son manque est marqué par l'une quelconque des trois boucles. Nous serions reconduits à Mallarmé, sinon que
- la consistance – forme topologique de l'Un – est à la fois « ce qu'il y a de commun aux trois » et figurable dans l'un-des-trois, l'imaginaire, clef historique de toute totalité et de toute similitude. Si bien que l'un-du-nœud aurait sa garantie de consistance dans l'imaginaire plutôt que dans le réel, sinon que
- le réel fait ex-sister la consistance imaginaire, par quoi il touche à la scission de l'être en objet-cause (objet-nœud) et en ex-sistance de la consistance elle-même.

Ne croyez pas que ce cercle insaisissable soit pur sophisme. Au vrai, c'est ce qu'on voit tous les jours. Chacun prétend que si dans une révolution politique il y a ce réel de coupure pris dans l'élan des masses, l'imaginaire prend sa revanche d'assurer seul, sous le signe de quelque utopie communiste ou égalitaire, la consistance terroriste de la société. Telle est en substance la machine de guerre antimarxiste de ces derniers temps. Qu'est-ce à dire, sinon qu'on tient que le réel n'est que cause évanouissante – certains la nomment, cette cause, du mauvais nom de « plèbe » – et que toute consistance politique communiste fait une recollection imaginaire gagée par des masses ex-sistantes, hors jeu, quoique constamment alléguées comme abstraction de l'État?

Ce qui manque à ce propos est la pensée d'une destruction effective de l'ancienne loi, et le constat que ce qui se recompose ne peut plus d'aucune façon être *le même.* Par quoi le réel du sujet garantit la consistance *sans la médiation de l'imaginaire.*

Même l'impasse du sujet politique ne restaure pas l'ancienne règle. C'est tout le débat maoïste. En URSS, nous n'avons ni une révolution « arrêtée », ni je ne sais quelle mouture totalitaire de l'univers bourgeois, sous le concept universel et répétitif de l'État moderne. Nous avons une *nouvelle* bourgeoisie.

Mais pour fonder la pensée nouvelle de cette nouveauté, il convient d'assurer la prise du réel sur la consistance autant que sur la cause; de déterminer le sujet dans le différentiel subjectivant *et* dans l'être du procès subjectif.

Il y va de rien moins que de l'existence concevable et pratiquable, quoique empiriquement non établie, d'une révolution communiste.

Révolution, disons-nous, « ininterrompue-par-étapes ». Voyez dans « étapes » la subjectivation, dans « ininterrompue » le procès subjectif, et dans les tirets le sujet politique.

Le concept intégral de ces tirets fait défaut à Lacan, de ce que, sous l'idée d'existance, il laisse choir la consistance dans l'imaginaire, le communisme dans l'utopie, et la révolution dans la vacuité structurale d'une algèbre du Même.

Implicitement, Lacan prononce que le parti, c'est le Maître. Or, nous soutiendrons que pour autant qu'il existe, ce qui est rare, le parti communiste (le contraire, donc, du PCF) est aussi bien en effet le discours du Maître, l'État, que celui de l'hystérique, en vérité insurrectionnelle et aux pirouettes de l'instant, que celui de l'universitaire (Mao ne prétendait qu'au titre d'instituteur), que celui de l'analyste, car, résiliant par étapes la politique, les masses communistes doivent se dégoûter du parti : liquidation du transfert.

J'aime l'idée du parti politique, comme on aime ce qui consiste en sujet, d'avoir été, parce qu'une fois perdu, le dirigeant à venir de sa résiliation.

3 avril 1978

Anticipation subjectivante, rétroaction du procès subjectif.

L'apologue des prisonniers. - La scansion du procès subjectif. - Fonction subjectivante de la hâte. - Une réfutation logicienne. - Le non-dit.

1

Il me faut ici vous raconter, pour raison d'autosuffisance du texte, l'anecdote dont l'exégèse va fixer notre irréductible écart à Lacan, qui l'inventa.

Comprenez ce qui suit comme l'inférence de ce point infime par où le même passe dans l'autre.

En essayant de garder le sens des proportions, je puis vous avouer que je compare la fonction de lecture ici mise en œuvre à celle à quoi Marx, pour identifier son avenir, soumettait en 1843 la philosophie du droit de Hegel.

Il s'agit du texte « Le temps logique et l'assertion de certitude anticipée », que vous trouverez dans les *Écrits* entre les pages 197 et 213.

Vous avez trois prisonniers auxquels un directeur, dans le genre sadique qu'engendrent les despotismes « éclairés », promet la libération d'un seul, pour peu qu'il sorte vainqueur d'une épreuve mentale où c'est de la ressource pure du sujet qu'il s'agit.

Le matériel de cette épreuve se compose de trois disques blancs et de deux disques noirs. On accroche un disque dans le dos de chacun des prisonniers, si bien qu'il peut voir de quel signe sont ainsi marqués les deux autres, mais ignore le sien propre. Il s'agit précisément de le déduire des deux autres, chaque concurrent étant informé de ce qu'au total il y a cinq disques, trois blancs et deux noirs. On marquera qu'on a trouvé en se dirigeant vers la porte de sortie. Bien entendu, on sera ensuite interrogé quant au caractère strictement logique de la déduction.

On voit que cette épreuve revient, pour un individu, à intégrer le trait différentiel (noir ou blanc) dont il est marqué, et à parvenir ainsi, dans l'acte symbolique de la sortie, au statut de sujet libre.

Il importe que cette intégration se fasse du point de l'Autre (des deux autres), détenteur exclusif de toute prémisse.

Ce jeu puéril est fascinant. N'est-il pas fondamental, pour que la classe ouvrière se fasse être sujet de la politique communiste, qu'elle sache déduire de son expérience seule le trait d'universalité dont la misère prend la marque? Et ne devons-nous pas, à chacun des temps décisifs de notre vie, prendre sur nous de parier sur un nom, un acte, une gloire dont c'est des autres seulement que nous recevons l'indice d'existence? C'est alors qu'il nous faut l'emporter sur eux à partir de la conviction qu'ils sont *les mêmes,* et en fondant l'inférence de ce qui nous marque sur le mode selon lequel ces mêmes pratiquent une identique inférence.

Comme pour souligner que c'est du Même que doit procéder la supériorité éventuelle de l'un-entre-autres, le directeur accroche un disque blanc au dos des trois prisonniers.

Chacun voit donc deux blancs.

Le raisonnement central est alors le suivant : « Je vois deux disques blancs. Si j'avais un disque noir, les autres verraient forcément un noir et un blanc. Ils se diraient alors : " Je vois un noir et un blanc. Si j'avais un noir, celui qui a le blanc verrait deux noirs. Comme il sait qu'il n'y en a que deux en tout, il conclurait instantanément qu'il a un blanc. Il se serait donc déjà mis en marche vers la porte. Mais personne n'a bougé, donc j'ai un blanc. " Et ils se mettraient en marche vers la porte. Mais ils n'ont pas bougé. Donc j'ai un blanc. »

Franchissez l'obstacle éventuel de votre embrouille. Tout ceci fera clarté pas à pas.

Retenons que ce raisonnement, fondé sur la prémisse « je vois deux blancs », et le même pour les trois prisonniers, qui tous voient deux blancs. Donc ils se mettent en marche en même temps.

Qu'est-ce que Lacan nous dit alors? Que cette mise en marche annule leur conclusion. Pourquoi? Si A, au moment de mettre un pied devant l'autre, voit B et C en faire autant, il ne peut plus conclure, puisque son raisonnement incluait l'immobilité des deux autres comme argument conclusif.

Tous vont donc s'arrêter, dans la même inquiétude d'avoir anticipé sur la conclusion.

Mais chacun, voyant que les deux autres s'arrêtent, annule aussitôt l'annulation supposée de son hypothèse. Car s'ils avaient vu un noir et deux blancs, les deux autres, ils n'auraient aucune raison de s'arrêter. S'ils le font, c'est pour la même raison que moi : ils ont vu deux blancs, et ils s'inquiètent de l'anticipation éventuelle de leur certitude.

Tous repartent donc.

Vous avez finalement – à suivre Lacan – cinq temps constitutifs ici de l'engendrement d'une certitude, et qui périodisent ce qui mérite pleinement le nom de *procès subjectif,* lequel, comme il se doit, est intersubjectif.

1. L'attente immobile du laps de temps nécessaire à la déduction, et que je suppose aussi requis par l'autre pour faire le raisonnement au terme duquel, si j'avais un disque noir, il partirait vers la porte. C'est le temps pour comprendre.

2. Le pas en avant par quoi je décide quant à ma propre marque. C'est le moment de conclure.

3. La représentation d'une hâte possible, au vu de ce que les autres se sont aussi mis en mouvement. Découverte rétroactive d'une possibilité d'anticipation sur la certitude.

4. La scansion : moment suspendu où tous s'arrêtent à nouveau. L'attitude d'arrêt des autres objective la prémisse de leur raisonnement.

5. La remise en route, commandée par une certitude cette fois intégralement fondée.

Vous voyez bien qu'incluse dans le procès, la subjectivation se décèle dans le moment de conclure, lequel, rétroactivement, s'avère marqué possiblement de hâte. C'est là que l'acte affleure en excès sur l'algèbre. Je ne peux que parier sur le temps de l'autre (son temps pour comprendre), pressé que je suis par le réel de la situation, qui est que seul le premier à sortir sera libéré : « Le *Je* dont il s'agit ici se définit par la subjectivation d'une *concurrence* avec l'autre dans la fonction du temps logique. Il nous paraît comme tel donner la forme logique essentielle (bien plutôt que la forme dite existentielle) du *je* psychologique » (*E,* 208).

Dans la contrainte logique, qui est l'esplace réglé par le maître des prisons, le horlieu est ici un hortemps, un temps d'avance possible, par quoi l'action, le pas en avant, anticipe – peut-être! – sur la certitude fondée. C'est proprement cette « fonction de la hâte » qui distingue, tout en l'y enchaînant sous la loi de l'Autre, la subjectivation du procès subjectif.

Pensez au fait que sans exception, une insurrection populaire, même finalement victorieuse, est prématurée au regard du processus politique qui la prépare.

Pas de subjectivation sans anticipation, elle-même mesurable au procès subjectif. Il est absolument exact que « ce qui fait la singularité de l'acte de conclure dans l'assertion subjective démontrée par le sophisme, c'est qu'il anticipe sur sa certitude, en raison de la tension temporelle dont il est chargé subjectivement » (*E*, 209).

Voyez aussi que le procès subjectif est la fondation rétroactive de la subjectivation dans un élément de certitude que seule la subjectivation a rendu possible. Car au moment de la scansion, quand tous s'arrêtent, c'est la hâte que j'interroge dans les autres et qui me renvoie leur identité.

Or ceci est très vrai. Lorsque Marx, qui juge la Commune anticipée – subjectivante dans la hâte politique –, lui reproche de ne pas marcher sur Versailles, c'est pour indiquer rétroactivement le caractère de certitude (de victoire) dont cette hâte elle-même pourrait être porteuse, dès lors qu'on la déchiffre dans l'autre, dans le désordre initial des Versaillais, dans leur surprise et dans la possibilité de changer le défaut en raison, par une seconde hâte, celle de l'offensive militaire sur Versailles, enfin tenue dans le procès subjectif, c'est-à-dire dans une direction politique conséquente, seule validation en sujet consistant de l'algèbre évanouissante des masses parisiennes.

Dans la subjectivation, la certitude est anticipée.

Dans le procès subjectif, la consistance est rétroactive.

Mettre en consistance la hâte de la cause : c'est le tout du sujet.

2

Cependant, l'exégèse lacanienne ne peut convenir.

Son défaut est de présupposer ce qui la rend impossible : une réciprocité absolue, une identité logique stricte entre les trois prisonniers.

Je dis que si les trois sont des machines logiques identiques, les choses ne peuvent se passer comme le dit Lacan. A forcer ainsi sur l'algèbre, on annule la topologie. Il ne peut y avoir ni hâte ni rétroaction ni temps suspendu.

Le titre « Le temps logique » est une merveille, en ce qu'il entend croiser les effets asymptotiques du temps, anticipation, suspens, rétroaction, et les effets-reflets de la logique pure.

Pour légitimer ce titre, il faut en vérité, au fil des thèses sur le sujet, autre chose que les axiomes sur quoi Lacan règle son jeu.

Je le démontre.

Distinguons trois raisonnements, R1, R2, R3, selon les trois prémisses virtuellement possibles dans la règle du jeu (je vois deux noirs, je vois un noir et un blanc, je vois deux blancs).

R1 : Je vois deux noirs. Or, il n'y a que deux noirs. Donc je suis blanc.

C'est le raisonnement qu'on pourrait dire immédiat. Le temps du regard.

R2 : Je vois un noir et un blanc. Si je suis noir, le blanc voit deux noirs. Donc il raisonne depuis le début selon R1. Dans le temps du regard, il devrait être parti. S'il ne l'a pas fait, je ne suis pas noir, je suis blanc.

Notez à ce stade que R1 est intégralement contenu dans R2. C'est d'assumer que l'autre ferait R1, dont je puis invoquer la fulgurance intuitive, que j'infère qu'il devrait être sorti.

R3 : Je vois deux blancs. Si je suis noir, les deux autres voient un noir et un blanc. Ils raisonnent donc depuis le début selon R2. Ils devraient avoir conclu. S'ils ne sont pas partis, je suis blanc.

Derechef, R2 est contenu dans R3, qui s'articule autour du fait que R2, commencé au même instant, s'achèverait avant que R3 puisse conclure, donnant, du fait de l'autre, un signal (la mise en route des concurrents).

Comme vous le voyez, les trois raisonnements ne sont nullement identiques quant à leur « étendue » démonstrative. Au vrai, ils forment une chaîne d'inclusion :

$$R1 \subset R2 \subset R3$$

Si, comme c'est le cas dans l'anecdote, tout le monde raisonne selon R3, il est clair que la « durée » de R2 est écoulée quand R3 s'achève, puisque R2 est une pièce interne de R3.

Si du moins la « vitesse » de raisonnement des trois prisonniers est la même. Or cette identité logique, Lacan la présuppose expressément : « (...) chacun des sujets étant A en tant que réel, c'est-à-dire en tant qu'il se décide ou non à sur soi conclure, rencontre le même doute au même moment que lui » (*E*, 200-201).

Mais sous cette supposition, le raisonnement R3 est intégralement conclusif, du fait que si l'autre raisonnait selon R2 *il se serait mis en marche avant que je puisse achever R3,* lequel contient R2 comme une de ses parties, et m'aurait ainsi prodigué le signal – mais trop tard! – qu'en effet je suis noir.

Que l'autre en revanche ne bouge que quand je le fais ne peut me conduire au doute. C'est même exactement le contraire. Car cela ne fait qu'indiquer qu'il raisonne, comme moi, selon R3. Par quoi ma conclusion, déjà certaine, se trouve purement et simplement confirmée : certitude excédentaire, et non doute suspensif.

Sous l'hypothèse que les calculs subjectifs sont isomorphes, qu'il s'agit de sujets algorithmiques identiques, il ne peut y avoir qu'une marche simultanée des trois vers la porte, surdéterminant la certitude que chacun tire de l'achèvement, sans signal d'aucune sorte, du raisonnement R3.

Vous n'avez plus dès lors qu'un seul temps, celui du déroulement de R3, transitif à l'acte qui conclut.

Se défont conjointement et la périodisation du procès subjectif et la subjectivation.

Car de hâte, point.

Bien entendu, la périodisation est exacte et la subjectivation existante.

Il faut donc qu'il y ait quelque chose *que Lacan ne dit pas.* Ce supplément tu est proprement le point où, pour croiser la topologie temporelle et l'algèbre du calcul, pour rendre raison de la hâte, il importe de poser que l'hétérogène de la force excède la connexion des places.

A vouloir trop accorder à l'algèbre, il n'y a plus lieu pour le horlieu ni temps pour le hortemps.

10 avril 1978

« Se hâter! Se hâter! Parole de vivant! »

Fonction qualitative du supposé crétin. - Rentrée en scène de la force. - Voisinages et interruption subjectivante. - Quatre concepts, deux temps, deux modes.

1

Nous savons désormais ceci : ou le calcul subjectif est réglé algébriquement de part en part, et il n'y a ni anticipation ni rétroaction. Ou il y a subjectivation hâtive et procès subjectif de la certitude, mais il faut supposer du non-identique originaire.

Lequel ?

Si, quand l'autre se met en marche, je m'arrête, conscient d'avoir peut-être anticipé, c'est que je suppose que pendant que je raisonnais selon R3, l'autre a *pu* ne faire que le raisonnement R2, quoique R2 soit une partie de R3.

Le champ de l'expérience inclut donc que chaque sujet reconnaît la non-identité éventuelle de chaque autre. En l'occurrence, des « vitesses » de raisonnement différentes.

Ma conscience de hâte est ici tributaire de ce que l'autre est peut-être un crétin.

Vous voyez que, mesurable par l'algorithme (sa vitesse), ce dont il s'agit ne saurait s'y résoudre.

C'est de la perception, coprésente à l'acte, que du qualificatif entre dans toute détermination subjective, que dérive ma halte, et donc toute la périodisation du procès.

Ma halte, ma hâte. Éliminez le facteur de doute quant à l'hétérogénéité différentielle de l'autre, et vous n'avez aucune hâte concevable.

C'est là, bien entendu, qu'entre en scène ce qui, greffé sur l'algorithme, relève de principes qu'il ne règle pas : la question de ma *proximité* à l'autre, ici assignée à la différence R3 – R2, où l'arriération possible de mon collègue en matière de vélocité déductive m'avertit d'avoir à me méfier de sa mise en route.

Je dois donc filtrer l'expérience de cette mise en route par l'algèbre, certes, qui la rapporte à *mon* raisonnement, mais aussi par la topologie, qui détermine, autour de ce raisonnement, des voisinages subjectifs (de vitesse, de hâte, de stupidité...) à travers lesquels je procède à l'évaluation de l'autre.

Cette « concurrence » dont parle Lacan, il faut voir qu'elle prescrit au sujet, outre l'épreuve de l'algorithme, une attention qualitative où faire jouer la *force* différenciée qui se suture au raisonnement, dès lors que c'est d'un acte qu'il s'agit.

Bien mieux, je dois concevoir – nous le disions dès le début – le sujet comme le résultat d'une épuration de la force dans la tension résolutoire de l'algorithme.

La subjectivation opère dans l'élément de la force, par où la place (ce que je conclus de R3) se trouve altérée.

L'histoire ne se déroule comme le dit Lacan que sous l'hypothèse d'un champ de voisinages possibles qui, diffusant dans l'algorithme une incertitude qualitative, force la périodisation du procès subjectif – le temps suspendu.

D'où provient-elle, cette topologie immanente qui vient faire interruption d'un algorithme sans elle infailliblement conduit à sa conséquence mécanique et vraie ?

De ce que l'esplace est toujours *déjà* le lieu du subjectif.

En posant que l'autre est en posture possible de différence de force, j'ordonne mon expérience à ceci que toute occupation de place restaure la loi sur le horlieu.

La différence de force intellectuelle, dont la marque serait mon salut, délivré par le maître des prisons, au terme de ma sortie victorieuse autant que raisonnable, il faut qu'elle structure tout le champ *dès le début,* comme concept nécessaire du sujet, pour que prenne valeur d'alarme le pas de mes rivaux.

Le subjectif, dans la différentielle des forces, préexiste toujours à lui-même.

Ce sujet que j'adviens à être dans la certitude, je n'ai pu l'anticiper que de son déjà-là supposé, à travers l'évaluation de l'autre. Et je ne peux le fonder rétroactivement que pour autant qu'il a gagné, dans l'effet de la hâte, la maîtrise, à sa place, de la contradiction des forces.

2

Dans la hâte, je lis enfin le brouillage d'une algèbre par une topologie. Le sujet est consistant d'avoir situé sa cause dans l'élément du désordre autant que dans celui de l'ordre.

Car un crétin, n'est-ce pas, c'est un désordre du raisonnement.

Comme le dit Mao : « Les troubles sont une excellente chose. » Comprenez qu'en eux gît le secret de la consistance.

Si cependant la hâte n'est pas inférable de l'algorithme ; s'il n'y a pas, comme le dit Lacan, de fonction purement logique de la hâte, à raison de ce que sa fonction est topologique, où cerner sa possibilité ?

Si c'est le pas de l'autre qui m'exhorte à la méfiance, et me rappelle qu'il est peut-être d'une *autre force* que la mienne, c'est bien que je n'y ai pas pensé d'abord, que je n'ai pas pu le penser.

Comment l'aurais-je pu, puisque l'étendue de ma différence d'avec l'autre, topologiquement constituée, ne tombe sous aucune mesure temporelle fixe, et me laisse toujours béant quant à savoir si le supposé crétin n'en est pas à se perdre aux prémisses les plus claires ?

Au premier temps de mon attente raisonneuse, la conviction quant aux forces ne sert à rien, faute de tomber sous quelque calcul raisonnable de son inscription dans la durée.

Il est donc convenable de partir dès que j'ai achevé R3, *en sorte que la logique des voisinages n'est active qu'au pas de l'autre.*

Nous posons que la logique des voisinages est inséparable du réel. La hâte, ininférable du symbolique, est le mode sous lequel le sujet l'excède en s'exposant au réel.

Tout d'abord le réel du pas de l'autre, plutôt que de m'accélérer, me stoppe.

Mais, plus essentiellement, le réel, c'est l'enjeu, soit le sujet lui-même comme sujet libre.

Je me hâte à raison de ce que sortir le premier est le seul réel qui vaille. L'acte prime le raisonnement.

Voyez dans ce rapport tout le secret de la subjectivation. Quand l'insurrection populaire éclate, ce n'est jamais parce que le moment calculable de cette insurrection est venu. C'est parce qu'il ne vaut plus la peine que de s'insurger. Ce que Lénine disait : il y a révolution quand « ceux d'en bas » ne veulent plus continuer comme avant, et que l'évidence s'impose massivement qu'il vaut mieux mourir debout que vivre couché.

L'anecdote montre que c'est l'interruption d'un algorithme qui subjective, non son effectuation.

Quant au procès subjectif, il n'existe que de recomposer la consécution au regard de l'interruption. Il n'est jamais la poursuite de l'algorithme, car l'entrée en scène de la force rompt la loi à quoi elle doit d'exister à sa place.

Ainsi du parti, dont la consistance politique, à l'épreuve de l'émeute, est modifiée pour toujours.

3

La hâte est divisible.

Je peux sortir, sans penser à la différence qualitative de l'autre, parce que le réel me soumet à une pression intolérable et que l'espace de la maîtrise topologique est nul. Ma passion d'être libre m'amène à faire seulement confiance à l'algorithme le plus court et à ne pas tolérer l'interruption.

Voyez le tour : parce que le réel me submerge, dans la modalité de l'importance vitale de l'enjeu, je n'en appelle qu'à la loi, laquelle défaille à me soutenir jusqu'au bout.

Si je court-circuite le message ambigu du départ de l'autre, pour courir haletant vers la porte, sans évaluer sa signification divisible, je subjective sans aucun doute, mais dans le pur effet d'une algèbre racornie et butée. Je me cramponne à R3, sans tenir la logique des voisinages.

D'un autre biais, nous avons là l'angoisse, ce concept majeur que nous avons déjà introduit.

Le procès subjectif corrélé me représente le directeur de la prison comme la clef de mon être. C'est vers lui que je cours imprudemment implorer ma délivrance. Si le crétin raisonnait selon R2, il y aurait une sombre vérité à ce qu'il me remette au trou.

L'angoisse – subjectivation – en appelle au surmoi – procès subjectif.

Il y a un autre versant de la hâte, l'appui pris sur une anticipation stratégique sans qu'elle soit parvenue à fonder une certitude. Je prends un temps d'avance, par un pari sur le réel.

Si, par exemple, je pense, en topologue, que mes concurrents sont à peu près mes semblables, la seule façon de m'en sortir est de *ne pas attendre* la fin du raisonnement, à laquelle, sinon, ils parviendront en même temps que moi. L'indécidabilité éventuelle de l'issue est ce que je calcule devoir rompre, par une essentielle confiance subjective quant au fait que j'achèverai le raisonnement devant le directeur.

Après tout, il n'y a que cela qui compte.

La victoire appartient à qui s'impose de penser en marchant.

Ce basculement par quoi je m'expose au réel sans en appeler au temps immobile de la loi, nous l'avons déjà rencontré et nommé : le courage.

Les deux formes génériques de la subjectivation sont l'angoisse et le courage.

Notez que l'acte est le même. La hâte est la forme de l'Un pour la scission angoisse/courage. Mais les modes subjectifs s'opposent, en ce que l'une bloque une loi rigide sous l'effet d'un trop-de-réel, alors que l'autre parie le réel sous l'effet d'une anticipation du calcul.

Quant au directeur de la prison, ce n'est pas, dans la subjectivation courageuse, de lui que j'attends le salut. Je propose plutôt que mon excès sur le calcul, gagé par un pari sur le réel, s'assujettisse la loi. La confiance me rapporte à moi-même dans la conviction que, au long cours, le procès subjectif recompose un monde où la loi doit dépérir.

Le courage en appelle à la justice.

Ainsi la double occurrence subjectivante est-elle nommée, comme sa connexion à la double identité du procès subjectif.

Il y a quatre concepts fondamentaux (angoisse, courage, justice, surmoi), deux temps (subjectivation, procès subjectif), deux modes : le mode ψ, qui lie l'angoisse au surmoi, le mode α, qui lie le courage à la justice.

En tant que perturbation topologique d'une algèbre, le sujet s'accomplit comme division en acte du mode ψ et du mode α.

8 mai 1978

L'inexistant.

Définitions cumulatives du sujet. - Le théorème de Cantor et le code des nationalités. - Prescription de la place vide.

1

Un sujet est ce terme qui, asservi à la règle qui détermine un lieu, y ponctualise cependant l'interruption de son effet.

Son essence subjectivante est cette interruption même, par quoi le lieu, où la règle est déréglée, consiste dans la destruction.

Un sujet est tout autant ce qui fait procès de recomposer, du point de l'interruption, un autre lieu et d'autres règles.

Le sujet est assujetti, pour autant qu'il n'est rien de pensable sous ce nom, hors un lieu réglé – un esplace. Et aussi en ce que ce dont le sujet est la destruction est cela même qui le détermine à être placé.

Que le procès subjectif soit du point de l'interruption désigne la loi du sujet comme division dialectique de la destruction et de la recomposition.

C'est là ce qui garantit que le procès subjectif échappe partiellement à la répétition. L'effet du Même est détruit, et ce qui s'institue de cette destruction est un *autre Même.*

La topologie donne seule mesure de ce qu'une consistance succède à une autre, dans l'ordination causale de l'interruption.

Le sujet matérialise la division du matérialisme, en ce qu'il n'est pensable qu'étayé sur un algorithme que surdéterminent et brouillent les anticipations subjectivantes et les rétroactions du procès subjectif.

2

Un sujet est cet élément d'une algèbre d'où la loi de composition qu'il subit devient hasardeuse.

Comme dit tout pouvoir de la Canaille : « On ne peut savoir ce que ces gens pensent. »

Je connais d'anciens coloniaux dont la hantise était le calme réglé de leur domestique, sa parfaite et lisse appartenance au système raciste de la servitude. Ils ne cessaient – à juste titre – d'être convaincus que, au premier signal, c'est-à-dire au premier effet de voisinage, cet homme affable, cet excellent cuisinier, cet amoureux des enfants, leur déchargerait en pleine poitrine la ferraille d'une pétoire ordinairement réservée aux chasses matinales de Monsieur (du reste, il y portait le gibier et le casse-croûte avec diligence, ce maudit).

C'est le vieux théorème subjectif colonial de l'impassibilité du Chinois.

La perturbation topologique d'une algèbre, tel est le juste nom de ces peurs enracinées dans l'extrême algébrisation de l'esplace.

Vous n'avez encore là que le repérage *causal*. Le sujet n'existe qu'autant que ce qui perturbe ordonne à soi-même l'autre lieu.

« Le désordre sur la terre engendre l'ordre sur la terre », Mao aimait beaucoup ce proverbe. C'est que le support de cet engendrement est l'effet-sujet comme tel. Que l'émeute accède à la consistance de la guerre de libération, et l'aléatoire de la place, articulé au différentiel de la force, génère un sujet.

Vous avez quatre lemmes.

1. Un sujet est en position algébrique d'exclusion interne. Quoique assignable à la loi, il focalise l'interruption de son effet.

2. Un sujet est en position d'excès topologique sur la place. Quoique appartenant à l'esplace, comme terme singulier, il co-adhère, comme terme collectivisant, à des voisinages qui brouillent les places.

3. Un sujet est destruction/recomposition, car il n'y a jamais non-lieu. L'excès sur la place ordonne un re-placement.

4. La subjectivation désigne le sujet dans la dimension principale de l'interruption, le procès subjectif de la recomposition.

3

Le point clef est de comprendre le concept topologique d'excès. Pour ce qui est de l'exclusion interne (algébrique), nous la devons à Lacan.

C'est au même point que se donnent les deux. De là la difficulté.

La théorie du sujet s'accomplit quand elle parvient à penser la loi structurale de la place vide comme étayage ponctuel de l'excès sur la place.

Le secret de cet étayage est la division matérialiste-dialectique du même inexistant dont procède qu'il y a un tout.

Deux concepts, et non pas un : toute la divergence entre la logique dialectique et la dialectique du signifiant.

Reprenons, si vous le voulez bien, l'exemple central de la disjonction entre algèbre et topologie : l'excès du partitif sur l'élémentaire, le théorème de Cantor.

Un ensemble E, considéré comme un tout, appartient à un type de multiplicité que les procédures de la théorie des ensembles permettent de spécifier et qu'elles nomment la cardinalité de cet ensemble, Card (E). En gros, « un ensemble F a " plus " d'éléments qu'un ensemble E » s'écrit : Card (E) $<$ Card (F).

Le théorème de Cantor revient à ceci que la cardinalité de l'ensemble des parties de E est toujours supérieure à la cardinalité de E lui-même.

Considérons le type de multiplicité de E, Card (E), comme une loi du multiple. Disons par exemple qu'il est interdit qu'une multiplicité soit plus grande que celle que réalise l'appartenance à E :

$$\sim (\exists F)\ [\text{Card }(E) < \text{Card }(F)].$$

Par l'effet de la logique pure, $\sim (\exists F)\ [\text{Card }(F) > \text{Card }(E)]$ peut aussi s'écrire : $(\forall F)\ [\text{Card }(F) \leqslant \text{Card }(E)]$, écriture de ce que toute cardinalité est bornée par celle de E.

Vous avez là la division dialectique du tout, *selon que vous l'enchaînez à l'universel* ($\forall$ F) *ou à l'inexistentiel* ($\sim$ ($\exists$ F)).

Si, pour la logique formelle, $(\forall x)\ (P\ (x))$, tout x est P, et $\sim (\exists x) \sim P\ (x)$, aucun x n'est pas P, sont équivalents, la logique du signifiant s'établit dans l'écart d'écriture de cette équivalence, où la logique dialectique la suit de bon cœur.

Lacan tire de ce double enchaînement la logique formelle des sexes. L'homme du côté du « pour tout x, ceci », les femmes du côté du « il n'existe pas x tel que pas ceci ». Ce qui inclut que « la » femme, en effet, inexiste au tout.

Hegel le déclarait déjà : la femme est l'ironie de la communauté.

Sur tout cela, voyez de Lacan « L'étourdit » (*Scilicet,* n° 4) et l'exégèse essentielle de Jean-Claude Milner (*L'Amour de la langue,* Le Seuil).

Remarquez, comme il se doit, que l'universalité du prolétariat pose à la fois qu'une politique vaut *pour tous* (l'émancipation de la classe sera celle de l'humanité tout entière) et que cette politique, communiste, est l'inexistant propre du *Tout* politique, lequel n'a sens que de l'État.

« La » politique communiste n'existe pas. Il n'existera jamais que des partis communistes.

Il y avait quelque chose d'irréductiblement masculin dans la Troisième Internationale.

Posant que $(\forall F)$ [Card $(F) \leqslant$ Card (E)], nous faisons de E un esplace.

Notez que c'est ce qu'un État décide par son code de nationalité. L'appartenance à l'État-nation, réglée algébriquement par ce code, fixe le type de multiplicité des Français. Interdiction de désigner comme « française » une multiplicité supérieure. Les ouvriers immigrés, par exemple, quoique empiriquement internes à cet essentiel du tout qu'est la classe productive, restent les sans-droits du multiple national. A les tenir politiquement comme internes à ce multiple, par le concept de « prolétariat international de France »,

- vous interrompez la loi nationale;
- vous détruisez une pièce stable du consensus impérialiste, lequel ne connaît que « les immigrés »;
- vous recomposez une règle de multiplicité différente; par exemple, qui travaille, ou qui fait la politique de la révolution, a les droits qui s'attachent à l'appartenance nationale.

De là que les ouvriers immigrés sont au cœur du procès actuel de la subjectivité politique, et l'unité politique français-immigrés en acte son point crucial de subjectivation.

Les prolétaires immigrés sont l'inexistant propre du tout national.

Notre esplace abstrait E a aussi son inexistant : le type de multiplicité immédiatement supérieur, l'ensemble F qui contiendrait E et qui serait cependant son *successeur* dans l'ordre croissant des cardinalités. Cette borne supérieure est proprement ce dont la loi interdit l'existence : elle est l'objet nul immédiat de la loi.

A quoi pourvoient chez nous les lois et pratiques d'expulsion contre les immigrés, qui leur rappellent à tout instant l'interdit d'intériorité au multiple national qui les frappe, donc l'impossible, quant au tout, d'une composition multinationale de la nation.

Comment penser l'inexistant légal qui borne le tout ? Il est, en premier ressort, la place de cardinalité vide que prescrit la loi en distribuant et en fermant les places de cardinalité possibles. Au-delà de Card (E), dit la règle, il n'y a *rien*. Ce rien est placé par l'esplace comme clause de sa clôture. Il est le point limite sans concept qui assure à l'esplace sa fermeté quant au multiple.

Lacan et Milner font clarté là-dessus. Toute totalité exige qu'ex-siste un terme au moins qui n'est pas du Tout, ne lui appartient pas. Cet impossible quant à l'appartenance fixe la frontière vide du Tout. Il inexiste au regard du Tout, mais il ex-siste aussi bien, d'être désigné comme l'impossible d'où se règle la possibilité d'être du Tout.

Déclarer que les ouvriers immigrés n'en sont pas, qu'il est impossible qu'ils en soient, qualifie notre société comme tout : société impérialiste.

Ce bornage existentiel en place vide organise le lieu algébrique du hors-lieu.

L'exigence révoltée des immigrés, à ce stade, a nom : « égalité des droits ».

Il s'agit d'occuper *la* place inoccupable.

Nous tenons là le premier concept de l'inexistant comme polarité subjective pour l'interruption de la loi et la destruction du tout. C'est l'occupation *forcée* de la place inoccupable.

Une lutte revendicative où les immigrés, représentés comme force sociale particulière, exigent les mêmes droits politiques que les Français, force l'inexistant dont la multiplicité nationale détermine sa clôture comme impérialiste, soit l'internationalisme populaire immanent.

Pareillement, si je pose qu'il existe un cardinal immédiatement supérieur à Card (E), je détotalise, par occupation de la place vide, la cardinalité de E esplacée en cardinalité maximale. Elle n'est plus qu'une-entre-autres, dans la nouvelle clôture que marque $\text{Card}^{+}(E)$, la cardinalité qui *succède* à Card (E).

Ce que créait de vide le $\sim (\exists\ F)$ de la loi se trouve rempli.

Dans tous les cas, le sujet procède d'une subjectivation en forçage de place vide, qu'un nouvel ordre fonde rétroactivement comme place, de l'avoir occupée. Peuple multinational, cardinalité successorale, sont le procès que l'existence forcée de l'inexistant anticipe.

Tout esplace est ainsi l'après-coup de la destruction d'un autre.

La subjectivation est l'anticipation dont la structure est la place vide, le procès subjectif la rétroaction qui place le forçage.

Le sujet *est* l'esplace, en tant que devenu par l'inexistant de ce qui fut détruit.

15 mai 1978

Logique de l'excès.

Que les immigrés induisent partout des voisinages, outre la place vide. - Derechef Cantor. - L'hypothèse du continu comme désir d'algèbre. - Le constructible (Gödel) et le générique (Cohen). - Incalculable portée du geste du lanceur.

1

Est-ce là tout ? N'existe-t-il, en matière de sujet, que l'inexistant ?

Ce que nous avons négligé est de taille. Ces ouvriers immigrés sont-ils déterminés dans leur être par le seul ressort de la place vide ? Qu'ils soient en exclusion interne à la société française suffit-il à définir le biais par quoi ils touchent au sujet politique ? A ce compte, l'unité français-immigrés n'est que le coup de main solidaire donné par quelques ayants-droit raisonnables aux sans-droits révoltés. C'est la politique molle, syndicale, du « soutien » à une force sociale.

Du point de leur immanence pratique aux luttes de classe, il y a plus, beaucoup plus. La topologie de la révolte des ouvriers immigrés bouleverse qualitativement tous les voisinages politiques. Ce qui se trouve le plus essentiellement modifié n'est pas tant eux-mêmes, seraient-ils capables d'arracher le droit de vote, que les Français, les ouvriers français, pour qui la subversion de leur identité nationale subjective, s'ils en sont emportés, une autre vision et une autre action de la politique.

Édifier en politique l'unité multinationale de la classe fixe une topologie qui excède intérieurement la loi de la société impérialiste et ne se réduit nullement au forçage de la place vide, à la mise en défaillance des lois interdictrices du code national et des pratiques d'expulsion, bien qu'on tienne là une scansion tactique obligée.

Il existe une ressource d'excès, immanente au tout, dont l'occupation de la place inoccupable n'est que la contrainte structurale, l'occasion prescrite.

La théorie des ensembles donne le schème abstrait de cette scission de la force.

Si vous posez que Card (E) est maximale, vous avez certes la ressource de structure d'indiquer la place vide de son successeur. Mais déjà E détient en lui-même l'excès sur l'interdiction, puisque Cantor démontre que l'ensemble des parties de E a une cardinalité supérieure à celle de E.

Pensé topologiquement, par ses inclusions partitives, E détruit la loi totalisante du maximum de multiplicité qu'il est censé être.

Or il se trouve que le désir du mathématicien – et de Cantor le premier – nous guide pour la reconnaissance de ce qu'il y a là d'enjeu dialectique.

Ceux qui veulent *limiter* à l'élément subjectif syndical la révolte des immigrés déclarent que l'égalité des droits, soit l'occupation de la place inoccupable, est le tout de l'action. Ils négligent le réel des voisinages, ils restreignent l'altérité du Même à sa filiation algébrique.

Les mathématiciens, quoique souvent fous, ont l'épée de l'ordre dans les reins. Ils voudraient pouvoir poser que l'excès de multiplicité immanent qui est celui de l'ensemble des parties d'un ensemble tombe juste dans la place vide de sa borne supérieure. Bref, que la cardinalité du partitif est exactement la cardinalité-successeur de la cardinalité élémentaire. Soit, si P(E) indique l'ensemble des parties de E, et $\text{Card}^+(E)$ le premier type de multiplicité supérieur à E : $\text{Card } P(E) = \text{Card}^+(E)$.

C'est la fameuse hypothèse généralisée du continu, souci primordial des spécialistes de la théorie des ensembles, pour l'impossible démonstration de laquelle Cantor usa ses dernières années.

Ce qui est en jeu n'est rien moins que la fusion de l'algèbre (succession ordonnée des cardinaux) et de la topologie (excès du partitif sur l'élémentaire). La vérité de l'hypothèse du continu ferait loi de ce que l'excès dans le multiple n'a pas d'autre assignation que l'occupation de la place vide, que l'existence de l'inexistant propre du multiple initial. Il y aurait cette filiation maintenue de la cohérence, que ce qui excède intérieurement le tout

ne va pas plus loin qu'à nommer le point limite de ce tout.
Mais l'hypothèse du continu n'est pas démontrable.
Triomphe mathématicien de la politique sur le réalisme syndical.

2

Où en est-on ?

En 1939, Gödel démontre que l'hypothèse du continu est cohérente avec les axiomes de la théorie des ensembles. On peut, si l'on veut, l'ajouter à ces axiomes.

Pour cette démonstration rassurante, Gödel utilise un modèle intérieur de la théorie des ensembles, la classe des ensembles *constructibles*. Ce signifiant est exemplaire. Il indique à quel point l'objectif est d'obtenir une maîtrise opératoire des ressources de multiplicité, d'inférer par des procédures d'expansion ordonnée la construction par étapes des ensembles de plus en plus complexes. L'anarchie potentielle de l'excès partitif se trouve matée, au prix, il est vrai, d'une extrême limitation des ressources ensemblistes. Le modèle de Gödel se caractérise par une grande étroitesse du multiple.

Là-dessus, les logiciens sont lucides. Voyez K. J. Devlin (*HML,* 454) :

> (...) la notion de l'ensemble des parties d'un ensemble infini est trop vague ; nous savons que P(x), l'ensemble des parties de x, consiste en *tous* les sous-ensembles de x – mais qu'est-ce que « tous » peut bien signifier ici ? Les axiomes de la théorie des ensembles ne nous aident pas beaucoup. On obtient *l'univers constructible* quand cette incertitude est levée en prenant l'ensemble des parties d'un ensemble de façon à ce qu'il soit aussi petit que possible, sans contredire les axiomes de la théorie. Plus précisément, nous posons que tout sous-ensemble d'un ensemble donné qui est définissable par une formule du premier ordre dans le langage de la théorie des ensembles à partir d'autres ensembles donnés doit « exister » (dans un « univers ») si ces autres ensembles existent. Nous définissons alors la hiérarchie constructible, avec l'univers constructible comme sa limite, en prenant, à chaque niveau α, non pas *tous* (?) les sous-ensembles de ce que nous avons obtenu jusque-là, mais seulement les

> sous-ensembles qui sont définissables par une formule du premier ordre à partir de ce que nous avons obtenu précédemment. Cette *minimalité* de l'univers constructible a pour conséquence que, pour tout cardinal k, la cardinalité de l'ensemble des parties de k est aussi petite que possible. De là que l'hypothèse du continu est valide dans l'univers constructible (trad. A.B., aménagée).

Ce texte propose clairement la mise en ordre du multiple partitif. Que la notion de « tous » les sous-ensembles de E soit, pour Devlin, « trop vague » dénote sa perplexité quant aux ressources inassignables de l'excès. La voie proposée est de tenir dans l'existence cela seul dont la définition, à l'intérieur du tout, est explicite selon ce tout même.

Qu'on aille ainsi à la minimalité montre de quoi il retourne.

Bien avant les écologistes aux barbes fleuries, les logiciens posent que, face aux débordements « vagues » de la topologie, il convient de proclamer : *« Small is beautiful. »*

Petitesse est hiérarchie : l'univers constructible s'édifie par strates de telle sorte que chaque strate ne contienne que des objets définissables de façon canonique à partir des strates précédentes. Bien entendu, l'objet à surveiller est celui où s'enracine l'excès, c'est-à-dire la partie qu'on découpe dans un tout. La construction de Gödel est un véritable muselage des parties – des partis... – admissibles. On procède à la raréfaction algébrique de ce qu'on tolère quant aux sous-multiples d'une multiplicité donnée.

Simplifions, pour pénétrer l'essence antidialectique de la preuve.

Étant donné un ensemble d'ensembles, soit M, une partie de M, mettons X, est déclarée définissable dans M s'il existe un énoncé à une seule variable, φ (x, a, b, c...) où a, b, c, ... sont des ensembles de M déjà définis, énoncé tel que les éléments de X sont les seuls à satisfaire, dans M, cet énoncé.

Autrement dit, X est ce sous-ensemble de M tel qu'un énoncé explicite, édifié sur des paramètres n'appartenant qu'à M, décrit une propriété commune à tous ses éléments et à eux seuls. Un tel énoncé caractérise X. M, si l'on peut dire, contrôle linguistiquement sa partie X. Il en détient la *formule*.

A partir de là, vous allez passer d'une strate ensembliste à une autre par le ressort d'une énumération ordinale de structure récurrente.

En gros, chaque strate va admettre toutes les parties de la strate précédente qui sont définissables dans cette strate (« définissables » au sens rigoureux de tout à l'heure). On peut formuler ce point dans une définition par récurrence transfinie dont le premier terme est l'ensemble vide.

Vous n'acceptez ensuite que les ensembles appartenant à une strate déterminée.

L'univers constructible ainsi édifié procède par étape à l'auto-limitation des multiplicités immanentes, dont il exige que la formule puisse être donnée d'après les ressources paramétriques du tout.

On pourrait par exemple exiger que toute organisation politique soit définissable à partir des seuls paramètres parlementaires (participation aux élections, classement clair « à droite » ou « à gauche »...) et que tout regroupement ouvrier soit inscriptible dans une formule syndicale. C'est du reste ce qu'on fait tendanciellement. Les notions d'extraparlementaire ou d'autonomie sont rapidement criminalisées. L'univers politique dominant qui est le nôtre, à n'en pas douter, entend rester constructible.

Dans cet univers, l'excès du multiple est enfin réduit à ce que l'algèbre en tolère : il tombe *juste* sous le concept de l'inexistant qui borne le tout. L'hypothèse du continu y est satisfaite.

Que le prix payé soit directement une extraordinaire pauvreté du multiple se démontre du spectacle morose des élections parlementaires et des foules asthmatiques qui font don de leur personne aux « journées » des grands syndicats.

Car le codage algébrique de l'excès, le soumettant à l'énumération ordonnée, réduit l'en-trop subjectif à l'en-moins de son ordre.

Ce qu'un lieu détient virtuellement de subjectivation, reconduit au seul point vide de sa borne, tombe dans l'équilibre entre place et excès, qui ne fait que répéter qu'un lieu a puissance d'être lieu du subjectif, sans la rupture qualitative par où l'effet-sujet échappe en torsion à la mesure locale.

Un très étonnant théorème (Rowbottom) met en scène la force interdictrice dont la constructibilité mutile le multiple.

Pour en saisir la portée, il faut comprendre que le résultat de Gödel ne satisfait nullement le mathématicien réglé. Ce qu'il veut, c'est que la doctrine des multiplicités prescrive l'hypothèse du continu comme un résultat nécessaire, et non comme un supplément admissible. Son but n'est pas la vaine liberté d'ajouter ou non l'hypothèse du continu aux axiomes.

Sous-jacente, l'idée qu'on ne saurait faire un axiome de l'identité entre excès et occupation de la place vide. Il faut que le réel nous impose l'*impossibilité qu'il en soit autrement.* Sinon la dialectique intégrale l'emporte : il y a de l'hétérogène entre la logique successorale des places vides et l'excès intérieur du multiple.

Pareillement, les tenants syndicalistes du « soutien » à la force sociale immigrée, pour en quelque sorte régulariser son statut dans la société impérialiste, veulent que l'histoire impose leur solution comme unique solution politique. Il y va pour eux du caractère simple, métaphysique, intemporel, de la classe, statut qui est leur idéologie d'appartenance.

On cherche donc à contraindre l'hypothèse du continu par un remaniement des axiomes. Par exemple en formulant des hypothèses d'existences plausibles, quant à des cardinalités gigantesques. Il s'agit en quelque sorte de mater l'excès, non plus par en bas, par les strates inférieures, comme fait l'univers constructible, mais par le haut, en admettant d'emblée des multiplicités suréminentes dont on attend qu'elles ordonnent tout ce qui les précède.

Dans cette voie, qui se compare aux « grands desseins » nationalistes, guerriers, impériaux, par lesquels les bourgeoisies allument le contre-feu des crises et des poussées populaires, on n'a rien trouvé qui vaille.

Bien plutôt on a pris mesure de ce que le contrôle « par en bas », la constructibilité gödelienne, ne supportait aucune de ces vastes hypothèses existentielles, à raison de la pauvreté intrinsèque de ses ressources en multiplicités.

S'il existe de « très grandes » cardinalités (elles ont des définitions techniques dans lesquelles je ne peux entrer ici), il existe nécessairement d'innombrables ensembles non constructibles.

La pression par le haut et celle par le bas sont incompatibles. Vous ne pouvez à la fois manier l'euphorie négociatrice et syndicale des temps pacifistes d'expansion impérialiste et embrigader les peuples dans le risque de guerre et le charme louche des conquêtes.

Rowbottom démontre que s'il existe une certaine espèce de cardinalité – une multiplicité d'un type « très grand » –, il y a alors, dans les parties du modeste ensemble des nombres entiers (le plus petit ensemble infini) beaucoup plus de non-constructibles que de constructibles (cf. T. Jech, *Set theory,* Academy Press, 331).

C'est dire à quel point poser que tout ensemble est constructible, voie de Gödel pour établir la cohérence de l'hypothèse du continu, impose une castration du multiple immanent et frappe d'interdiction les multiplicités trop ambitieuses.

3

En 1963, Cohen démontre que la négation de l'hypothèse du continu est tout aussi cohérente avec les axiomes que son affirmation.

Le « désordre sur la terre » s'installe démonstrativement.

Le plus étonnant est que Cohen, pour bâtir son modèle où défaille la régulation algébrique sur l'excès, emploie une technique à laquelle il donne le nom de *forcing,* et qu'il conviendrait de traduire par « forçage ».

Intuition aveugle de ce que au point où n'est plus vraie la règle successorale, c'est de la force subjectivante qu'il est question.

Le modèle de Cohen est construit par des voies diamétralement opposées à celles de Gödel. Nous ne pouvons guère en donner une idée, ne serait-ce que parce que ce modèle ne correspond à rien d'intuitif. Symptôme de ce qu'il se prononce sur l'excès.

Pour en explorer les détours, on se reportera au chapitre de J.-P. Burgess sur le *forcing* in *HML* (404-452).

C'est par l'extension « imaginaire » d'un modèle primitif *(ground model)* fixé que l'on obtient de quoi illimiter la ressource partitive du multiple.

La fonction inductrice quant à l'excès de l'ensemble « imaginaire » ajouté s'épingle dans son nom : ensemble générique.

Et certes, tout sujet fait l'unité divisée du générique et du constructible.

Le supplément générique n'est *décrit qu'au minimum.* Point clef, que cette maîtrise la plus faible possible de la langue du tout sur ce dont on attend qu'il le fasse proliférer. Comme le dit Cohen lui-même, « nous partons avec un seul symbole pour l'ensemble générique et nous voulons, en un certain sens, donner le moins d'information possible le concernant » (*Set theory and the continuum hypothesis,* W. A. Benjamin, inc., 1966).

Gödel, en revanche, exige à chaque étape la capacité descriptive *maximum,* puisqu'il ne retient que les parties dont une formule explicite donne une propriété singulière.

Pour rester dans l'étroitesse de l'information, Cohen substitue aux propriétés implicatives (si p, alors q) la propriété plus évasive du *forçage :* s'il y a telle condition, alors l'énoncé q est « forcé » de valoir.

Une condition n'est en vérité qu'un élément de l'ensemble générique. L'information qui nous permet de situer l'extension comme modèle de la théorie se résume à ce que l'appartenance d'un élément à l'ensemble « imaginaire » ajouté force telle ou telle propriété de cette extension.

Un exemple typique de la logique évasive, de la sous-information systématique recherchées par Cohen, nous est donné par le traitement préférentiel du quantificateur universel sur le quantificateur existentiel.

Pourquoi ? Parce que si j'ai un énoncé du type $(\exists x)$ $(P(x))$, sa vérité dans le modèle exige que je désigne un élément précis, a, de ce modèle, tel que P(a) y soit satisfait. Cette précision va contre l'inspiration générique, laquelle vise à distinguer le moins possible dans la ressource de l'excès.

En quoi le générique s'apparente essentiellement au topologique, dont nous avons établi qu'il désidentifiait l'élément au profit de ses voisinages.

De là que, « quand nous sommes confrontés à $(\exists x)$ $(P(x))$, nous choisissons de le tenir pour faux, à moins d'avoir déjà produit un symbole a pour lequel nous avons de fortes raisons d'insister quant à la vérité de P(a) » (*Id.,* 112).

Sartre a maintes fois soutenu que le rapport de l'intellectuel à la révolution tenait à sa vocation universalisante. C'est exact. L'excès, loi topologique de la subjectivation, induit un primat de l'universel sur ce qui, de l'existentiel, engendrait le distinguable du vieux monde.

La force politique, délivrée, ne distingue plus *comme avant.* C'est sa vertu communautaire – sa vertu générique.

De même, elle ne prescrit plus le même espace négatif. Elle transmute la loi ancienne des oppositions (parlementaires, par exemple). Elle enseigne à dire « non » différemment.

Il faut ici rompre encore avec les effets du déterminisme de l'implication.

Que p implique non-q signifie purement et simplement, en calcul classique des propositions, que p et q ne peuvent être vraies simultanément. Si p est vraie, il faut que q soit fausse. L'implication d'une négation dénote l'incompatibilité de deux énoncés. En ce sens, la vérité de p détermine strictement q à ne pas valoir comme vraie.

En revanche, dans la logique du forçage, p force non-q signifie qu'il n'existe pas de condition plus forte que p et qui force q. C'est du point d'un inexistant relatif à l'énoncé p que le forçage de non-q est déterminé.

Qu'est-ce qu'une condition « plus forte » ? Quoiqu'elle soit définie strictement dans Cohen en terme de relation d'ordre, on peut l'interpréter comme une condition qui donne « plus d'information » que la condition initiale, ou encore qui est plus restrictive quant aux caractéristiques du modèle générique.

On dira donc que p force la négation de q si aucune condition dont on sait qu'elle détient plus d'information que p ne force q elle-même. L'énoncé q se trouve, si l'on peut dire, en liberté par rapport aux conditions plus fortes que p.

Ainsi le forçage du négatif – de non-q –, au contraire de l'incompatibilité qu'induit son implication, résulte de ce que rien de ce qui localise et englobe la condition p ne force la vérité de q.

Pensée comme rupture, la subjectivation est bien dans une logique de forçage. Le « Non ! » de la révolte n'est pas impliqué par les conditions locales. Il est forcé par l'inexistence d'une contrainte absolue qui forcerait la soumission de façon transcendante aux conditions immédiates.

Entre l'implication formelle et le forçage passe toute l'ambivalence que met la dialectique dans le vieux problème du déterminisme.

La surrection du sujet est effet de la force dans le lieu. *Il n'en résulte pas que le lieu l'implique.*

L'extension générique obtenue par le forçage, à quoi l'ensemble imaginaire ajouté soumet ce qui peut en être prononcé, permet de produire une quantité impressionnante de nouveaux ensembles.

En fait, on peut en produire autant qu'on veut. La ressource du topologique s'avère illimitée.

On montre ainsi que la cardinalité de l'ensemble des parties d'un ensemble est littéralement flottante. Elle surpasse la cardinalité de l'ensemble initial d'une quantité arbitraire. Elle peut être le successeur (comme le montre Gödel), le successeur du successeur, ou se trouver beaucoup plus avant encore dans la suite des cardinalités, et finalement (théorème d'Easton) à peu près aussi loin qu'on le souhaite.

Ainsi la ressource intérieure d'un ensemble, pris dans ses parties, n'est-elle réglée par aucune légitimité numérique. Elle peut dépasser tout ce qu'on prétend lui assigner comme borne. La logique de l'excès est *réelle,* de ce qu'il est impossible de la limiter.

C'est la raison pour laquelle un petit peuple, pourvu qu'il compte sur ses propres forces, peut vaincre une grande puissance (Mao). Encore lui faut-il, concentré politique de ses parties sociales, un parti.

C'est d'un tel parti que la cardinalité – la force : les mathématiciens ont eu la bonne idée de nommer « puissance » la cardinalité d'un ensemble – surpasse tout ce qu'on croit pouvoir en attendre.

Notez que Cohen, brisant avec le vieil enchaînement ordinal du désir mathématicien, se convertit à la surpuissance de l'excès immanent :

> L'auteur estime qu'on devrait en venir à accepter le point de vue selon lequel l'hypothèse du continu est, d'évidence, *fausse.* (...) Le cardinal-successeur de l'ensemble des nombres entiers est tout simplement le résultat de la façon la plus simple de générer un cardinal plus grand. En revanche, le continu est généré par un principe totalement nouveau et beaucoup plus puissant, nommément l'axiome de l'ensemble des parties (...). De ce point-de-vue, on considérera le continu comme un ensemble incroyablement riche, qui nous est donné par un axiome singulier et nouveau, et qu'on ne saurait approcher par aucun processus constructif opérant pièce par pièce (*Id.,* 151, trad. aménagée).

Cohen reconnaît là qu'entre la logique des places et celle de l'excès, il y a rupture dialectique.

Ainsi l'excès se trouve extirpé de toute allégeance numérale. Le sujet, dans son double registre d'algorithme et de voisinage, effectue une irréconciliable scission de son propre procès. Ces « parages du vague » où se résout la multiplicité partitive, nous les saluons comme la preuve, administrée par ceux qui désiraient le contraire, qu'il y a un pari sur le réel, où si le nombre inscrit sur les dés relève d'une consécution, il n'enchaîne pas ce qui, du geste du lanceur, produit l'incalculable de sa portée.

VI

Topiques de l'éthique

9 mars 1979

Où ?

Dix thèses sur le sujet. - Donation et limitation. - L'hystérie, l'émeute. - Où est le prolétariat ? - Où est l'inconscient ? - Mathèmes du marxisme. - Vers la topique.

1

Si je concentre l'étape de notre parcours en dix thèses sur mon sujet – le sujet –, je dois les énumérer ainsi :

1. L'effet-sujet articule en scission un battement structural autour d'une place vide et un excès forcé sur cette place.
2. D'un point de vue matérialiste, l'effet-sujet expose à la connaissance l'algèbre de son placement et la topologie de son forçage. Il insiste à être causé par ce qui disparaît de sa place et consiste dans les voisinages de sa cause.
3. On appelle subjectivation l'interruption du battement par l'excès. C'est une destruction.
4. On appelle procès subjectif la remise en place de l'excès dans un esplace centré sur l'excès lui-même. C'est une recomposition.
5. L'effet-sujet n'est que l'unité divisible de la subjectivation et du procès subjectif. Chacun de ces moments est abstrait. Il n'est acceptable de parler de sujet qu'au vu d'un procès de destruction-recomposition, lui-même soumis, en deuxième articulation, à la dialectique du manque et de l'excès.
6. Du croisement des deux articulations divisées résulte que la subjectivation se scinde en angoisse et courage.
7. Du même principe résulte que le procès subjectif a son unité dans le deux de la justice et du surmoi.

8. L'effet-sujet est intégralement désigné par la topique des quatre concepts : angoisse, courage, justice, surmoi.

9. La topique fait nœud de deux couples : angoisse-surmoi désigne l'effet-ψ, courage-justice, l'effet-α. Il n'est convenable de parler de sujet qu'au vu d'un processus dont la division fait l'un du ψ et de l'α.

10. Un sujet n'est nulle part donné (à la connaissance). Il doit être trouvé.

2

Je voudrais attirer l'attention sur la dixième thèse, où se concentre le caractère postcartésien de notre entreprise.

Dans toute la grande tradition idéaliste classique, le sujet désigne ce point d'être transparent, en posture de donation immédiate à lui-même, par où passe tout accès à l'existence comme telle. C'est du sujet que se détermine l'évidence, même éventuellement vide. Vous reconnaissez là la fonction formelle du *Cogito.* Dans l'optique de Kant, où le sujet constitue la possibilité de l'expérience sans que cette constitution soit elle-même expérimentée, demeure l'évidence morale, où se trouve la portée de transparence ontologique du sujet.

Le sujet classique est donc un opérateur à double fonction. D'une part il assigne un être irréductible de l'existant ; d'autre part, il limite ce qui, du « reste » de l'être, est accessible au connaître. Il fait partage de ce qui est *immédiatement* donné et de ce qui est *médiatement* refusé à l'expérience.

Portées à leur comble, ces deux fonctions paraissent s'inverser. L'être de l'existant subjectif s'avère un être du non-être. C'est la thèse de Sartre. La limite de la connaissance s'avère une illimitation. C'est la thèse de Hegel.

Cette inversion, toutefois, n'est pas réelle. Le non-être de la conscience libre de Sartre est en vérité le nom de sa transparence. Ce serait encore trop dire que de poser que se qui se donne-à-soi en transparence est. La conscience est transparence de sa transparence, conscience (de) soi, « non positionnelle d'elle-même ». Qu'un tel être soit néant indique d'où une ontologie est possible, et c'est du *Cogito,* exclusivement, lequel nous donne le *rien,* soit l'existence dans son essence.

L'illimitation du connaître hégélien (le savoir absolu) doit inclure un principe de totalité, le « cercle de cercles » de son exhaustion, par où elle limite l'illimité, lui conférant cette forme encyclopédique qu'un livre peut écrire en son entier. Or, pour nous, cantoriens, qu'il y ait un tout du connaître se tient en deçà de l'illimitation véritable, laquelle est mouvement immanent de l'excès sur toute totalité concevable.

La double fonction, existentielle et limitative, marque donc de part en part le concept classique du sujet. Elle fonde que, d'un tel sujet, on puisse *partir*.

Je pose qu'on ne peut en vérité qu'y *parvenir*. Le temps de Marx, le temps de Freud, réside en ceci que le sujet n'est pas donné, mais doit être trouvé.

L'importance de la configuration que dessinent le marxisme en politique et le freudisme en philosophie est cependant de ne pas céder sur le subjectif. Quoique le sujet ne soit ni transparence, ni centre, ni substance ; quoique rien n'atteste qu'il soit requis pour organiser l'expérience ; il n'en reste pas moins qu'il est le concept clef d'où résulte que soient pensables la décision, l'éthique et la politique.

Nous avons, pour chaque étape du marxisme (il y en a trois) et du freudisme (il y en a deux), à résoudre le problème spécifique des opérateurs d'investigation qui effectuent la découverte et la saisie du sujet.

Quand Marx entreprend d'écouter l'activité révolutionnaire de son temps, le désordre historique populaire, il s'agit d'y pointer, au terme de rudes travaux théoriques et pratiques, la forme dialectique du sujet politique comme tel. La *déduction* de son activité générale ne présuppose que les émeutes du siècle. Il faudra, de là, déployer la topique intégrale d'un ordre (l'ordre capitaliste), faire la logique de ses hiatus, aller jusqu'au bout de l'hétérogène, pour *nommer* « prolétariat » ce sujet presque introuvable dans la surface anarchique des événements.

Freud écoute la prose et la gestuelle des hystériques, d'où ressort qu'à la fin c'est du sujet des névroses qu'il s'agit, et non de qui est sujet aux névroses. « Inconscient » est le nom d'un tel sujet, là aussi dans les rets d'une topique du psychisme.

Quoique la psychanalyse et le marxisme n'aient rien à voir ensemble – la totalité qu'ils formeraient est inconsistante –, il est hors de doute que l'inconscient de Freud et le prolétariat de Marx ont le même statut épistémologique au regard de la rupture qu'ils introduisent dans la conception dominante du sujet.

« Où » est l'inconscient ? « Où » est le prolétariat ? Questions qu'il n'y a aucune chance de résoudre, ni par l'empirie d'une désignation, ni par la transparence d'une réflexion. Il y faut l'aride travail éclairé de l'analyse et de la politique.

Éclairé et organisé, dans le concept comme dans l'institution.

Le seul effet de surface qui ouvre à la traque du sujet (on le voit en clair dans l'émeute comme dans le théâtre hystérique) est l'existence, déjà sous la présupposition d'un matérialisme clarifié, d'un *énoncé vrai* disposé en perturbation de l'algèbre de la vérité.

Le sujet n'est ni cause ni fondement. Il est tenu dans ce dont il est la polarité, et supporte l'effet de son antécédence à soi dans l'esplace. Toujours invisible dans l'excès de son visible.

3

On ne répétera jamais assez que les textes du marxisme sont d'abord ceux de la politique en acte. Fait signe de l'essentiel une écriture pressante, phosphorescente, jointure de l'inscription et de la hâte subjective. C'est là qu'au sortir de l'allégorie des prisonniers, on pense en marchant. Je suis de l'avis de Julien Gracq (entre parenthèses, avec Samuel Beckett, extrémité contemporaine de la prose, sinon que lui achève Chateaubriand, et l'autre Pascal) :

> Je relis *les Luttes de classe en France* et *le 18-Brumaire de Louis Bonaparte* avec une admiration et même une allégresse sans mélange. Rien n'atteint à la hauteur de ton, à la netteté du trait – qui traverse de part en part sans même faire saigner – à la gaîté féroce et enjouée de Marx journaliste (...) cette jubilation révolutionnaire qui n'a touché exclusivement que les plus grands – sorte d'état de grâce, de *gaya scienza* de l'apocalypse (...) (*Lettrines*, Corti).

Et le reste ? L'éléphant-capital ? C'est le bâti de béton où l'on joue la vraie partie. N'allez pas confondre la surface goudronnée et la course de Borg. Que le même homme, Marx, soit l'ingénieur du bitume et le champion du filet annonce les temps nouveaux du travailleur polyvalent.

Le déchiffrement du sujet politique, vous l'avez dans sa vertu de promptitude quand Marx, Lénine ou Mao, s'exposant au réel destructeur des symptômes de l'histoire, remontent une chaîne jusqu'à tenir l'entre-deux des maillons.

Lisez, du premier, *les Luttes de classe en France,* du second, *La crise est mûre,* du troisième, *Enquête sur le mouvement paysan dans le Hounan,* ou les étranges directives de la Révolution culturelle. Exemple type : « Dans une majorité assez grande des usines, la direction n'est pas entre les mains de vrais marxistes ni des masses ouvrières », d'où se déduit que « à ce qu'il semble, si l'on ne fait pas la Grande Révolution culturelle prolétarienne, ça n'ira pas » (avril 1969). Ou encore, énigmatique et essentiel, l'année de la mort (1976) : « Vous faites la révolution socialiste, et pourtant vous ne savez pas où est la bourgeoisie. Elle est au cœur du parti communiste. »

Question de topique. Où est la bourgeoisie ? Mais, plus décisive : Où est le prolétariat ? Où est-il, puisqu'au lieu où il est algébriquement prescrit (le parti-État), c'est la (nouvelle) bourgeoisie qui prend ses aises ?

Il n'est aucun texte marxiste majeur qui n'ait pour ressort la question : Où est le prolétariat ? De là que la politique est l'unité des contraires d'une topique (la situation actuelle) et d'une éthique (nos tâches).

Dans *les Luttes de classe en France,* le mouvement de découverte du sujet fait merveille d'être pris dans la férocité polémique et l'urgence intervenante. Lisez, par exemple :

> (...) alors que la lutte des différents systèmes entre eux fait ressortir chacun des prétendus systèmes comme le maintien prétentieux d'un des points de transition du bouleversement social contre l'autre point, le *prolétariat* se groupe de plus en plus autour du *socialisme révolutionnaire,* autour du *communisme* pour lequel la bourgeoisie elle-même a inventé le nom de *Blanqui.* Ce socialisme est la *déclaration permanente de la révolution,* la *dictature de classe* du prolétariat, comme point de transition nécessaire pour arriver à la *suppression des différences de classe en général,* à la suppression de tous les rapports de production sur lesquels elles reposent, à la suppression de toutes les relations sociales qui correspondent à ces rapports de production, au bouleversement de toutes les idées qui émanent de ces relations sociales (Marx, *OC* I, 292).

Le dégagement positionnel des quatre concepts fondamentaux du marxisme s'y articule au travail de leur topologie historique.

Ces quatre concepts sont :

- le parti (groupement du prolétariat) comme avènement de l'Un-Un historique;
- la lutte de classe (déclaration permanente de la révolution) comme lieu du subjectif;
- la dictature du prolétariat comme exercice centré de la destruction;
- le communisme, non pas comme utopie fermée, mais comme triple processus de destruction-recomposition, économique, social et culturel.

Naturellement, voyant que le sujet (prolétarien) se spécifie de registrer le communisme sous la loi de sa dictature et dans l'élément de la lutte des classes, vous avez ce Z que nous avons anticipé il y a deux ans :

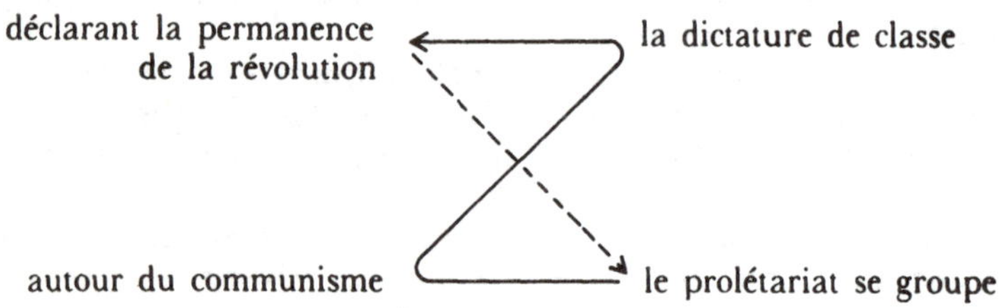

Avouez que, ainsi mise en croix, la phrase passe aux aveux.

Nous sommes en état de lui faire dire plus encore, si nous comprenons que la dictature de classe est la modalité en surmoi du procès subjectif dont le communisme est la face de justice. Le mot « transition » n'a de valeur qu'indicative. Comme le répète Mao, sans processus communiste, pas de communisme. Et où donc se concentre ce processus, sinon dans la « transition » supposée y conduire, dont la terreur dictatoriale soutient l'envers de loi restauratrice ? Dictature du prolétariat et communisme sont *la même chose* (le procès subjectif de la politique de classe) saisie dans sa scission d'identité en surmoi et justice.

Quant à la « déclaration permanente de la révolution », on y lit sans peine qu'elle ajoute à l'émeute (juin 1948 : angoisse taciturne des ouvriers acculés) le courage permanent de la révolution. La révolution, c'est la subjectivation dans le lieu de la lutte des classes.

Qui n'en retient que le courage oublie qu'il est au même point qu'une angoisse historique.

Si du moins révolution il y a – ce que toute fête populaire, dans le genre déferlant, pimpant, printanier n'est pas, tant s'en faut.

Disons que, aux défis de l'histoire, déclarer la permanence de la révolution s'arrache, en plein réel, à la seule suscitation de son trop-plein.

C'est quand l'émeute étourdissante lève l'hypothèque de la loi que tracer dans sa violence obtuse la direction d'un engagement fait le courage d'une subjectivation complétée.

De là que les quatre concepts apparents (parti, lutte des classes, dictature du prolétariat, communisme) s'organisent en quatre autres, *plus un,* le parti, le groupement subjectif, qui n'est que le nom générique de ce que le nœud des quatre autres donne à penser :

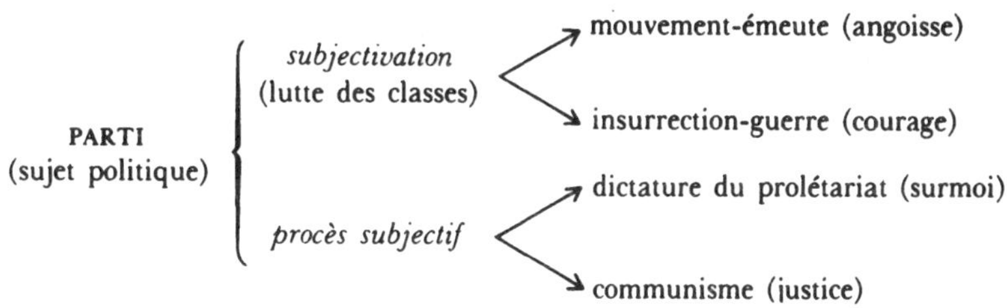

Vous pouvez aussi bien classer les quatre concepts de cette manière :

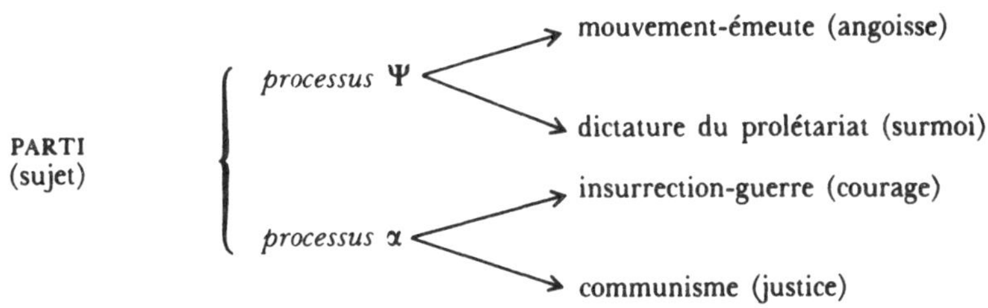

Le passage de l'un à l'autre de ces tableaux est toute la question d'une *trouvaille* du sujet.

Il y faut la superposition de deux grilles, la première attentive à la dialectique subjectivation/procès subjectif, qui suit en quelque sorte la loi d'émergence de l'effet-sujet, la seconde à la dissymétrie qualitative interne du sujet, qui tresse l'algèbre pulsionnelle du ψ – éclipse en refente du Même – et la topologie recomposante de l'α – destruction-recomposition.

C'est tout ce qui, dans l'investigation, procède d'un mouvement des topiques.

On sait que Freud s'y est soumis. Quand il passe du système inconscient-préconscient-conscient à la topique ça-moi-surmoi, on ne sait *où* se trouve l'identique objet des deux tableaux. C'est qu'il s'agit d'induire de l'un à l'autre la position correcte du plus-un, la façon juste de demander « où est le sujet ? »

Ainsi pour Marx quand on passe de parti-lutte de classe-dictature du prolétariat-communisme, à des choses comme mode de production-rapports sociaux-idéologies.

Où est le prolétariat ?

Le secret du sujet ne tient pas dans une topique *puis* dans une autre. Il gît au mouvement par quoi l'une brouille l'autre, re-produisant ainsi qu'un sujet est la perturbation d'une algèbre.

4 mai 1979

La torsade subjective : ψ et α.

Du sujet comme indécidable. - Hölderlin, mi-chemin et mise à feu de la seconde moitié. - Statique du *topos*. - Le corps, le parti. - Phénoménologie des quatre concepts.

1

L'effet-sujet, dans son principe formel, ne se laisse aucunement réduire à une contradiction simple. C'est du reste la raison cachée de ce qu'une topique est requise pour en pousser la théorie. Vous devez disposer d'un réseau de concepts, dont « sujet » désigne toujours l'articulation, sans qu'on puisse situer *dans* le réseau le point que ce vocable subsume.

Qu'il s'agisse du sujet dans le champ de la politique ou du sujet de la psychanalyse, puisque ces deux ordres – y en a-t-il d'autres ? – sont ceux où la question est la plus développée, et quoiqu'on y dispose en apparence de deux termes spécifiés pour le subjectif – la classe dans un cas, l'inconscient dans l'autre –, on procède toujours de biais, par une théorie de l'esplace (le capital, le symbolique) où l'on examine, en interférence rétroactive, des symptômes (la révolte, la névrose) dont rendre raison exige qu'on situe le horlieu.

Il faut dès lors doubler la logique du lieu d'une logique de son interruption, d'une dialectique de la défaillance, en prenant appui sur les deux versants du matérialisme et en ayant de quoi penser le régime divisé de l'occupation des places.

C'est la raison majeure pour laquelle Lacan a dû, dans un premier temps, épingler le sujet sous la triple instance du symbolique (loi du lieu), de l'imaginaire (identité à soi de la place) et du réel (dispersion). Puis, dans un deuxième temps, saturer cet ordre d'une approximation topologique, à certains égards sans issue car la coupure (du nœud) échouait à dialectiser véritablement le manque (de l'objet).

Le marxisme approche le support-sujet de toute politique (le parti) à partir de ses trois concepts majeurs (lutte de classe, dictature du prolétariat, communisme) dont l'intrication définit, de l'avis même de Marx (voyez la fameuse lettre à Weydemeyer de mars 1852), toute l'originalité de son apport.

Pour ce qui me concerne, soucieux d'assurer, au-delà du pointage lacanien, le lien de la cause et de la consistance, je pose que le processus-sujet est une contradiction de contradictions, la torsade de deux processus dont l'un (ψ) subordonne l'excès au placement, l'autre (α) inversant cet ordre.

Qu'on ne puisse *décider* du terme dominant, puisque la double domination enchevêtre deux processus, est essentiel à la théorie du sujet.

Le classique débat politique revient à demander : est-ce la *ligne* qui est principale ? Ou est-ce *l'organisation ?* Ce débat est par essence infini, disposant la « ligne juste » en miroir de ce que « le parti a toujours raison ». La conception maoïste de la politique, dont le cœur est de poser que l'édification du parti exige la ligne de masse en matière d'organisation, soit, au-delà de la ligne de masse *du* parti, la ligne de masse *sur* le parti, déclare explicitement le vieux débat indécidable. En quoi elle fait théorie du sujet.

Sans rien céder à l'indéterminisme, nous posons que le processus-sujet se résout dans de l'indécidable. L'indécidable est le concept de sa constitution.

On sait, depuis le fameux théorème de Gödel, que poser : « Il y a de l'indécidable » peut résulter d'une démonstration. C'est dire qu'il y a un concept de l'indécidable, et qu'ainsi nous amarrons fermement la doctrine du sujet à la possibilité du calcul. Nous démontrons le sujet. L'indécidable n'est pas la liberté. C'est le point de fuite immanent de tout ordre, dont nous déterminons la nécessité au croisement de deux processus, ψ et α.

Si la liberté est fondatrice, l'indécidable est déduit.

Il nous est également interdit de penser qu'entre les deux processus ψ et α existe une hiérarchie objective. Ni l'excès ni le manque n'ont de privilège intrinsèque, pas plus que ne peuvent en avoir la subjectivation ou le procès subjectif. J'ai polémiqué contre la réduction du réel à la seule figure de l'objet causal parce qu'il me semblait que cet acquis mallarméen, et la magnifique construction qu'il draine autour du terme évanouissant, prenaient par trop le pas sur la dialectique de la consistance. Il ne faudrait pas en conclure que la théorie du sujet est ainsi recentrée (sur l'excès). Il n'y a pas de centre dans la torsade subjective. Sans l'étayage du manque, l'excès n'est rien qu'une chimère gauchiste, vite renversée en son contraire : une philosophie de la nature, comme on voit chez Deleuze.

L'éthique, je le dirai, n'est certes pas indifférente à la structure contrariante de la torsade. Elle distingue les brins. Mais elle n'autorise à décider que ceci : il y a de l'indécidable.

L'éthique revient à la maxime : « Décide conséquemment du point de l'indécidable. »

Ce serait parler pour ne rien dire, si l'indécidable n'était figuré dans une topique.

2

Hölderlin est la deuxième figure du dialecticien allemand. Là où Hegel fait cercle, il fait torsion.

Hegel déduit la Prusse comme terme conceptuel de l'État. Ce pourrait être Napoléon, Hegel en caresse l'idée chevaline (l'homme au bicorne passait sous ses fenêtres).

Pour Hölderlin, l'Allemagne est la contraposition de la Grèce. Sa modernité, toute kantienne, est de faire de l'informe à partir du formel, quand les dyonisiaques originaires faisaient de leur furie « asiatique » la forme insurpassée du Temple. L'Allemagne est une nostalgie divisible, en Grèce et en soi-même, plutôt qu'un concept.

Hölderlin connaît la topique du sujet :

> Le moment le plus risqué dans le cours d'un jour ou d'une œuvre d'art, c'est quand l'esprit du temps et de la nature, ce qui est céleste, ce qui saisit l'homme, et l'objet de son intérêt se dressent face à face, au comble du farouche, parce que l'objet sensible ne va qu'à mi-chemin, *tandis que l'esprit s'éveille au comble de sa puissance là où prend feu la seconde moitié.* C'est dans ce moment que l'homme doit *le plus fermement tenir bon ;* c'est là aussi qu'il se dresse, ouvert à fond, et prend son contour à lui (*Remarques sur « Antigone »*, *O*, 960).

Ce texte admirable est la condensation métaphorique des quatre concepts.

Hölderlin commente une question de Créon à Antigone : d'où lui vient donc l'énergie, l'audace, de se tenir dans la division de la loi ? Comment peut-elle supporter l'assomption de justice au point précisément où, sous les espèces de Créon, je veux dire de ce qui, dans Antigone, est l'existence obligée de l'effet-Créon, la violence du surmoi convoque la répétition ?

Hölderlin, pour élucider ce problème, va droit à l'essence dialectique de la subjectivation. Tout le texte en supporte l'insupportable torsion.

Quelle est la contradiction qui se donne dans le risque, dans le « moment le plus risqué » ? D'un côté, l' « esprit du temps », ce qui « saisit l'homme ». De l'autre, l' « objet de son intérêt ».

Qu'il y ait là le discord ontologique de la consistance qui « saisit » et de la cause (l'objet) est patent. Hölderlin pose d'un côté l'excès, de l'autre la place. Ce qui « saisit » – et dont le site, d'être horlieu, se nomme « céleste » – est ce dont procède qu'il faille s'arracher à la place que prescrit le manque, sous les espèces de l'objet qui intéresse. Ce n'est pas une source, un foyer, une cause. C'est le processus même de la force en tant que dé-plaçante. Hölderlin le dit plus loin : l'esprit du temps « s'éveille au comble de sa *puissance* ».

La définition placée de l'homme, liée à l'objet causal sensible, ne va qu' « à mi-chemin ». Expression remarquable ! *L'algèbre n'est que le mi-chemin du sujet.* L'outrepassement de ce mi-chemin fait une esquisse topologique qui n'est pas de hasard. Si la contradiction vient « au comble du farouche », c'est que l'outrepassement de la place est exigible de ce que « prend feu la seconde moitié ». Concision métaphorique étonnante ! L' « autre moitié », c'est l'autre dimension, c'est le corrélat topologique de tout placement. L'algèbre est littéralement incendiée par l'excès.

Qu'est-ce qui se donne alors ? C'est qu'il faut « tenir bon », où vous lisez aussitôt, sur fond d'angoisse « farouche », le requisit constituant du courage. Le courage est le nom de l'incendie topologique des places, des intérêts, pour autant qu'ordonné au geste de se dresser « ouvert à fond », ce qui permet de « prendre son contour ». Se dresser, donc, dans l'ouverture du nouveau, illimitation apparente dont l'identité dialectique est la limitation, le contour. C'est que le courage, basculement brûlé (on a « brûlé ses cartouches ») dans l'excès sur la place, recompose aussitôt –

par-delà la destruction qu'il est – le procès subjectif de la justice. Le brin α de la torsade subjective fait qu'être « ouvert à fond » et « trouver son contour » sont une seule et même chose.

Et c'est aussi une seule et même chose que suivre « l'objet de son intérêt » – ce qui semble devoir combler le désir – et qu'il soit en fait toujours, cet objet, à mi-chemin.

Car cette deuxième identité est le brin ψ, dont l'entrelacement à l'autre fait que, au point du sujet, vous avez le risque et le jour, le farouche et l'ouvert, le mi-chemin et le contour, soit l'angoisse, le surmoi, le courage et la justice.

Pas de « vertu » là-dedans. Ces mots d'Hölderlin ne désignent nulle capacité – et, en un sens, Créon n'aura pas de réponse à sa question. Il s'agit d'un moment, d'une passe, où mi-chemin et feu poétisent pour toujours l'effet-sujet.

3

La topique se divise elle-même en statique et dynamique.

Le carré de base ne tend qu'à croiser les deux divisions du processus-sujet :

- selon le couple subjectivation/procès subjectif, lequel renvoie, via la cause et la consistance, à la logique de la destruction et de la recomposition;
- selon le couple ψ/α, lequel renvoie au primat alterné du manque et de l'excès.

Les quatre concepts deviennent les sommets d'un réseau dont « sujet » nomme la double articulation, ou plus exactement le double parcours.

Si vous pensez subjectivation/procès subjectif, ce qui est la vision *analytique* du sujet, vous avez les deux couples angoisse/courage et surmoi/justice.

Si vous pensez ψ/α, ce qui est la compréhension *synthétique*, vous avez les deux couples angoisse/surmoi, courage/justice.

La connaissance du sujet déploie les deux parcours. N'importe quelle analyse de névrose ou de révolte de masse, opérée du point de la théorie-pratique, le montre clairement.

Dans tous les cas, le support en butée du croisement est un terme nommable de la matérialité. Ce terme est l'Un du double processus.

Pour la psychanalyse, c'est le corps sexué.

Pour le marxisme, c'est le parti. Conçu dans l'esprit de Marx comme « groupement » du prolétariat. C'est le parti dans sa physique.

Le parti est le corps de la politique, au sens strict. Qu'il y ait corps ne garantit nullement qu'il y ait sujet, ni pour le corps animal, ni pour le corps institutionnel. Mais qu'il y ait sujet, que l'on *trouve* un sujet, exige le support d'un corps.

La statique du sujet – résultat d'une chaîne de concepts aussi complexes que tous ceux de la dialectique structurale (esplace, horlieu, terme évanouissant, causalité du manque, manque du manque...); et tous ceux de la logique de l'excès (forçage, destruction, division de la loi...); et la reprise liée de l'ensemble sous les catégories fondamentales du matérialisme (algèbre et topologie), et ainsi de suite – donne :

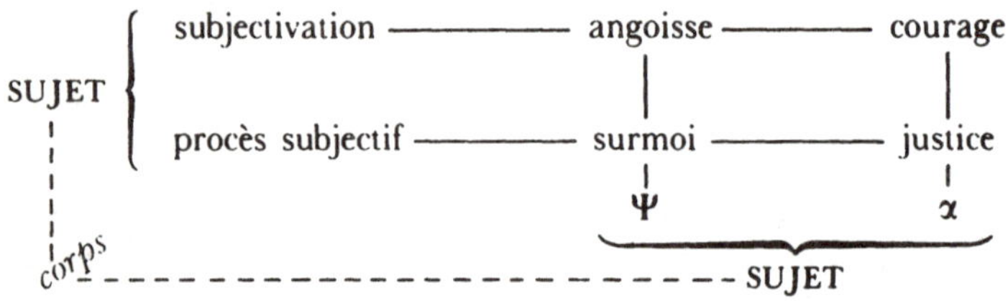

La traduction marxiste élémentaire de ce dispositif formel est constructible. Il y faut aussi tout un arsenal médiateur (histoire et politique; révolution, programme, division des bourgeoisies, peuple, alliances, modes de production, dominance, État, masses etc.). Voici :

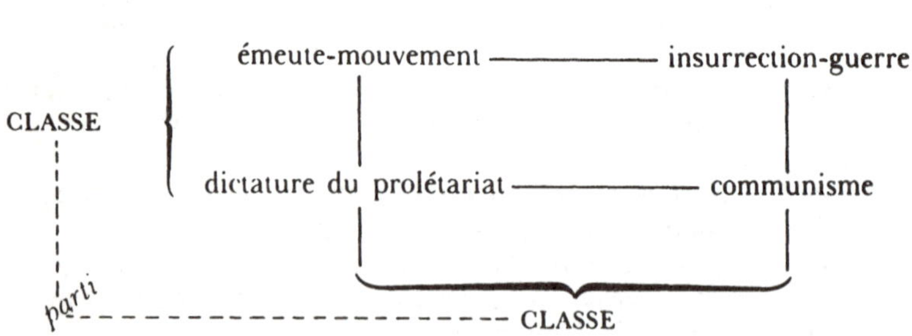

Dans ces schémas, l'usage obligé des traits ne doit pas masquer ceci : angoisse et courage sont au même point, comme le sont justice et surmoi. Ce point est celui de la destruction et de la recomposition.

La statique s'inverse ici en dynamique.

L'inschématisable du sujet est de faire point d'un trait.

4

Les quatre concepts, j'ai dit qu'ils n'étaient pas des vertus, ni des capacités. Mieux : ils ne sont pas des expériences. J'en ai proposé, il y a deux ans, les formules abstraites. Vous y voyez clairement que nous avons là des noms pour des processus, rien d'autre.

Ni angoisse ni surmoi, ni courage ni justice ne sont des états de la conscience. Ce sont des catégories de l'effet-sujet. Ce qui par eux nous est donné à connaître est une région matérielle spécifique, au principe de toute destruction de ce qui la supporte.

1. *L'angoisse* est cette forme de l'interruption qui, sous l'invasion du réel comme en-trop, laisse être l'ordre comme ordre mort. Le trop-de-réel y interrompt le battement autour de la place vide, par obstruction, quand le courage opère, lui, par dérèglement.

On peut dire que l'angoisse désigne le moment où le réel *tue* le symbolique, plutôt qu'il ne le scinde.

Dès lors la subjectivation bloque la règle sans en annuler l'espace. Cet espace paralysé fait du désordre la mort de l'ordre, sous le concept de cet ordre.

Historiquement, l'angoisse existe comme nomination du « vide du pouvoir », cette hantise des politiciens. Ce qui, bien entendu, régit la position de ce vide – comme si la place inoccupable était soudain partout – est l'intolérance au désordre, parce qu'il est retenu, sous la maintenance formelle de la loi, dans la figure (morte) de l'ordre.

Quand vers la fin de Mai 68, le journal *le Monde* prit le grand virage qui le rejetait du côté de la contre-révolution (Beuve-Méry titrait : « Assez! »), il arguait du chaos et transmettait l'angoisse comme appel violent au surmoi gaulliste.

L'angoisse effectue la destruction du sens comme chaos, en sorte que la loi, toujours indivise, brille au lointain de ce qu'elle ne régit plus. L'angoisse maintient l'excès dans l'adhérence topologique. Cet ordre paralysé, la loi ordonne que j'en porte le cadavre entier. L'interruption est *collée* à l'esplace sous des emblèmes funèbres. Au principe de l'angoisse, il y a la production par l'excès d'une question sans réponse (le courage est, lui, une réponse sans question) : « Que me veut-on ? » Mais le lieu où résonne cette question reste, quoique mortellement frappé, l'ordre ancien de la place.

L'angoisse, comme on voit aux émeutes muettes et suicidaires (juin 1848, par exemple), implique dans son effet la mort de la destruction elle-même, la destruction de la destruction. C'est le plus réflexif des concepts du sujet. Il s'agit de cette forme de l'excès par quoi la place *implose*.

2. De là que l'angoisse en appelle au *surmoi*. L'angoisse est cette face inéluctable de la subjectivation qui, prise aux rets de l'ordre mort, en appelle à la maintenance renforcée de la loi. Les freudiens nommeront ici la pratique angoissée de l'autopunition. L'excès est ce que l'angoisse *est* dans l'intolérance à son être. C'est l'excès entravé par son propre principe : l'adhérence topologique. Sacrifier l'excès à la restauration de la place, ordonne la subjectivation au procès subjectif conservateur : le surmoi. Cette corrélation définit le brin ψ de la torsade subjective.

Qu'est-ce que le procès de type surmoi ? Figure de la consistance, il remet en place l'excès *en le distribuant partout sur les places*. Le surmoi est le structural de l'excès. Par lui s'effectue l'algébrisation du topologique, comme si, gonflé d'angoisse subjectivante, le lieu se recomposait sur lui-même dans la prescription terrorisante du placement.

De fait, le surmoi est le procès subjectif de la terreur. La description de Hegel, rapportée implicitement à la terreur robespierriste, peut ici nous suffire, qui articule :
- la « destruction de l'organisation réelle »;
- l'ordre indifférent de la mort;
- l'universalité de l'excès, qui fait de chacun, à sa place, un suspect.

On y voit comment la figure féroce de la loi, son essence de non-loi, est, dans l'effet de surmoi, délivrée, omniprésente :

> Maintenant qu'elle (l'universalité) en a fini avec la destruction de l'organisation réelle et subsiste seulement pour soi, c'est là son unique objet – un objet qui n'a plus aucun autre contenu, possession ou être-là, aucune autre extension extérieure; mais cet objet est seulement le savoir de soi, comme Soi singulier absolument pur et libre. (...)

> L'unique œuvre et opération de la liberté universelle est donc la *mort*, et, plus exactement, *une mort* qui n'a aucune portée intérieure, qui n'accomplit rien, car ce qui est nié c'est le point vide de contenu, le point du Soi absolument libre. C'est ainsi la mort la plus froide et la plus plate, sans plus de signification que de trancher une tête de chou ou d'engloutir une gorgée d'eau.
> C'est dans la platitude de cette syllabe sans expression que réside la sagesse du gouvernement, l'entendement de la volonté universelle, son accomplissement. (...)
> Si la volonté universelle s'en tient à l'action effective du gouvernement comme au crime qu'il commet contre elle, alors le gouvernement, par contre, n'a rien de déterminé ou d'extérieur par où la faute de la volonté opposée à lui se manifesterait, car en face de lui, comme la volonté universelle *effective*, il n'y a que la volonté pure ineffective, l'*intention*. *Être suspect* se substitue à être *coupable*, ou en a la signification et l'effet; et la réaction externe contre cette effectivité qui réside dans l'intérieur simple de l'intention consiste dans la destruction brutale de ce Soi dans l'élément de l'être duquel on ne peut rien enlever d'autre que son être même (*Ph. E,* II, 135-137).

La férocité *placée* extermine les intentions sans égard pour les faits. Il suffit d'être pour être jugé de trop. De là qu'il est futile d'examiner la terreur à partir de l'objectivité divisible des actes. C'est au contraire de l'impuissance de l'angoisse à effectuer la division, qu'il faut partir.

Retenons, du texte impeccable de Hegel (lequel du reste ne juge pas : la terreur est un moment obligé du devenir de la conscience-de-soi), que la terreur est un phénomène du sujet, et non de l'État. Le « gouvernement » n'est que le mode d'être de l'universel (soit, pour nous, de l'universalité de l'excès distribué dans l'empire mort entier des places). Ceci veut dire que la terreur est une modalité de la politique et non le produit mécanique de l'État moderne. Si vous voulez comprendre et interdire le Goulag, attaquez-vous à la politique de Staline, caractérisée comme détermination subjective rationnelle. L'idée inverse, qui veut déterminer la politique de Staline, voire la politique marxiste en général, à partir du Goulag, ne mène à rien qu'au moralisme vulgaire.

Or le grave inconvénient du moralisme vulgaire est son impuissance. Qui veut en finir avec le Goulag et la terreur, doit suivre le chemin marxiste du sujet politique, dont la terreur est un état dialectique, une figure proprement restauratrice. La protestation morale prépare en vérité la *répétition* de la terreur.

L'essence de la terreur est politique. Il faut comprendre l'État terroriste à partir de la consistance subjective d'une politique, renvoyée à sa racine : la subjectivation, l'angoisse soviétique, l'angoisse de la guerre civile et de la NEP. Il faut penser l'État à partir de la terreur, et non la terreur à partir de l'État.

La dénonciation du caractère répressif et sanglant d'une politique *n'est pas* la critique réelle de cette politique, ni ne permet, jamais, d'en finir avec elle.

Nous, marxistes, sommes les seuls antistaliniens conséquents et efficaces, parce que nous sommes les seuls à pénétrer, pour la refondre, la politique de Staline. Nous redoutons les « antistaliniens » vulgaires, non parce qu'ils crient contre les camps et les tortures – ils ont bien raison –, mais parce qu'ils organisent, sous les thèmes inopérants de l'objectivité étatique ou de l'« idéologie totalitaire » la faiblesse devant la logique subjective de la terreur. Oui, nous redoutons leur faiblesse politique, leur acquiescement involontaire, quoique inversé, à l'angoisse restauratrice, à la corrélation ψ, dont ils ne désignent pas l'inhérence subjective, la profonde force politique.

3. *Le courage* est au même point que l'angoisse. Il est ce qui bascule dans l'excès. Il se soutient toutefois de la division de la loi, d'un pari sur le réel, en sorte qu'il effectue le désordre comme ordre du sens. L'empire du courage est la vie excessive. Son corrélat réactif est l'ordre mort dont l'angoisse est chargée.

Le courage effectue l'interruption de la loi morte au profit de l'excès, divisant ainsi la prescription de la place par l'investissement *complet* de ses voisinages. Tout courage revient à passer par où il n'était antérieurement pas visible que quiconque puisse trouver un passage.

Franchir la menace de mort, laquelle n'a jamais d'autre sens que le « n'être-plus-à-sa-place », devient la nouvelle loi, qui fait vie de la mort même.

L'angoisse est dé-sens, supportée par l'esplace subsistant pour une loi bloquée.

Le courage est in-dé-sens, supporté par l'excès sous une loi scindée.

Vous voulez une règle simple quand l'angoisse vous ronge ? Cherchez l'acte courageux devant lequel vous renâclez, le réel que vous croyez impossible et qui est réel de cela même. Cherchez votre indécence du moment. Sa précision vous surprendra, et l'angoisse est ici ce qui vous guide vers la vérité.

Tout cela est excellemment dit dans le roman de Stephan Crane, *la Conquête du courage*. Véritable manuel de la subjectivation anonyme où l'unité des contraires de l'angoisse et du courage produit littéralement le sujet, au double sens du héros et du sujet du livre.

> Il se découvrit le pouvoir de contempler d'un regard de juge la camelote criarde de ses idées de naguère et sa joie fut grande de savoir qu'il les méprisait.
> Cette conviction s'accompagna de quelque assurance. Il se sentit un aplomb calme, sans fausse assertion de soi, mais nourri d'un sang généreux et vivifiant. Il sut qu'il ne tremblerait plus au geste de ses guides lui désignant une voie, quelle qu'elle dût être. Il était allé toucher du doigt la grande Mort. Désormais, il était un homme : il avait conquis le courage! (...)
> Le jeune homme souriait, car il voyait que le monde était un monde à sa taille, bien qu'à d'autres il apparût fait de jurons et de béquilles. Il s'était purgé du rouge écœurement de la mêlée. Le sombre cauchemar s'envolait derrière lui, dans le passé. Certes, il avait été un animal, une bête endolorie et trempée de sueurs, sous le souffle brûlant et l'angoisse de la bataille. Il se tournait maintenant, avec un désir d'amant, vers l'image des ciels paisibles, des verdoyantes prairies, des frais ruisseaux, vers une existence de paix éternelle et douce.
> Par delà le fleuve, un rayon d'or perça la cohorte des lourds nuages de pluie (S. Crane, *La Conquête du courage,* Livre de poche, 185-186).

On ne saurait mieux dire par quel appariement à l'angoisse le courage, brèche pratiquée dans l'inaperçu, ouvre à la dissipation sereine, justicière, de la loi.

Le courage nomme la cause absente qu'obstrue le réel sous le dégagement d'une division du lieu. Cette division *éprouve* la loi, au lieu d'en appeler à sa restauration.

4. *La justice,* consistance pour la hâte de la cause, revient à relativiser la loi, quand le surmoi l'absolutise. L'effet de recomposition est cette fois sous la maxime : « Toujours plus de réel, et moins de loi. » Si dans le surmoi, la non-loi n'est que la barbarie universelle de la loi, dans la justice elle est corrosion de la loi même. Elle est principe subjectif du dépérissement du droit.

Le ressort actif de la justice, à l'inverse du surmoi, est la topologisation de l'algèbre. Le voisinage se subordonne l'élémentaire. La justice, c'est *le flou des places,* le contraire, donc, de la juste place.

La justice rétroagit – corrélation α – par légitimation *approximative* du courage, quand le surmoi – corrélation ψ – désigne les *rigueurs* de l'angoisse.

La division du procès subjectif se fait selon la distribution de l'excès, soit du côté de l'ordre, à l'intérieur de chaque place, soit du côté de sa résiliation comme processus continu.

L'indécidable est que ce « soit... soit » fait une tresse, et non une alternance ni une simple coexistence.

Le surmoi est la face restauratrice de la recomposition (ce qui ne veut pas dire répétitive. Staline n'est pas le tsar, ni Robespierre Louis XI). La justice est la face instauratrice.

Mais toute instauration restaure.

Avouez que voilà une excursion phénoménologique plaisante. Doublez-la, je vous prie, des froids mathèmes qui en donnent la pensée.

Quoique toujours aveugle, une décision laisse dire après coup l'essence de son indécidabilité.

11 mai 1979

Diagonales de l'imaginaire.

Horizontales, verticales : diagonales ? - L'imaginaire comme saturation de la statique du sujet. - Exemples de diagonales. - Dogmatisme et scepticisme. - Brièveté de l'imaginaire. - Souvenir, souvenir ! Que me veux-tu ?

1

Revenons un peu sur la statique du sujet.

Nous avons établi les corrélations *horizontales :* angoisse-courage est la scission subjectivante, surmoi-justice la contradiction du procès subjectif.

Nous avons établi les corrélations *verticales :* angoisse-surmoi définit le brin ψ de la torsade, courage-justice son brin α.

Nous avons posé la butée-interruption de ces deux liens : le corps, ὑποκείμενον général de l'effet-sujet, porteur de l'indécidable.

Y a-t-il des corrélations *diagonales ?* Que signifient les couples courage-surmoi et angoisse-justice ?

Une statique qui comporte tous les systèmes de liaison sera dite saturée. Le schéma du sujet est-il saturé ?

Je réponds aussitôt : Oui. *Ce qui sature la statique du sujet n'est rien d'autre que l'imaginaire.*

Les diagonales figurent les deux grandes fonctions imaginaires – qui sont aussi le concept formel des idéologies : la fonction dogmatique et la fonction sceptique.

Que la saturation diagonale soit la définition même de l'imaginaire est dans le droit fil de l'enseignement de Lacan, comme dans la légitime descendance de la théorie marxiste de l'idéologie.

Quand Thomas Münzer incendie les campagnes allemandes sous un propos égalitaire communiste, il subjective courageusement, sur fond de mort, et en appelle à la justice.

Quand il nomme son courage de la conviction absolue où il tient que le Christ veut l'accomplissement de ce dessein, il articule imaginairement la bravoure révoltée sur le surmoi dont l'allégorie est le « royaume de Dieu ».

Quand les gardes rouges de Pékin attaquent la nouvelle bourgeoisie bureaucratique, pour l'effectuation d'un programme communiste, ils sont tressés de l'α, sinon qu'à invoquer comme garantie l'« autorité absolue de la pensée de Mao Tsé-toung », ils suturent idéologiquement au ψ.

Quand l'établissement de la démocratie de masse, actualité immédiate du communisme politique, s'accompagne de prosopopées terroristes contre les « espions » et les « traîtres », c'est que la précarité de la loi, telle que l'instaure le processus de type justice, expose aussitôt à l'angoisse, pour quoi la parade est l'enflure imaginaire du risque, comme fixation d'un réel dont le flou des places suscite le trop-plein.

Quand les communismes utopiques, figures idéales de la non-loi, s'accompagnent, comme on voit chez Fourier, d'un infini détail des prescriptions et des devoirs, régentant de façon combinatoire le tout des passions et ne laissant en vérité le loisir d'aucun voisinage, c'est qu'il convient de colmater la béance, supposée générale, de la règle, par la déduction stricte de *tout le réel.*

L'imaginaire est ainsi ce qui fait connexion *entre* les brins α et ψ, nommant dans l'idéal l'incessante inversion pratique de leurs dominances respectives. L'imaginaire est ce qui fait du semblable et du semblant entre le manque et l'excès.

Par l'imaginaire, le courage *évoque* le surmoi dans le temps même où il *convoque* la justice. L'imaginaire pare à l'angoisse, du point d'où s'infère la justice et qu'induit le courage.

Parce qu'il fait suture diagonale des brins du sujet, l'imaginaire calcule cet inexistant qu'est l'identité à soi-même. Reprenez mes exemples, vous verrez qu'à chaque fois, c'est de conforter le courage (via le surmoi) ou la justice (via l'angoisse) d'un principe fixe d'identité que s'assure la prise imaginaire, qu'il s'agisse de la loi de Dieu, du culte de Mao ou de la manie utopique.

Les diagonales produisent du « moi », produisent du semblable, ce qui est la fiction féconde d'une union ψ-α, par où le sujet se dérobe la division qui le fait être.

Lacan se félicite à juste titre du « coin que nous introduisons en remettant à sa place l'évidence trompeuse que l'identité à soi-même qui se suppose dans le sentiment commun du *moi* aurait quoi que ce soit à voir avec une prétendue instance du réel » (*E*, 69).

Ce « coin » n'est autre que la distinction statique entre la connexion horizontale (conceptuelle) et la connexion verticale (réelle) d'une part, la connexion diagonale (idéologico-imaginaire) de l'autre.

L'imaginaire, induit par la commutation de la dominance entre manque et excès dans la torsade subjective, représente fallacieusement l'indécidable comme depuis toujours décidé.

Soit (dogmatique) qu'il y ait surplomb légal inentamé sur le courage, soit (sceptique) que la non-loi de la justice ne représente que l'éternelle indécidabilité de la loi.

L'imaginaire a deux maximes : « Garanti par l'autre, je peux et je dois tout. » – « Comme il n'y a pas d'autre, je ne peux et je ne dois rien. »

Dans tous les cas, c'est le règne de la morale, qui est le contraire propre de l'éthique.

Hélas, nous sommes tous extrêmement moraux. Nul ne peut se soustraire à la saturation.

2

Le courage se soutient imaginairement d'un point fixe, par quoi la recomposition (en justice) s'anticipe dans son contraire surmoïque. L'assemblée insurrectionnelle effectue une scission évasive de la loi, mais aussitôt il n'y a que traîtres à exécuter.

Sartre a bien vu ce point dans *Critique de la raison dialectique*, quand il génère à partir du groupe en fusion (qui du reste serait plutôt registrable au ψ de la subjectivation angoissée) le groupe assermenté, où règne la fraternité-terreur. L'inconvénient est d'avoir présenté comme figures successives du phénomène ce qui est la coexistence de ses liaisons, verticales et diagonales, et d'avoir ainsi manqué le point où l'imaginaire se disjoint du réel. C'est que Sartre tient sur une conception *simple* du sujet. Il en énumère les brins, sans pouvoir en penser la tresse.

En vérité, le travail phénoménal de la terreur dans la démocratie de masse est ce par quoi l'absolu imaginaire de la conviction algébrise le courage, dont l'essence est topologique. Bien que vous basculiez selon des voisinages objectifs, mais inconnus, et suiviez la ressource immanente de l'excès, vous posez, Chinois, que tout résulte de la « dernière directive du président Mao », à laquelle il convient d'obéir mécaniquement, ou, Iranien, que Dieu procède par votre modeste entremise à l'expulsion du Satan-Shah.

Cette diagonale inévitable dogmatise le courage. Le corrélat d'angoisse s'y trouve médié par la parade, à quoi de toute façon il en appelle, d'une anticipation surmoïque. L'angoisse requiert l'excès *sur place* de la terreur, et ce requisit est le réel de la corrélation ψ. Le courage excipe d'une dogmatique idéale, diagonale imaginaire qui assure, au même point, que le courage s'expose au réel sans détruire la destruction.

Symétriquement, le procès de justice, qui est affaiblissement de la loi au profit du réel, génère une essentielle incertitude sur le placement subjectif. Fidélité précaire à la subjectivation courageuse, la justice est, par excellence, ce qui angoisse quant aux vertus de la règle pour parer au réel. La justice n'est nullement la procédure de la sérénité. Bien plutôt induit-elle le « tout s'en va vers la mer » de l'Ecclésiaste, l'imaginaire chaotique du dé-sens.

La justice est escortée d'une vacillation des certitudes, où le flou des places s'étaye imaginairement sur sa propre éternité. « Il n'y a jamais eu de règle », telle est la fiction diagonale contrariante par quoi la justice pare aux pulsions restauratrices dont l'angoisse est le pôle.

Chacun s'entend à surcoder idéalement la justice, à régler la non-loi future, à nommer indéfiniment, depuis le fond des âges, ce qui sera quand tous les lieux connus de nomination auront été successivement mis à mal. C'est que chacun doute *essentiellement* de l'autonomie réelle de la justice. Chacun combine la diagonale dogmatique du point fixe, garantie venue du futur, à la diagonale sceptique du désordre, garantie venue du passé.

Il faut toute la cohérente bravoure des Marx et des Mao pour refuser de légiférer sur le communisme autrement que du point réel de la subjectivité politique. Il faut toute la rigueur de Lacan pour ne jamais argumenter à partir d'un cas de guérison.

3

J'avoue, parvenu à ce point, mon peu de goût à poursuivre. En dépit de sa légende, rien de plus structural, et en dernier ressort de plus pauvre, que l'imaginaire. Rien non plus d'aussi évidemment nécessaire. Je comprends la tentation d'en parcourir jusqu'à plus soif les archétypes, qui sont ceux du bonheur et du malheur, parés des métaphores de la nature. D'un côté le registre de sa splendeur immanente, pour confirmer qu'il y a (mais il n'y a pas) de la Toute-Puissance. De l'autre, celui de son indifférence anarchique, pour établir que nous sommes jetés sur la terre sans feu ni lieu (mais il y a toujours Lieu, et, Hölderlin, Feu).

Pascal a fait le tour de la question, avec sa misère et sa grandeur. Dialecticien, il cherche le point divisible d'où cette alternance des représentations disparaît au profit du pur réel du sujet (chrétien, est le nom d'un tel sujet). Ce point s'avère *inexister en Dieu* (car se contenter, comme fait Descartes, de son existence, n'est qu'idolâtrie) et *excéder dans le Texte* (car ce n'est qu'à une lecture topologique des Testaments, résolvant la lettre dans ce qui la déborde en figures, que se découvre que ces Écritures font exception au monde).

La Sainte Bible est la trace excédentaire pour le Dieu qui fait défaut.

Il est particulièrement commode d'établir, pour le chrétien selon Pascal, son nœud d'angoisse (voyez le « mystère de Jésus » : « Il souffre cette peine et cet abandon dans l'horreur de la nuit », de surmoi (Dieu est incontestablement terreur), de justice (l'ordre de la Charité dissout dans la grâce toutes les règles mondaines du lieu) et de courage (il faut parier, contre le divertissement).

Misère et grandeur sont les diagonales où Pascal reconnaît exactement l'imaginaire sceptique et l'enflure stoïcienne. De là qu'il convient de s'entretenir avec Monsieur de Saci sur Épictète et Montaigne. La dissipation des imaginaires unilatéraux de la morale introduit négativement à la dialectique du sujet.

La théorie marxiste de l'idéologie se ressent de l'imparable maigreur des diagonales. Que trouver à redire, sinon leur évidence d'empoissage de la tresse, aux formulations séparées de la « condition humaine », dogmatiquement exaltée dans sa puissance d'absolu (art et religion), sceptiquement acculée à sa carence et à l'inévitabilité de la mort ? Montrer que tout ça nous colle et prend le biais d'une négation transcendante de la lutte des classes ne va pas plus loin qu'un constat d'huissier matérialiste.

Le « monde renversé » n'alimente chez moi que la passion de sa droiture.

En même temps, j'avoue que la contrainte imaginaire, une fois reconnue dans son principe, ne me paraît appeler aucune posture scandalisée. Même le fameux « culte de la personnalité », dans sa corrélation manifeste aux angoisses obliques de la bravoure justicière, me semble plutôt ressortir de l'inévitable présomption de l'Un que des infamies dictatoriales, lesquelles passent par la réalité, et s'accommodent au besoin de la médiocrité d'image la plus complète. Personne n'a jamais eu besoin du culte de Guy Mollet pour consentir massivement, pendant la guerre d'Algérie, au massacre d'un million d'Algériens, avec tortures et camps, horreurs d'autant plus patentes que, à la différence de l'entreprise stalinienne, d'où est au moins sortie une Russie gigantesque, elles n'allaient servir qu'à retarder de six ou sept ans l'inévitable indépendance, et qu'ainsi on massacrait, rigoureusement, pour rien.

J'ai certainement participé au « culte de Mao », biais par lequel, avec des millions d'autres, j'ai figuré le point fixe auquel repérer le basculement du courage et la transformation complète de mon existence pratique et de mes convictions dans la deuxième moitié des années soixante et les premières années soixante-dix – grandes années s'il en fut. J'en connais rétrospectivement les aspects ridicules, les irréalités que la trajectoire subjective en quoi ce culte faisait diagonale me permet, exposé au réel, de désigner clairement. Mais j'avoue n'avoir nul remords d'y être passé, ni même de nourrir, quand je me souviens de cette époque, une incœrcible nostalgie. Après tout, les intellectuels dits de gauche étaient autrement vigoureux et novateurs sous Staline qu'ils ne le sont dans le rabougrissement provincial de leurs petits sentiments et de leurs coutumes banales. Je ne suis preneur ni de la revanche posthume de Camus sur Sartre, ni de l'éloge immodéré de Raymond Aron, du chef qu'il se serait « moins trompé », ce à quoi en effet on parvient sans peine quand on ne prend pas d'autres risques que de suivre la pédagogie du monde comme il va. Les gauchistes de l'après-68, je les vois moins, comme ils le prétendent aujourd'hui, victimes d'une illusion dévastatrice, que portés au-delà d'eux-mêmes par l'histoire, d'où s'inféraient des images, conséquences unifiantes, et non

Est-ce à dire qu'il faille louer le poème de l'imaginaire ? Non certes. On voit assez que je ne l'honore, diagonale insensée du dé-sens, ou déréliction de l'ab-sens au lieu de l'in-de-sens, qu'à partir de ce qui le supporte dans le sujet comme processus effectif.

Même la poésie, contrairement à ce qui en traîne d'explications académiques, s'alimente au topologique de la langue, et non à l'imaginaire. C'est une directive de Mallarmé :

> C'est de nos vrais bosquets déjà tout le séjour
> Où le poète pur a pour geste humble et large
> De l'interdire au rêve, ennemi de sa charge.

N'interdisons pas, mais résumons :

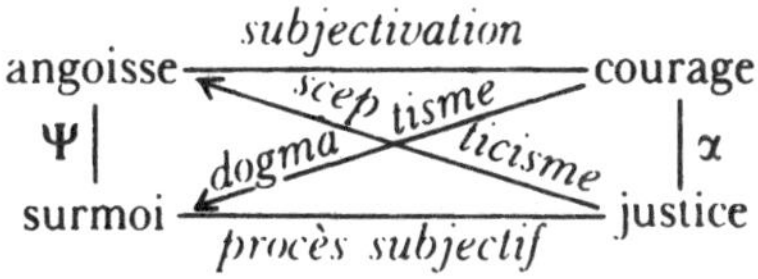

Saturée, la statique du sujet n'attend plus que son élan.

C'est la fameuse pichenette de Dieu pour la mise en branle du mécanisme. Dieu, c'est moi. Moderne autant qu'on peut l'être, je me contenterai d'un propos d'ingénieur.

18 mai 1979

Schéma.

Infaisable. - Le subjectif formel. - Ponctualité. - Axe d'abolition. - Parcours. - Action, réaction, stabilisation. - L'escargot.

1

La figuration du sujet comme indécidable se donne dans l'impossibilité de son schéma. La tâche ici entreprise est donc impossible. Le dessin que nous allons tracer doit s'interpréter à partir de ses rabattements et de ses points limites. Il organise des symptômes pour l'inschématisable.

Ni la rupture qualitative, dont l'opération est pratique, ni la contradiction, dont les termes n'ont pas d'unité de plan, ne peuvent faire image.

Il n'y a pas de géométrie de la dialectique.

Lacan achève son discours comme dessinateur d'un schéma impossible. Il indique, sans parler, le point où le réel ne peut faire point.

2

Soit d'abord l'esplace, lieu d'advenir horlieu du sujet. La limite de la distribution des places y est fixée par la place vide, la place inoccupable, étayage structural du horlieu.

Comment figurer la place inoccupable ? Nous l'indiquerons obliquement par un trou.

Nous partons donc d'un plan troué, où déjà nous manquons l'essentiel : que le trou est une place, vide, donc un point comme les autres, dissipé parmi les autres, si ce n'est qu'il manque-à-sa-place.

Mais comment représenter que le sujet, en position d'exclusion interne, vacille « autour » de la place vide, qu'il in-occupe ? Nous n'aurons là qu'une approximation grossière. Pour désigner que l'occupation de la place vide est un mouvement structural, le battement, l'éclipse, il nous faut avoir de quoi schématiser que « quelque chose » de l'esplace occupe et n'occupe pas, remplit et ne remplit pas, le trou dans le plan.

Je m'arrête à la solution d'un vecteur, sans origine, orienté vers la place vide. Cette polarisation vectorielle, prise à sa limite, fait l'un de l'occupation (c'est le trou qui régit l'orientation) et de l'inoccupation (le vecteur ne bouche pas le vide).

Notre deuxième tâche est d'entrer en topologie par la schématisation de l'excès, la visualisation du horlieu. Il nous faut quelque chose qui ne soit ni pure appartenance à l'esplace ni simple occupation du vide, mais qui fasse voisinage des deux et s'arrime ainsi au structural du sujet.

Je le fixe par une angulation qui, d'introduire outre le plan l'espace, symbolise ce qu'il y a d'arrachement destructeur dans l'excès, destructeur de l'unité de plan, en même temps que, se tenant à l'aplomb du vecteur, elle reste structurée par le battement dont elle interrompt la platitude vacillante.

Ce dispositif d'encadrement mérite d'être appelé le *subjectif formel*.

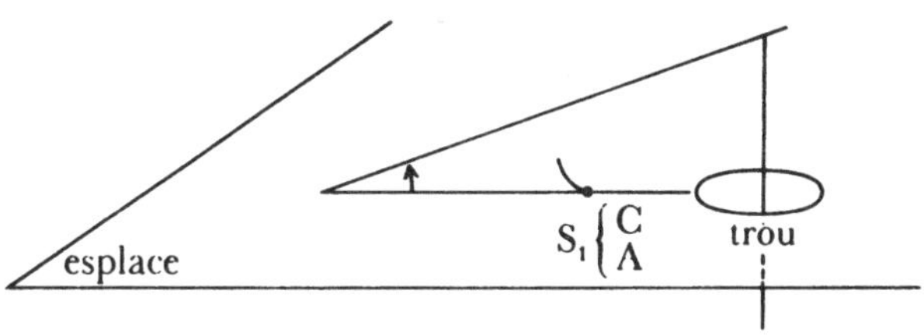

Le subjectif formel combine, dans un processus unique, le mouvement vectoriel polarisé sur le vide et l'angulation qui le soustrait à l'esplace.

Une *position subjective* est un point S_1 pris dans la vectorialisation (placé, par conséquent, en même temps qu'exclu, de ce que c'est au regard de la place vide qu'il se meut), et également support d'un écart d'angle différentiel, au voisinage spatial de S_1 (et donc en excès d'interruption sur le battement qui le porte vers l'in-occupation du trou).

Ce point S_1 est subjectivant, unité minimale du battement et de l'interruption, de l'appartenance algébrique et de l'écart d'adhérence topologique.

Qu'il soit soumis à l'attraction structurale se désigne de l'angoisse, A, où c'est de ce qui dans l'excès risque de le *priver du manque* qu'il en appelle à l'esplace. Qu'il soit effectivement répulsion excessive et privation de la polarité du manque s'inscrit C, le courage.

S_1, pris dans la double astreinte du vecteur et de l'angle, se scinde au même point en A et C, l'un en quelque sorte « vers le bas », l'autre « vers le haut ».

3

Comment figurer le procès subjectif ? L'idée simple est de faire une intégrale de trajectoire, par exemple en poussant, de S_1, jusquà la ligne d'angle supposée borner le subjectif formel (quant à l'excès). Nommons S_1' ce point. Le procès subjectif serait le parcours $S_1 - S_1'$.

La grossièreté de cette hypothèse nécessaire tient à ce que ni la destruction ni surtout la recomposition n'apparaissent clairement.

Comment réparer cette défaillance dialectique ? La recomposition, c'est un nouvel esplace. Pour faire image de ce que c'est du procès subjectif que procède la recomposition, nous allons disposer, en position d'avenir formel du trajet, donc à partir de l'achèvement du cycle, un axe de recomposition, avec sa place vide propre à l'aplomb de la précédente. Le premier axe d'angle, tenu pour maximal de l'excès, se présente alors comme axe de destruction. La dualité de ces axes, unifiée par leur étayage commun dans la première vectorialisation, symbolise, au niveau de l'encadrement formel, que le sujet est procès de destruction-recomposition.

Pour placer surmoi et justice, nous nous donnons, en repère limite de toute destruction concevable, un axe vertical, bien nommé axe d'abolition, incluant le repoussé à l'infini de la place vide. Axe selon quoi il n'y aurait plus que du réel, et pas de loi. Axe du

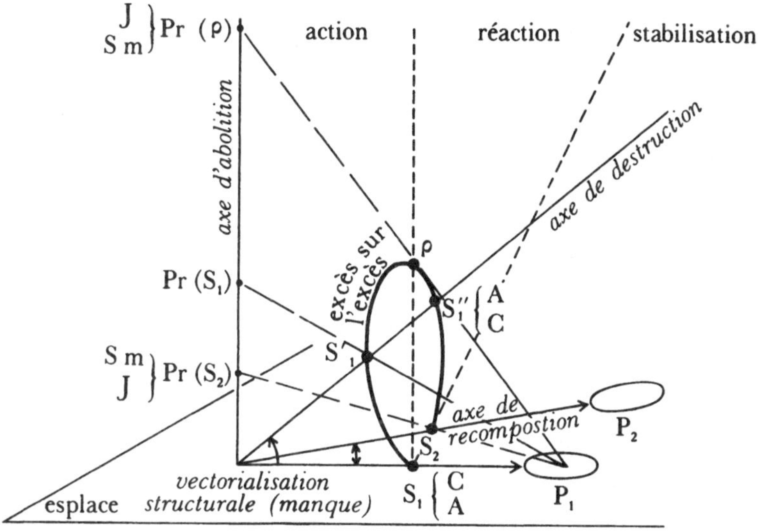

courage surhumain, de l'angoisse intolérable, de la justice intégrale et du surmoi mort.

Le repérage conceptuel du procès subjectif se fera, à partir de la place vide, par projection sur l'axe d'abolition d'une position subjective. Le point de projection donne en quelque sorte mesure relative du trajet. Là encore, il est doublement défini : par l'origine esplacée de la projection, ce qui est sa dimension surmoïque; par l'axe d'abolition lui-même, qui supporte sa dimension de justice.

4

Qu'est-ce qu'un procès-sujet ? Suivons-en les tronçons.

L'élan destructeur donné dans la différentielle A/C porte l'excès de S_1 jusqu'à S'_1, et en vérité au-delà, dans ce fragment de la courbe que nous nommerons l'*excès sur l'excès,* entre S'_1 et S''_1, et qui est en quelque sorte l'inévitable occurrence gauchiste de toute tresse subjective, moment où la destruction renchérit sur sa propre forme structurale, sur son assignation angulaire à l'esplace, comme prise dans un vertige d'abolition – dont le thème angoissé exige qu'on se jette dans le brasier du monde.

Au point **ρ**, limite extrême de ce que le courage peut supporter d'exposition au réel, et maximum d'altitude pour la projection J/Sm, s'amorce une « descente », repérable en S_1'', du fait que l'angoisse y prend le pas sur le courage, l'attraction sur la répulsion. C'est ce qu'on peut nommer le moment de la subjectivation régressive. Corrélativement, les projections donnent mesure de ce que l'instance surmoïque prend le pas sur la « montée » justicière.

En S_2, enfin, il y a point d'arrêt sur une vectorialisation recomposante, ordonnée au manque.

Si de S_1 on trace ce qui le connecte à **ρ**, point maximal de l'excès, et à S_2, point d'arrêt ou l'excès se résout dans l'immanence partitive, on découpe trois zones, dans l'angle droit de l'abolition et de la conservation. A gauche, la zone de l'*action,* réglée par le primat du courage et la verticalisation croissante de la projection J/Sm. Au milieu, corrélative de la subjectivation régressive, la *réaction,* où A l'emporte sur C, et où le point J/Sm redescend. A droite, la *stabilisation.* Vous comprendrez qu'il s'agit là de trois moments simultanés de toute donnée subjective. L'espace, supériorité sur le temps, nous dit cette coexistence.

Vous pouvez évidemment poursuivre :

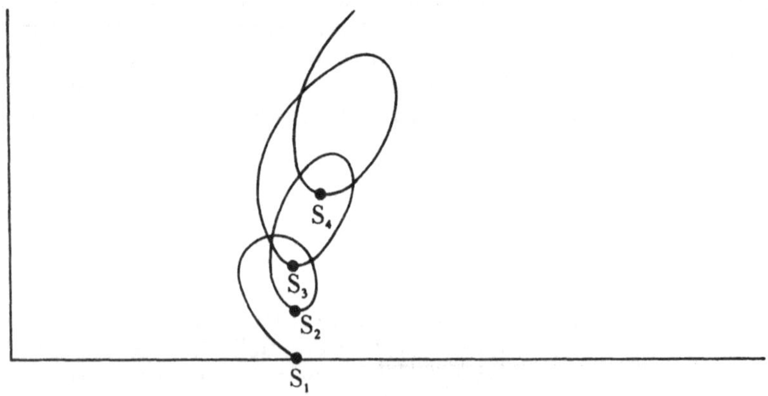

Vous avez là tout l'escargot démontable de la périodisation.

25 mai 1979

L'éthique comme dissipation des paradoxes de l'esprit de parti.

Derechef Antigone. - L'éthique est reste de la politique. - Logique de la décision non calculable. - Céder ou être. - Les procès de Moscou. - L'esprit de parti.

1

De Hegel à Lacan, la référence de l'éthique est sophocléenne. Qui est Antigone ? Voilà la question.

Vous imaginez bien que je ne vais pas vous dire : pour nous, marxistes, Antigone est l'expression de forces sociales archaïques. Contre le droit de la Cité, dont le despotisme est laïque, ces forces en appellent au vieux droit non écrit du sang et de la famille. Ça vous ferait une belle jambe. Vous tiendriez là ce genre de vérités marxistes – car c'est vrai – grâce auquel nous sommes tombés en dessous de l'intelligence historienne bourgeoise, sans gagner un iota du côté de l'énergie de rupture.

Une autre formulation de ce point est la suivante : il n'y a pas d'éthique marxiste. Il y a tout au plus une éthique du marxisme, rétrospectivement désignable comme principe pratique sous-jacent au calcul politique rationnel.

L'éthique est du côté de ce qui, dans le primat de la pratique, fait reste pour l'impossible exhaustion théorique. Une fois réfléchies, en vue de l'autre étape, les avancées et les carences des communards ou des gardes rouges, reste qu'ils sont inconditionnellement la vertu de tout récit historique, la décision inoubliable.

Il y a deux axiomes de Hegel sur lesquels s'appuyer :

- « L'ordre éthique consiste essentiellement dans la décision immédiate » (*Ph. E,* II, 32).

- « Le droit absolu de la conscience éthique est que l'opération de son effectivité ne soit pas autre que ce qu'elle sait » (*Id.*, 34).

L'éthique concerne la décision dans son absoluité pratique, ininférable d'autre chose que de sa contemporanéité au savoir disponible. L'éthique fait discours de ce qui ne peut se retarder ni attendre. Elle fait avec ce qu'il y a.

Où nous retrouvons, mise en texte, la fonction subjective de la hâte.

L'éthique touche essentiellement à l'indécidabilité du sujet. Même quand – c'est tout le but des sagesses – elle argumente de ce que cet indécidable se ramène au pur consentement.

Qu'elle soit ainsi la logique de la décision non calculable fait pour Hegel l'infériorité de l'éthique *(Sittlichkeit)* par rapport à la moralité *(Moralität)*, laquelle se dispose dans l'élément de la réflexion.

En la matière, nous renverserons Hegel. La moralité est en effet calculable, étant prise dans ce qui, de l'esplace, règle la dissipation du procès subjectif, sa réduction à l'état de trace. Sans arguer d'une supériorité, nous poserons notre intérêt pour l'éthique, car nous savons le prix de ce qui conduit Villiers de l'Isle-Adam et Rimbaud, foncièrement apolitiques, à être du côté de la Commune, ou tel paysan bourguignon réactionnaire à fonder un maquis, du seul chef, dit-il, « qu'il faut faire quelque chose ».

Sans ces décisions, il n'y aurait pas même matière à politique.

Ceux qui dans ces circonstances attendent la « réflexion absolue » ont tout le temps, Flaubert ou Gide, d'évaluer avec sérénité les torts des deux partis, et de se dire que Monsieur Thiers ou Pétain, quoique dans des façons discutables, préservent objectivement certaines nécessités, cependant que les autres, assurément rêveurs, exagèrent tout de même en fusillant un brave évêque ou en abattant sans vergogne un officier occupant que d'antiques conventions et de récentes capitulations protègent.

L'éthique est à l'ordre du jour quand la tension subjective n'a d'universalité que dans le renoncement particulier à toute volonté lente d'examiner le tout des choses.

Il est certain que Lacan a raison de ramener l'éthique à la question : « Le sujet a-t-il cédé ? » Pourquoi le verbe « céder » ? Parce qu'il y va, dans une décision, non pas de la qualité du sujet, mais purement et simplement de son être.

Céder signifie disparaître. Rien dès lors n'a eu lieu, que le lieu.

Toute la question politique contemporaine revient à ceci : le prolétariat international de France va-t-il exister ? Une politique rationnelle n'a d'autre objet que d'utiliser les prises subjectivantes pour y soutenir en topologie le procès communiste de cette existence – la consistance de ce qui ex-siste.

On peut aussi bien, faisant reste éthique de la politique, formuler le problème ainsi : est-il nécessaire de céder plus longtemps aux incontestables avantages de l'esplacement syndicalo-parlementaire ?

Que l'existence du sujet se dissipe en non-sens de la loi dès que céder est la maxime, Lacan le dit avec force : « Le désir, ce qui s'appelle le désir, suffit à faire que la vie n'ait pas de sens à faire un lâche » (*E*, 782).

C'est, par son envers, désigner le courage comme le nœud de la question.

On cède toujours pour un bien, le sien propre ou celui des autres. Lacan appelle cela « le service des biens ». Notez que céder pour les autres ne vaut pas mieux que céder pour soi-même. Le contraire de la décision éthique n'est pas la décision égoïste, loin de là. Le contraire propre de l'éthique est la trahison, dont l'essence est de se trahir soi-même : d'inexister dans le service des biens.

Je propose quatre théorèmes :

1. Céder se fait sur la subjectivation au nom du procès subjectif ancien.

2. Le fondement du dispositif conceptuel de l'éthique est la tresse subjective du ψ et de l'α.

3. Céder est nécessaire, car tout sujet inclut le procès ψ. L'éthique est possible, car tout sujet inclut le procès α.

4. Le concept fondamental de l'éthique du marxisme est la confiance.

2

Si le sujet politique est ce que supporte d'indécidable le parti comme corps et si la trahison est le contraire propre de l'éthique, ne peut-on identifier l'éthique à l'esprit de parti ? La figure reconnaissable de celui qui cède serait dès lors le *renégat ;* ce qui, depuis

Judas, est une vieille tentation des appareils où tout sujet politique trouve son ὑποκείμενον

Il est absolument requis, dans cette logique où l'État est la forme adéquate latente de ce qui n'a plus de sujet-parti que l'effet d'être, que l'ennemi politique, voire le simple et universel suspect, soit maintenu violemment dans la place innommable et nulle du traître et de l'espion.

Qu'elle soit innommable, cette place, en témoigne l'incroyable mélasse de métaphores par où le procureur « socialiste » Vychinski veut faire passer qu'elle est un pur néant :

> Notre pays tout entier, jeunes et vieux, attend et réclame une seule chose : que les traîtres et les espions qui vendaient notre patrie à l'ennemi soient fusillés comme des chiens galeux!
> Notre peuple exige une seule chose : que les maudits reptiles soient écrasés!
> Les temps passeront. Les herbes folles et les chardons envahiront les tombes des traîtres exécrés, objet du mépris éternel des hommes soviétiques honnêtes, du peuple soviétique tout entier.
> Et sur nos têtes, sur notre heureux pays, continuera à briller de ses lumineux rayons, notre clair et radieux soleil. Dans la voie débarrassée de la dernière souillure et de la dernière abjection du passé, nous tous, notre peuple, guidés par notre bien aimé chef et maître le grand Staline, nous continuerons à marcher de l'avant, toujours de l'avant, vers le Communisme! » (Cf. *Les Procès de Moscou,* présentation de P. Broué, Julliard, 17).

Dans les procès de Moscou, mise en théâtre du parti comme devenir continu de l'épuration et dévoration sanglante de soi, l'État, Loi sans foi ni loi, s'autoproclame la solaire et intégrale effectuation de la justice communiste, et, jetant le traître dans l'anonymat hors-lieu d'un tombeau évanoui, résout purement et simplement l'éthique dans la terreur.

Dans le moment où l'un des renégats désignés, Boukharine, s'efforce de parer à l'essentiel en s'écartant de son texte obligatoire, voyez comment il substitue au principe éthique, seul capable de justifier le surmoi terroriste, le principe esplacé du calcul, de l'erreur, et donc de la politique.

Vychinski veut absolument que Boukharine se déclare espion anglais ou allemand, car cela seul, excluant l'accusé de toute place dans le lieu étatique, est intolérable du point de vue de l'éthique et légitime une mesure de mort. Boukharine, soumis à quelles violences de tous ordres! et dépourvu d'une subjectivité affirmative de résistant politique, se défend sur ce point précis avec un rare acharnement, allant jusqu'à traiter de provocateurs ceux qui le dénoncent :

> *Vychinski :* Je vous demande si vous avez eu des liaisons avec un organe quelconque de la police?
> *Boukharine :* Aucune liaison avec aucun organe de la police.
> *Vychinski :* Alors pourquoi avez-vous adhéré si facilement au bloc qui se livrait à l'espionnage?
> *Boukharine :* En ce qui concerne l'espionnage, je ne sais absolument rien.
> *Vychinski :* Comment cela, vous ne savez rien?
> *Boukharine :* C'est comme je vous le dis.
> *Vychinski :* Et le bloc, de quoi s'occupait-il?
> *Boukharine :* Il y a eu ici deux déclarations à propos d'espionnage, celle de Charangovitch et celle d'Ivanov, c'est-à-dire de deux provocateurs (*Id.,* 186).

Quand une déclaration extorquée à Khodjaev fait état d'un entretien sur des actions d'espionnage, Boukharine prend appui sur son identité d'intellectuel pour ne pas céder – comme en un certain sens il le fera dans sa déclaration finale avec la fameuse théorie de la double conscience, qui lui permet de capituler en politique sans s'annuler comme sujet :

> *Vychinski :* Un entretien a-t-il eu lieu?
> *Boukharine :* Il a eu lieu; cependant – j'avais bien la tête sur mes épaules – il ne s'ensuit nullement que dans cet entretien j'aie dit ce que prétend ici Khodjaev. Notre premier entretien...
> *Vychinski :* Peu importe que ce soit ou que ce ne soit pas le premier. Vous confirmez qu'un tel entretien a bien eu lieu?
> *Boukharine :* Pas celui-là, mais un autre qui était également clandestin.
> *Vychinski :* Je ne vous interroge pas sur vos entretiens en général, mais sur cet entretien.
> *Boukharine :* Dans la *Logique* de Hegel le terme « ce » est considéré comme le plus difficile...
> *Vychinski :* Je prie la Cour d'expliquer à l'accusé Boukharine qu'il est ici non pas un philosophe, mais un criminel, et qu'il lui convient de s'abstenir de parler de philosophie hégélienne. Cela vaudra mieux avant tout pour la philosophie hégélienne...
> *Boukharine :* Un philosophe peut bien être un criminel.

> *Vychinski :* Oui, c'est-à-dire ceux qui s'imaginent être des philosophes, et qui, en réalité, ne sont que des espions. La philosophie n'a rien à voir ici. Je vous interroge au sujet de cet entretien dont parle ici Khodjaev; vous le confirmez ou vous le niez?
> *Boukharine :* Je ne comprends pas le mot « cet ». Nous avons eu un entretien à la maison de campagne (*Id.,* 187-188).

L'importance symptomatique de ce point, où éthique et politique, dans leur articulation contradictoire, déterminent le statut d'abjection du sujet, est telle que Vychinski finit par opposer expressément les deux termes :

> *Vychinski :* Je serai obligé d'arrêter l'interrogatoire, parce que vous suivez apparemment une certaine tactique et vous ne voulez pas dire la vérité, vous retranchant derrière un flot de paroles, chicanant, vous réfugiant dans le domaine de la politique, de la philosophie, de la théorie, etc., ce qu'il vous faut oublier, une fois pour toutes, étant donné que vous êtes accusé d'espionnage et apparemment, suivant toutes les données de l'instruction, vous êtes agent d'un service d'espionnage (*Id.,* 190).

Ainsi, pour déqualifier Boukharine en tant que sujet, il importe absolument de lui faire *oublier la politique.*

L'ordonnancement des adjectifs officiels accolés pendant la Révolution culturelle à Liu Shao Shi, cible emblématique de la tempête, à savoir : « agent de l'ennemi et traître à la classe ouvrière, valet de l'impérialisme, du révisionnisme moderne et de la réaction kuomintanienne, auteur de crimes innombrables et représentant achevé des responsables engagés dans la voie capitaliste » (*GRCP,* 15) *tressent* avec précision ce qui relève de la politique dans le cadre pensable de la lutte entre les deux voies (révisionnisme moderne, voie capitaliste, à la rigueur trahison à la classe ouvrière) et ce qui fait vigueur du reste purement éthique (agent, impérialisme, espion de Formose, crimes).

Dans tous les cas, il n'est pas suffisant d'accabler l'adversaire du seul chef d'avoir été ce qu'il fallait combattre. Il faut aussi évoquer, en deçà de la division du parti, trahison de ce qui lui tient lieu d'âme, la défaillance éthique innommable. Et si elle n'existe pas, il y a lieu de la créer.

Ce dont ces horreurs plates – et, leur avenir l'a montré, entièrement vaines – nous avertissent, c'est que la reconnaissance formelle de l'éthique comme seul principe possible d'autocondamnation (de là que le théâtre sinistre de Moscou exige l'aveu et l'abjection) se change en son contraire si le contenu politique, dont l'éthique est supposée en posture de reste, se trouve réduit à l'objectivité du parti-État.

Pour en venir vraiment à l'éthique, il faut au moins ne pas céder sur la politique comme processus subjectif, sur la politique communiste. C'est impossible, si dans tous les sens du mot on se *trompe de parti*.

L'esprit de parti peut bien être l'abnégation et l'obéissance, ou, comme dit Staline, la « soumission consciente » et l' « unité de volonté ». Le courage éthique revient à la force de traverser l'angoisse, puisqu'il n'y a là rien d'autre que la capacité à se tenir soi-même pour nul. Qui dira qu'on peut se passer continûment de cette espèce de subjectivation annulante ?

Mais l'esprit de parti est aussi l'inverse. Subordonné à la politique, et non à l'organisation, il exige la participation absolue au mouvement du réel, la détection de la brèche où basculer dans la destruction avant-gardiste. Voyez les directives de la Révolution culturelle à l'égard des cadres :

> Il faut s'en tenir à la ligne qui consiste à venir des masses et à retourner aux masses. Être d'abord l'élève des masses avant de se faire leur professeur. Il faut oser faire la révolution, il faut savoir bien la faire. Il ne faut pas craindre les désordres. Il faut s'opposer à ceux qui, se tenant sur les positions de la bourgeoisie, protègent les droitiers, frappent la gauche, étouffent la Grande Révolution culturelle prolétarienne. Il faut s'opposer à ce que l'on impose aux masses de multiples restrictions tendant à leur lier pieds et poings. Il faut s'opposer à ce qu'on joue les grands seigneurs, à ce que l'on se tienne au-dessus des masses pour les commander à l'aveuglette (Communiqué de la 11e session plénière du Comité central issu du VIIIe congrès du parti communiste chinois, *GRCP,* 182).

Dans de pareilles circonstances, aucune hiérarchie corporelle ne peut vous dispenser de l'épreuve du courage. Si le parti prétend vous en protéger, il convient de devenir à vous seuls le parti. Il faut savoir tenir à son tour le parti pour nul, à seule fin qu'il continue d'exister comme corps d'un sujet. C'est tout le sens de la maxime : « Oser aller à contre-courant », dont au Xe congrès du parti communiste chinois Wang Hong Wen (aujourd'hui en prison...), dans le plus pur style d'Antigone, indique à quel point il faut la prendre au rebours de tout « service des biens » :

> Quand il y va de la ligne, quand c'est la situation dans son ensemble qui est en cause, un vrai communiste doit agir sans aucune considération égoïste et oser aller à contre-courant, sans craindre d'être destitué, exclu du parti, jeté en prison, contraint au divorce ou passé par les armes (Xᵉ Congrès, documents, Pékin, 1973).

Il est clair qu'alors il y va de l'existence du parti lui-même, puisque, à céder, on ne gagnerait que sa désubjectivation étatique, sa résiliation contre-révolutionnaire.

L'éthique du marxisme est la résolution, sur le terrain solide de la théorie du sujet, des paradoxes de l'esprit de parti.

Cette résolution s'accomplit dans la division d'un concept, la confiance, qui détient, selon son point d'application, l'exigence de la discipline et l'inévitabilité de la rébellion.

2 juin 1979

Détour classique.

Le soleil ni la mort. - Apogées et décadences. - Les quatre espèces d'éthiques. - Ce qui s'est passé il y a peu. - Discours. - Confiant ou croyant ?

1

Vous avez nettement, et depuis toujours, deux genres pour l'éthique. Soit vous l'inférez de l'ordre du monde, à quoi le sujet doit convenir, ce qui n'exclut pas qu'il y faille la torsion du converti. Soit vous l'inférez de la volonté subjective, nullement suspendue au possible du monde, ce qui n'exclut pas que le monde puisse ordonner la répétition de ce vouloir.

C'est dire qu'on aborde la question selon l'esplace ou selon le horlieu ; selon la subjectivation ou selon le procès subjectif; selon le possible ou selon l'impossible.

Soit dit en passant : c'est une maxime très prisée des politiciens parlementaires, tout spécialement « de gauche », que celle qui profère que : « La politique est l'art du possible. » Sur aucun point ce qu'il en est de la fonction de classe de la vérité ne m'apparaît aussi nu. Cette maxime est à coup sûr vraie, et même excellente, *pour eux*. Pour ce qui me concerne, je pose expressément que *la politique est l'art de l'impossible.*

La borne extrême de la première tendance éthique affirme qu'une maîtrise intégrale de la connaissance du monde est accessible, en sorte que la juste place du sujet lui est représentable comme son Bien. D'une connaissance absolue procède une réconciliation achevée. Passée la conversion cognitive, le procès subjectif de la sagesse est éternel. On reconnaîtra ici la prise au sérieux de l'axe de verticalisation, où le réel et la loi sont réciprocables sans reste.

Certaines variantes de l'idée communiste s'apparentent à ce thème de l'harmonie, par quoi la justice, désancrée du sujet, devient une catégorie de l'être.

Si toute réserve d'excès se trouve tarie, c'est en vérité que son étayage structural est frappé d'annulation. Car l'essence des sagesses est de poser qu'on peut éliminer le manque. Elles font doctrines d'un espace plein.

A l'autre extrémité du champ éthique, se trouve la thèse que de l'être il n'y a rien à attendre quant au vouloir du sujet. Le monde ne vous propose jamais que la tentation de céder. C'est ce que racontent tous les romans de formation du XIXe siècle : l'infinie subjectivité, éthique ou amoureuse, du jeune homme, doit apprendre son inappropriation radicale à toute objectivité. Pour devenir un personnage placé et convenable, il faut en rabattre. Le romancier est l'historiographe ironique de la trahison de soi-même.

Cette figure ne peut donc soutenir le propos éthique que dans la tragédie du renoncement au monde, dans le procès inaltéré de la subjectivation pure. On reconnaît cette fois la valorisation intrinsèque de l'excès sur l'excès, où il s'agit de se maintenir (le plus souvent dans la mort) sans jamais se laisser redescendre vers la subjectivation régressive et la recomposition.

Il est caractéristique que les métaphores de la première espèce soient diurnes et solaires, comme on le voit chez Platon. On sort de la caverne des ombres, on est ébloui, le jour est en excès sur sa propre lumière. Les métaphores de la seconde espèce sont nocturnes et lunaires. Voyez Wagner, le second acte de *Tristan,* où l'on converse sur le banc du désir des avantages métaphysiques de la mort et de la nuit, tant du moins que le noble cocu ne vient pas introduire dans cette scabreuse unification philosophique le principe symbolique du tiers gêneur, à quoi se dévouent dans l'opéra, entre le ténor et la soprano coupables, tant d'excellentes basses.

Que dans cette nuit toutes les vaches soient noires, comme Hegel l'objectait à Schelling, est précisément une vertu pour qui, transgressant la place prescrite et ne se rapportant qu'à sa différentielle locale, n'a que faire d'un exact discernement des bovidés.

« Le soleil ni la mort ne se peuvent regarder en face », notait La Rochefoucauld, congédiant ainsi les deux éthiques extrêmes. C'est qu'il tenait pour la nihiliste, d'où l'on observe les trois autres éthiques avec une particulière acuité.

La Rochefoucauld a du reste raison de court-circuiter les deux métaphores. Le jour et la nuit sont aux mêmes époques. Les sagesses, comme les dissidences existentielles, se rapportent aux temps d'apogée ou aux temps de crise. Car, si une classe ascendante vigoureuse modèle selon sa force l'histoire et les concepts de sa spéculation, c'est tout naturellement qu'elle hypostasie son vouloir dans l'intégrale affirmation de la sagesse du monde, et ne laisse à ses contestataires que la place du déni général, de la discordance à tout crin. Et si, à l'inverse, on est dans le délabrement sans concept, le pourrissement sur place dont aucun sujet politique nouveau n'est l'exclu interne ou l'excès placé, les tentations contraires de se résigner à un cours des choses supposé nécessaire ou de s'en retrancher absolument communiquent de toutes parts. C'est à quoi s'employèrent quand la cité grecque tomba en quenouille au seul profit des militaires, Macédoniens puis Romains, les écoles contrastées et similaires d'Épicure et des Stoïques.

Reste le cas où, ni bon ni mauvais dans son essence, le monde est ce que le sujet recompose d'un point où l'indécidable subjectif n'exige pas qu'on cède. Qu'il y ait discordance est reconnu comme la condition horlieu de la subjectivation, qu'il y ait processus d'appropriation de la discordance désigne le procès subjectif de la recomposition, qu'il y ait discordance de ce processus connote la subjectivation régressive et ce qu'elle induit de répétition dans le procès subjectif.

La métaphore serait, entre le jour et la nuit, celle du *porteur de feu,* dont l'étoile de Mallarmé est la fixation sans excès. Eschyle en a fait une tragédie : *Prométhée.*

2

Il y a quatre sortes d'éthique.

1. L'éthique de l'éloge, où l'on a sa place dans un monde évaluable.

2. L'éthique de la résignation, où l'on tient sa place dans un monde dévalué.

3. L'éthique de la discordance, où l'on tient le horlieu d'un lieu intrinsèquement dévalué.

4. L'éthique prométhéenne, où l'on pose que la place est à venir dans un monde réévaluable que recompose le feu de l'excès justicier.

Les deux premières sont du tout, les deux dernières du pas-tout. C'est une division dialectique du quadrangle.

Une autre saute aux yeux : l'éthique de l'éloge est optimiste (selon l'être) comme l'est la prométhéenne (selon le processus). Résignation et discordance sont pessimistes.

Il est clair que ces deux postures renvoient aux articulations primitives du sujet, dans un repérage historique qui les met à l'épreuve.

Vous n'auriez aucune peine à soutenir :
- que l'éloge connote la justice, pour autant qu'il s'ordonne à l'axe de la dissipation réelle de la loi, mais a pour limite imaginaire le thème, du reste saturé d'angoisse – voyez nos diagonales – d'une place absolue, d'un esplace réel ;
- que la résignation singularise le surmoi, ordre terrorisant qui n'a nul besoin de se déguiser en valeur pour assigner le sujet à la loi comme non-loi ;
- que la discordance touche à l'angoisse, qui ne sait ce qu'elle touche du réel qu'à travers la perte inconsolée du monde mort ;
- que Prométhée est le personnage qui, défiant les dieux, maintient à vide le devenir du courage.

A partir de quoi on poserait que les deux premiers genres suturent l'éthique au procès subjectif, les deux autres à la subjectivation. Et que la distinction de l'optimisme et du pessimisme ne va qu'à répéter l'entrelacement du brin α et du brin ψ.

Démarche qui aurait pour seul intérêt de nous confirmer que l'éthique est une nomination du sujet comme historiquement effectuée dans la forme du discours.

Il serait fallacieux d'en conclure qu'il existe une éthique du courage, une autre du surmoi, et ainsi de suite. La pente de la structure est trompeuse.

Un sujet n'existe que de faire lien historicisé des quatre concepts. L'éthique est une position dans le champ complet de ses quatre pôles (éloge, discordance, résignation, Prométhée), dont l'un n'est jamais que la voie d'accès aux trois autres.

Ainsi la conjoncture giscardienne – nommons ainsi la déroute politique qui a suivi la déroute des intellectuels après 1976 dernier délai – voit-elle se réouvrir le débat éthique des temps de crise. La résignation s'impose-t-elle, seule et brusque ? Non. Il faut d'abord voir que, issue des années 1966-1973, subsiste une référence prométhéenne, dont le déni est constitutif de la conjoncture. La « critique du militantisme », la réfutation du marxisme, l'attaque contre les « discours de maîtrise » sont les points de passage obligés, et souvent l'unique substance, de la remise en selle des morales et des droits. Ensuite, on constate que les philosophies du désir ont dispersé, faisant vertu des bas morceaux du séisme antérieur – soit la libération bourgeoise des mœurs –, un nihilisme discordant que sa puissance corrosive désignait comme l'allié critique inévitable des résignations montantes. Enfin, il apparaît que le consentement des intellectuels à la société impérialiste française (« libertés » parlementaires, droits de l'homme, syndicalisme, mépris du tiers-monde, etc.), quoique d'abord tenu dans une éthique du comportement personnel, ne va pas sans l'éloge collectif latent de ce genre d'ordre du monde, éloge qui éclatera (futur antérieur incisé en juillet 1981) lors des agapes de la rose, où la plèbe intellectuelle se rallie massivement à l'État, dès qu'orné des emblèmes provinciaux de la force tranquille.

Une disposition éthique survient donc bien toujours dans un complexe saturé. Le débat éthique subsume toute éthique particulière. Car, si l'éthique est ce dont un sujet fait règle quant à sa consistance, il n'accède à cette position synthétique que par la nomination nécessaire des autres possibles.

Il est donc requis de désigner, au-delà des catégories descriptives que j'ai utilisées, les *formations subjectives* de l'éthique, qui ne coïncident pas avec les concepts du sujet.

Ces formations sont des discours. Là est toute leur différence avec les processus du sujet. Une éthique désigne explicitement une articulation générale du sujet, qui entre dans sa consistance et fonctionne au régime de l'après-coup.

Elle n'est pas non plus de l'ordre de l'imaginaire, ne faisant pas diagonale des brins α et ψ. Quoique, bien entendu, dogmatisme et scepticisme *infectent* l'éthique comme ils saturent le sujet.

Une éthique surnomme un effet-sujet existant.

Pour vous appâter, je vous donne deux de ces surnoms.

La *croyance* est le discours des éthiques de l'éloge. La *confiance*, celui des prométhéennes.

Mais où l'affaire se corse, c'est quand il apparaît au premier nigaud venu que la croyance est confiance dans l'esplace, cependant que la confiance est croyance dans le horlieu.

Entre Prométhée et l'éloge, il n'y a, semble-t-il, que le sens d'un vecteur.

Si c'est, comme je le ... crois, du biais de la confiance que le marxisme touche à l'éthique, qu'il se retourne en croyance ne peut surprendre. La confiance est cette disposition prépolitique, ce reste de l'action calculable, sans lequel le marxisme n'a jamais commencé ni recommencé.

Échouer n'est rien, et arrive toujours. Échouer est une catégorie de la politique. Ce n'est que céder qui relève de l'éthique. Certes, celui qui cède fait argument des échecs. Il n'y a là que discours. La vérité est que c'est d'avoir cédé qui constitue l'échec comme cause.

En politique, c'est à la consistance que l'échec s'incorpore.

Si après 1973 on constatait l'« échec » du mouvement de masse révolté de mai-juin 1968, ce n'était que du point d'un processus politique, le parti à venir comme consistance du sujet de classe, par où mesure était prise de ce que le mouvement de masse, requis pour toute subjectivation, n'est cause qu'autant qu'il disparaît.

Arguer de cette disparition pour se ranger des voitures n'est en soi qu'abdiquer sur le sujet comme tel. Loin de pouvoir évoquer l'« échec du mouvement » comme cause de cette abdication, il faut avoir l'honnête rigueur d'indiquer qu'on a échoué *soi-même* à tenir sur l'α, et que, ainsi déliée, la torsade – par le biais nul de l'isolement du ψ – n'a plus figure subjective, et vous remet purement et simplement *à votre place*.

En matière de politique marxiste et de sujet de classe, il n'y a qu'une manière de céder, c'est de perdre confiance.

Dès 1976, nos intellectuels avaient massivement perdu confiance, arguant, sans avoir tout à fait tort, qu'ils n'avaient jamais été que des croyants. Faut-il toujours croire pour se confier ? Pour ce qui me concerne, j'ai confiance dans le peuple et dans la classe ouvrière à proportion de ce que je n'y crois pas. Pour autant que j'y crois, ce qui induit toujours l'*attente* d'un mouvement populaire d'envergure, ma confiance vacille. Je ne cesse cependant pas d'y croire, sachant que vaciller est la structure du sujet. Reste son histoire, qui s'accorde à ce à quoi je me confie.

9 juin 1979

Aimez ce que jamais vous ne croirez deux fois.

Croyance et confiance. - Comment Yukong déplaça les montagnes. - D'hier à aujourd'hui. - Nihilisme et fatalisme. - Division de la confiance. - « Cependant c'est la veille. »

1

Si la croyance pose la possibilité du salut, et donc l'éternité potentielle du sujet dans un esplacement enfin réel, la confiance se concentre dans la fidélité au courage comme différentielle d'une recomposition plus poreuse au réel, moins offerte à la loi.

Aux deux extrémités du marxisme, vous trouvez les thèses :
- « Ce n'est pas la conscience des hommes qui détermine leur être; c'est inversement leur être social qui détermine leur conscience » (Marx, *OC* I, 525).
- « Le marxisme comporte de multiples principes, mais ils peuvent tous se ramener en dernière analyse à une seule phrase : " On a raison de se révolter contre les réactionnaires " » (Mao, citation omniprésente pendant la Révolution culturelle).

La première thèse peut vous soutenir dans la croyance que la conscience communiste émergera nécessairement dès lors que la succession réglée par le devenir contradictoire d'un mode de production fait qu'au-delà du capitalisme, il n'y a que l'association des travailleurs libres et le règne du principe : « A chacun selon ses besoins. » Réduite à son os, cette certitude fait prévaloir que, au bout du développement des forces productives, on trouve le dépérissement de l'État. Et elle est d'autant plus acceptable que tout un appareillage scientifique lui confère la dignité d'une croyance moderne.

Mais les lois de l'algèbre sont imprescriptibles, et c'est bien d'une algèbre marxiste qu'il s'agit en économie politique. La sérénité scientifique de l'économisme se change nécessairement, du point du sujet, s'il existe, en ce genre de déclarations chantées :

> O notre patrie ! Tu es notre ancre puissante.
> Pour défendre ta dignité, nous jeûnons.
> Quand la faim nous tenaille,
> Nous pensons à toi
> Et toute notre douleur disparaît.
> O président Mao ! Tu es le soleil rouge qui illumine nos cœurs.
> Suivant tes enseignements, nous menons une lutte de front contre [l'ennemi.
>
> Quand nous souffrons des sévices brutaux,
> Nous pensons à toi
> Et notre corps cesse de nous faire mal !
> (« 41 cœurs rouges à jamais avec le président Mao », Pékin 1968).

Pourquoi ? Parce que confier à l'être le devenir de la justice induit en retour que le Juste est *un* homme. L'abaissement surmoïque peut seul parer à la certitude imminente de la fin objective de la loi.

La croyance dans la fatalité productive et le culte de la personnalité sont les deux faces de la même éthique historique. Staline nous en donne la version fusionnante : plans quinquennaux et Petit Père des peuples font le même point fixe de la croyance, et organisent l'unique éloge planétaire. La Révolution culturelle en est l'état disjoint. Au nom de Mao, on fulmine contre la « théorie des forces productives » de Liu Shao Shi. Cependant, il ne fallait rien moins que l'absoluité d'une pensée pour combattre l'absoluité des capitaux productifs. Croyance contre croyance. Et il était même requis d'aller chercher l'adversaire sur son terrain, en montrant comment la soumission absolue à la pensée de Mao multipliait la production des tomates, renouvellement matérialiste de la pêche miraculeuse, ou permettait, les mains nues, de construire un cargo de dix mille tonnes dans un chantier prévu, quasiment, pour l'assemblage des barques. Voyez par exemple les *Essais philosophiques choisis des ouvriers, paysans et soldats* (Pékin, 1972).

Ne croyez surtout pas que j'ironise. Ces textes sont,pris dans le mouvement réel où tâtonne furieusement la recomposition communiste, d'une grandeur dialectique et morale à laquelle ne fait nulle objection le contentement de nos misères. C'est que la subjectivation s'ordonne au discours de la croyance pour briser l'obstacle.

Le rapport à l'obstacle est le critère de délimitation entre confiance et croyance, entre éthique prométhéenne et éthique de l'éloge. La fable dont Mao fit grand usage, « Comment Yukong déplaça la montagne », porte précisément sur cette délimitation. Entreprenant de la déplacer à la pioche, le vieux Yukong fait de la montagne le prétexte d'une confiance impossible. Il subjective courageusement dans le discours du réel comme impossibilité relative à la règle et supporte de diviser cette règle, donc d'*attaquer* le réel, au prix des quolibets. Si le bon génie vient alors enlever la montagne, relais de croyance cette fois subordonné à la confiance, il faut y voir, non point la sagesse multinationale du « Aide-toi le Ciel t'aidera », mais la conviction qu'avoir confiance en soi-même dans le mode de la scission destructrice des contraintes locales généralise le processus du sujet. Le génie est ce que tous feront, les milliers d'hommes à pioche, pour peu que, contre leur résignation, vous ayez été le Prométhée d'une destruction particulière.

Rien là d'une logique de l'exemple. Ce qui importe est de toucher au réel. On ne vous imitera pas. Vous aurez seulement détruit la croyance en l'obstacle, vous aurez déplacé le lieu de l'impossible.

L'essence de la confiance est d'avoir confiance dans la confiance. C'est pourquoi on a raison de se révolter. Ce qui veut dire : il n'y a pas de courage inutile. L'idée du courage inutile, comme son envers d'angoisse, le « Vive la mort » des franquistes, ne sont que les parodies réactionnaires de l'éthique.

La croyance nie l'obstacle, justement parce qu'elle y croit. Si le bon génie n'ôte pas la montagne, c'est qu'il y a lieu qu'elle soit là où elle est. Je peux évidemment tourner autour avec des trompettes. Trompette ou pioche, c'est toute la question. La croyance ornemente l'obstacle de son discours allégorique. La confiance, située au même point, creuse sans plus attendre, attentive aux *trous* dont la règle prescrit l'inoccupation sans contrôler tous leurs voisinages.

Ceux qui ont renoncé à la révolution, qu'ils arguent du Goulag ou du retrait des masses, montrent que, s'ils ont été du mouvement, de 68 et de ses conséquences, ils n'ont jamais été sérieusement du sujet dont ils avaient là une cause évanouissante. Ce sont gens de la structure. Ils ont vécu au régime de l'identité à soi, jusqu'à la plus complète désidentification. Ils n'ont bénéficié que d'une croyance ornementale. Ils viennent nous dire qu'ils avaient pris « les masses » comme signifiant-maître. C'est exact. L'événement, devraient-ils reconnaître, ne l'exigeait pas. Il n'y avait en vérité qu'une mince fissure de l'esplace impérialiste, dont le mouvement, qui toujours s'achève, était la cause algébrique. Ceux qui, comme nous, ont vu d'abord le manque (la précarité subjective, politique, l'absence de parti) et non le plein (la révolte, les masses dans la rue, la parole libérée) ont eu de quoi nourrir leur confiance, quand les autres n'avaient plus qu'à trahir leur croyance.

2

Les éthiques d'entre confiance et croyance, ni Prométhée ni le sage, ont en commun d'admettre que nulle voie ne s'ouvre jamais pour résoudre l'écart entre l'évaluation subjective et la norme du monde. Ce sont des éthiques de l'impasse. Elles existent nécessairement, puisqu'il est vrai que toute règle est im-passe du réel.

La différence entre elles tient à ce que la résignation prend la chose du côté du tout – règne de la nécessité –, tandis que la discordance, étant réflexive, maintient l'évaluation jusqu'au risque de mort – règne nocturne de la liberté.

Le discours de la résignation est le *fatalisme.* Le discours de la discordance est le *nihilisme.*

Ordonnez comme suit les quatre discours de l'éthique, enclavés dans le croisement subjectif :

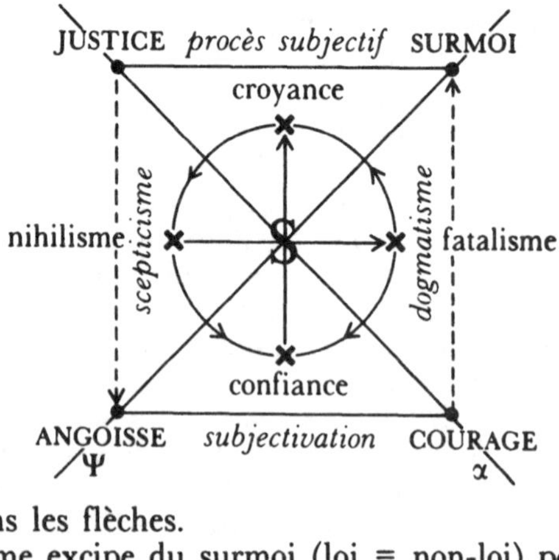

Expliquons les flèches.

Le fatalisme excipe du surmoi (loi = non-loi) pour tenir que l'opposition du bien et du mal est inessentielle au regard de la nécessité. Comme tout discours de transition, il est instable. Dans une grande tempête, son inflexibilité peut ranger le fataliste, qui fait confiance à tout plutôt qu'à soi-même, du côté du sujet du courage. Dans une période d'éclat et d'ordre, il penche vers la croyance, n'ayant nulle prise où cranter fermement l'impasse et la macération. C'est le temps des beautés du surmoi, qui, vu de loin et de l'œil du fataliste, ressemble vaguement à la justice. Il n'est pas juste de désespérer du discours fataliste. Il faut nécessairement le combattre, du point de sa faiblesse : l'oscillation entre croyance et confiance.

Dans les usines, le discours fataliste est fort bien implanté. « L'ouvrier sera toujours l'ouvrier », « On se fera toujours baiser », « Ici personne ne veut rien faire », etc. Le défaitisme est la philosophie spontanée des prolétaires. Quoique son épaisseur et sa bêtise dé-couragent, ce discours est, pour qui s'éclaire de la théorie du sujet, une production historique divisible et précaire. Une microconfiance organisée (un noyau communiste ouvrier) le dérègle localement.

La question qu'il faut savoir anticiper serait plutôt la foudroyante tentation de la croyance. Il faut moins se méfier du morne discours de la résignation que de son avenir immodéré d'éloge. Le parti, ce qui s'appelle le parti, ne peut se satisfaire de ce qu'on y croie. Nous ne promettons rien, il n'y a donc aucune raison de nous suivre. Nous demandons et organisons le partage d'une confiance. Le fataliste est dès lors un interlocuteur acceptable et risqué.

Le nihilisme, lui, connaît deux émergences.

Figure de crise et de dissolution critique, il est passif s'il ne fait qu'agencer en discours l'appel de l'angoisse au surmoi. Nous connaissons tous ces propos introvertis ravagés qui cèdent aussitôt à la fascination de la terreur. L'action transitive du nihilisme passif résulte de ce qu'il est toujours une croyance défaite. Le trajet qui, de la croyance, conduit au fatalisme par le nihilisme passif, a été, hélas, celui d'une partie non négligeable de ma génération. La maxime finale de ce processus se dit : « On a raison de se contenter de peu » – et, par exemple, de François Mitterrand. C'est dire que, initialement, le « On a raison de se révolter » n'était tenu que dans la fiction d'un éloge. Le nihiliste passif nous est plus étranger que le fataliste, car il a le fatalisme *devant lui.*

Le nihilisme actif, à l'inverse, est, au plus obscur de son propos, polarisé par une confiance inapplicable. Crise de confiance, dira-t-on, qui précède son objet, au lieu que la crise de croyance du nihilisme passif le suit.

La jeunesse est volontiers nihiliste aujourd'hui. Mais les nihilistes passifs ne peuvent l'embrigader que dans un malentendu provisoire. C'est en vain qu'ils voudront lui transmettre que l'essence de la discordance est la défaite des croyances, la crise des idéologies, le patatras du marxisme. Car le vigoureux nihilisme actif est en quête d'une confiance et, si nous ne la lui transmettons directement pas davantage, nous pouvons attendre avec... confiance.

Le nihilisme actif ne valorise que soi. C'est toujours mieux que d'en venir à tolérer le monde. Le nihiliste passif est déjà un réaliste, il prépare ses bagages pour les postes et les places de la fatalité sociale. Le nihiliste actif n'hérite de rien. *Il n'a jamais cru,* c'est toute sa force. Sauf à rallier les sectes religieuses, par quoi il sautera aux produits les plus puants de la croyance, c'est un voyageur sans bagages, qui n'a d'autre avenir que le courage, vers quoi son angoisse le guide par la sûreté du réel.

Le nihiliste actif est particulièrement odieux et particulièrement prometteur. Il dilapide tous les jours la capacité d'existence dont il se déclare expressément porteur. Lui parler tire trop à conséquence pour qu'il y consente aisément. La recomposition du monde l'indiffère, tant que ne l'a pas saisi l'échéance collective ou touché l'action restreinte de l'avant-garde.

C'est de lui que parle le palindrome qui sert de titre au film du situationniste Guy Debord, film-bilan de vingt ans (1955-1975) de nihilisme actif : *« In girum imus nocte et consumimur igni »*, « Au tournoiement nous démarchons la nuit et nous sommes consumés par le feu ».

Tout notre espoir est que ce feu consume le monde, étant, par la médiation offerte de la confiance politique, redevenu le feu de Prométhée.

N'y a-t-il pas lieu, structure du sujet, de dire avec Samuel Beckett : « En tout cas on est dans la justice, je n'ai jamais entendu dire le contraire » (*Comment c'est,* Éditions de Minuit, 150) ?

3

Situons la confiance dans le débat éthique. Elle-même orientée vers la croyance, elle ouvre une issue au nihilisme actif et le fatalisme est son point d'arrêt.

La confiance organise tout le champ éthique. Elle prescrit, comme du reste les trois autres discours, des fonctions à ses pôles.

Mao divise la confiance, divise l'éthique de la politique marxiste.

« Il faut avoir confiance dans les masses, il faut avoir confiance dans le parti : ce sont là deux principes fondamentaux. Si nous avons le moindre doute à cet égard, nous serons incapables d'accomplir quoi que ce soit » (*OC* V, 201).

Le caractère « fondamental » de ces deux principes s'attache à leur signification éthique. Sans eux, la politique marxiste n'a pas même commencé. On ne peut, exactement, rien faire, car le sujet du verbe faire demeure inconsistant. La confiance est ce dont la politique de classe tire sa cause (en tant que reste) et sa consistance (en tant que discours du sujet).

Elle est double. Que veut dire « confiance dans les masses ? » Que l'évanouissement des masses cause la Cause du communisme; que le sujet politique se tresse du ψ mais aussi de l'α; que l'imaginaire diagonal surmoïque peut être court-circuité.

La confiance dans les masses revient à ceci qu'il est possible, donc requis, de déconnecter par éclairs le courage de la diagonale imaginaire qui en appelle au surmoi, par une prise d'appui sur l'anticipation de la justice. L'effectuation anticipante confie le sujet aux masses actives, coupure réelle dans la règle historique.

La confiance dans le parti, à l'inverse, revient à particulariser (discipline spéciale, règles internes, sacrifices...) l'effet-surmoi. C'est reconnaître que la recomposition n'est pas l'avènement d'un esplace absolu. C'est parer à l'angoisse qu'induit la justice, par la précision du procès subjectif, l'exactitude recomposante de la dictature du prolétariat. C'est voir que le sujet se tresse aussi du ψ. La confiance dans le parti supporte la justice au regard de l'angoisse par la délimitation du surmoi. Elle déconnecte ainsi la diagonale imaginaire qui réfère directement la justice à l'angoisse.

Anticipation (de la justice) et délimitation (du surmoi) composent le mouvement divisible du discours de la confiance.

Le versant anticipateur – de masse – fait accueil au nihilisme actif. Il est toujours utopico-démocratique, geste d'abandon, et sa vulnérabilité historique le fusionne aisément avec ce qui du nihilisme porte la souveraineté amère du sujet. Une confiance trop longtemps trempée dans cette amertume est une confiance ivre. Elle risque, court-circuitant la croyance, de se retourner en nihilisme passif.

Le versant délimitant – parti – s'oriente vers la croyance. Il est volontiers militaire, absolutiste, il exalte et auréole les dirigeants. Il véhicule la maintenance et la tenacité du sujet politique. L'importance de sa fonction, gardienne de la distance à l'évanouissement des masses, effet de bord tenu dans sa propre loi, ne doit pas faire oublier que, fermée au nihilisme actif, la confiance s'altère et s'ossifie. Une confiance indivise dans le parti n'engendre qu'une croyance médiocre. Si l'histoire, en ses rudes passes, exige de nous quelque excès d'idolâtrie, quelque amour substantiel de notre appareillage – corps en butée des quatre concepts du sujet –, veillons à en revenir par la fréquentation tonique du nihilisme et l'âpre goût du tumulte.

Aimez ce que jamais vous ne croirez deux fois.

Toute confiance est abandon et discipline. C'est ce qui la dispose dans le circuit qui va du nihilisme à la croyance. Le quatrième fait toujours le mort. Le fatalisme est le mort pour les circuits de la confiance.

La confiance lève le paradoxe de l'esprit de parti, car ce n'est que du communisme, ressource immanente de l'excès avérée dans la coupure historiale des tempêtes populaires, que procède *en second lieu* la confiance dans le parti et l'acceptation de sa règle dure.

Nous avons confiance dans la dictature à proportion de notre confiance concrète, mesurable au pas de la politique, dans l'existence au sein du peuple de ce sujet par l'effet duquel l'État sera forclos.

C'est quotidiennement, dans le labeur ordonné qui gage son effectuation, que, parant aux chimères conjointes du dogmatisme et du scepticisme, le discours de la confiance nous murmure : « Cependant c'est la veille. Recevons tous les influx de vigueur et de tendresse réelle. Et à l'aurore, armés d'une ardente patience, nous entrerons aux splendides villes. »

Si la splendeur des villes n'est souvent l'effet que d'une croyance indispensable et rêveuse, il nous suffit de pouvoir toujours dire, en confiance comme en vérité : « C'est la veille. »

Répertoire thématique.

Ce répertoire est évidemment incomplet, et comporte en outre quelques bizarreries.

Il ne traite que latéralement l'essentiel. Ainsi le mot « maoïsme » n'y est pas prononcé et les concepts du sujet y sont presque absents. Il dispose quelques *entrées de service*.

I. ART ET LITTÉRATURE

II. CIRCONSTANCES DE L'HISTOIRE

a. Les universaux effectifs.

III. DIEU

IV. LOGIQUE ET MATHÉMATIQUES

V. PHILOSOPHIE CLASSIQUE

VI. PSYCHANALYSE STRICTO SENSU

VII. THÉORIE POLITIQUE

Index des noms propres

Je rappelle que sont absents de l'énumération ci-dessous : Engels, Hegel, Hölderlin, Lacan, Lénine, Mallarmé, Mao Tsé-toung, Marx.

Quand il s'agit d'une simple allusion illustrative, la référence est en italiques.

Les nominations explicites sont injustes. Il faut ici parler de Gardner Davies, lumineux analyste de Mallarmé, et de François Regnault, qui m'apprend le théâtre.

Table

Du même auteur

PHILOSOPHIE

Le Concept de modèle
Maspero, 1969, Fayard, 2007

L'Être et l'Événement
Seuil, « L'Ordre philosophique », 1988

Manifeste pour la philosophie
Seuil, « L'Ordre philosophique », 1989

Le Nombre et les Nombres
Seuil, « Des travaux », 1990

Conditions
Seuil, « L'Ordre philosophique », 1992

L'Éthique
Hatier, 1993

Deleuze
Hachette, 1997, 2007

Saint-Paul. La fondation de l'universalisme
PUF, 1997

Abrégé de métapolitique
Seuil, « L'Ordre philosophique », 1998

Court Traité d'ontologie transitoire
Seuil, « L'Ordre philosophique », 1998

Petit Manuel d'inesthétique
Seuil, « L'Ordre philosophique », 1998

D'un désastre obscur
Sur la fin de la vérité d'état
Éd. de l'Aube, 1998

Saint Paul
La Fondation de l'universalisme
PUF, 2002

L'Éthique
Nous, 2003

L'Être et l'Événement
Volume 2 : Logiques des mondes
Seuil, « L'Ordre philosophique », 2006

Petit panthéon portatif
Harmonia mundi, 2008

ESSAIS CRITIQUES

Rhapsodie pour le théâtre
Imprimerie Nationale, 1990

Beckett, l'increvable désir
Hachette, 1995, 2006

Le Siècle
Seuil, 2005

LITTÉRATURE ET THÉÂTRE

Almagestes
prose
Seuil, 1964

Portulans
roman
Seuil, 1967

L'Écharpe rouge
roman opéra
Maspero, 1979

Ahmed le subtil
farce
Actes Sud, 1994

Ahmed philosophe
suivi de Ahmed se fâche
théâtre
Actes Sud, 1995

Les Citrouilles
comédie
Actes Sud, 1996

Calme bloc ici bas
roman
POL, 1997

ESSAIS POLITIQUES

Théorie de la contradiction
Maspero, 1975

De l'idéologie
en collaboration avec F. Balmès
Maspero, 1976

Le Noyau rationnel
de la dialectique hégélienne
en collaboration avec L. Mossot et J. Bellassen
Maspero, 1977

D'un désastre obscur
Éditions de l'Aube, 1991, 1998

De quoi Sarkozy est-il le nom ?
Circonstances, vol. 4
Nouvelles éditions Lignes, 2007

IMPRESSION : CORLET, IMPRIMEUR S.A.
14110 CONDÉ-SUR-NOIREAU
DÉPÔT LÉGAL : OCTOBRE 2008. N° 98691 (115242)
IMPRIMÉ EN FRANCE